영적인 열정을

회복하라

Renewing Your Spiritual Passion

by

Gordon MacDonald

영적인 열정을 회복하라

고든 맥도날드 지음
박 가 영 옮김

비전북출판사

영적인 열정을 회복하라

2판 1쇄 발행 : 1998년 1월 20일
2판 4쇄 발행 : 2006년 5월 30일

저　자 : 고든 맥도날드
역　자 : 박가영
발행인 : 이원우 / 발행처 : **비전북출판사**
주　소 : (413-832) 경기도 파주시 교하읍 문발리 535-13호
전　화 : (031)955-4421 / 팩　스 : (031)955-4432
E-mail : vsbook@hanmail.net
등록번호 : 제10-1452호

공급처 : **미스바출판유통**
전　화 : (031)955-4433 / 팩　스 : (080)300-9191

Copyright ⓒ 1998 **비전북출판사** Printed in Korea
값 9,000원

ISBN 89-87613-56-9　03230

차 례

캄캄한 길에 놓여졌을 때

The Dark Road Times

나의 곡절 많았던 어린 시절, 만화경 같은 변화무쌍한 추억들을 떠올릴 때면 나타나는 것이 먼지투성이의 황폐한, 캐나다의 한 시골길에 대한 영상이다. 회상하건대 그곳에는 방향이나 거리 지시용 표지판도 없었고, 길 자체가 아버지의 지도에 명시되어 있지 않았다.

시간이 흘러 밤이 찾아왔는데 우리 가속은 그 길 위에서 하루 온종일을 써 버리고 있었다. 우리는 길을 잃었고, 피곤했으며, 서로에 대해 적잖이 화가 나 있었다. 당시는 모텔 같은 것을 자주 발견할 수 있는 시절이 아니었고, 길을 따라 드물게(아주 드물게) 모여 있는 오두막들은 귀찮은 질문들을 물리치려는 속셈에서 방 없음 표지판을 걸어놓고 있었다.

왜 되돌아가지 않았을까? 단지, 되돌아가기에는 너무도 멀리 와 버렸기 때문에, 게다가 길은 어디론가로 연결되기 마련이기 때문이었다. 하지만 왜 계속 나아가야 했는가? 어딘가 도착하는 것, 그것이 바로 여행의 목적이었다. 앞으로 다다르게 될 곳에서 음식과 휴식을 얻게 될 것이 분명했기에 우리는 밀고 나갔다. 지구는 둥글었고, 세상의 끝이라 생각한 절벽에 다다라 떨어질 염려도 없었다.

어린 마음에 그럴지도 모른다고 생각은 했었지만. 하여튼 우리는 어딘가로 가야만 했던 것이다. 그런데 어디로 말인가? 여행은 새로운 곳을 찾아나선다는 사실에 대한 흥분과 모험심으로 시작된 것이었다. 대부분의 휴가 여행은 그런 식으로 시작된다. 차에 꼼꼼하게 짐을 꾸리고 지도에 갈 곳을 표시하고 피크닉용 바구니도 준비했었지만, 이젠 그 모든 열의가 다 빠져나가 버렸다. 도대체 왜 집을 떠났던가 하고 모두 의아해 하기 시작했던 것 같다.

내 인생이 잠시라도, 경험의 축에도 들지 못하는 우발적인 사건과 친밀한 관계가 아닌 접촉으로만 꽉 메워진 **생각 없고 정신나간 여행**처럼 보일 때마다 나는 그 한밤중의 캄캄한 시골길에 놓여졌을 때의 느낌과 좌절을 떠올리곤 했다. 그런 당황스러운 시기에 나는 우리 가족이 캐나다에서 맞은 그 밤을 지내며 느꼈던 것을 똑같이 느끼게 된다. 어디로 가고 있는 것인가? 이건 도대체 무슨 의미일까? 목적지에 도달했다는 것은 어떻게 알 수 있을 것인가? 왜 그렇게 흥분 가득했던 여행이 급작스레 지겨운 것으로 바뀌어 버렸는가? 언제쯤이면 나는 다시 고요한 생활로 돌아갈 수 있을까?

그리스도인들은 위와 같은 질문들로부터 자유롭다고 단정짓지 말라. 비현실적인 발상이며 굳이 덧붙이자면 아무런 도움이 되지 않는 생각이다. 우리 그리스도인들 누구에게나 그런 질문들이 쉴새없이 다가오기 때문인데, 이것을 부인하는 사람들에게 나는 굳이 그들이 틀렸다고 주장할 생각은 없다.

시몬 베드로가 동료들에게 "나는 물고기나 잡으러 가겠네."라고 말하고 그들이 "우리도 함께 가지."라고 한 것을 상기해볼 때, 베드로는 이런 캄캄한 길의 한복판에 있었을 것이라고 나는 생각한다. 베드로는 그야말로, 육체적, 정신적, 심리적으로 극도의 피로 상태에 있었을 것이다. 너무도 많은, 낯설고도 긴장되는 일들이 예수의 그 사랑하시는 제자에게서 일어나고 있었다. 주님에 대한 유다의 불시의 배반, 그리스도와의 관계를 세 번이나 부인한 자신의 충격적인 행동, 뒤이은 재판, 십자가에 못박히심, 부활하여 모습을 보이심 등등.

베드로의 내면의 개인적인 세계는 그야말로 포화 상태에 있었다고 할 수 있다. 우리는 그가 그 많은 일들을 의연히 받아들일 준비를 하고 여유 있게 반응했어야 하지 않나 하고 이유를 달아보지만, 그는 그렇지 못했던 것이다. 일종의 마비 상태가 되어 베드로는 자기가 자신 있게 할 수 있는 일을 하려고 물러서 버렸다. 고기를 잡아 생계를 잇는 일이었다. 익숙해져 있는 일을 하면 내면 깊숙이 잃어버리고 있던 것, 그게 무엇이든 회복될 수 있는 것인지도 모른다.

베드로가 한 결심처럼, 우리 가족도 그 적적한 길에서 몸을 돌이켜 - 나아갈 방향을 찾을 수 있는 좀더 익숙한 곳으로, 어느 정도 시간과 에너지와 나아갈 방향을 통제할 수 있는 힘을 얻을 수 있는 곳으로 돌아갈 수도 있었을텐데.

무기력함에 맞선 베드로의 개인적 싸움이 무한정 계속되지는 않았다. **단호한 행동과 말씀으로, 예수 그리스도는 이 지치고 쓸모 없어진 어부를 위해 아름다운 일을 행하셨다.**

그럼 그 행동이란 무엇이었던가? 불을 피우고, 조반을 짓고, 함께 하자고 베드로를 부르셨다.

말씀이란 무엇이었는가? 그리스도께서는 죄의 고통, 실패에 대한 당황, 뒤섞여버린 동기와 목표의 혼란을 빨아내는 방법으로 말씀을 사용하신 것이다. 그런 후에 주님께서는 제자들을 처음 부르시고 주신 사도적 권위를 다시 회복시키셨고, 베드로는 다시 제 역할을 할 수 있었다. 그 결과는? 예수께서는 베드로의 영적인 열정을 회복시켜 주셨다. 그것이야말로 우리 모두에게 정규적으로 일어날 필요가 있는 것들이다.

가끔 나는 그리스도인의 의무를 주장하는 많은 사람들이 **표지판 하나 없는 인생의 길** - 내 어린 시절 경험 속에 나타난 것과 비슷한 길로 기울고 있다는 것을 느껴 왔다. 우리는 그 길이 어디론가로 연결되어 있다는 것은 믿고 있으나, 그 '어딘가' 가 과연 어디 있는지, 또 목적지에 도달했을 때 그 곳이 과연 맞는지 확신하지 못한다. 우리는 위험할 정도의 최고의 스피드로 움직여가며, 그것이 도착 시간을 앞당겨 줄 것이라 생각한다. 그러나 한 마일씩 갈 때마다 우리의 좌절감과 피곤은 점점 증가될 뿐이다. 우리는 종종 그런 똑같은 길에 처해서 포기해버린 다른 여행자들의 이야기를 듣고는, 얼마나 처신을 현명하게 못했으면 그 여행에서 떨어져나가 버릴까 의아하게 생각한다. 또 단순히, 차를 길가로 몰아 세운 다음 다른 방향을 찾아 그 쪽으로 사라져버린 것처럼 보이는 사람들도 있다. 그러나 대다수가 되돌아가려는 생각을 못하고, 앞에 무엇이 있을지 확신도 못한 상태에서 계속 전진만을 고집하고 있다. 더 멀리 갈수록 결국 더 피곤해질 뿐이다.

이런 피로는 한 여행의 시작을 장식하는 흥분과는 상당한 거리가 있지 않은가. 무슨 일이 일어났는가? 무엇이 잘못된 것인가?

'영적인 열정을 회복하라(Renewing Your Spiritual Passion)'는 그리스도인으로서의 우리가 하고 있는 이 여행을 한 번 점검해보고자 하는 의도에서 쓰여진 것이다. 이미 많은 경험을 쌓은 여행자의 입장에서, 나는 이 여행에 피로와 권태를 더해주곤 하는 것이 무엇인지 규정해보려고 나 자신의 경험과 다른 이들의 경험을 조사해 왔다. 그리고 슬며시 열의를 빼앗고 마음의 상실감만 가득 안겨준 채 우리를 내버려두려고 하는 문제들을 몇 가지 골라 목록화하고 싶었다.

나는 힘이라거나 열의, 열광, 아니면 기쁨 같은 말 대신에 열정이라는 단어를 택했다. 이런 모든 단어들, 그리고 그것들과 비슷한 많은 다른 단어들은 하나님께서 약속하신, 그리고 많은 이들이 이미 받아서 입증한 일종의 내면의 힘을 말한다.

우리들 중 독실한 하나님의 사람이 되려는 열정이나 능력을 갈망하지 않는 사람이 누가 있겠는가? 우리가 가진 믿음을 증거하고 싶어하는 열정, 이기심 없이 봉사하고 사심 없이 주고자 하는 열정, 본능과 기질을 잘 통제하고자 하는 열정, 우리 모두 갈망하고 있는 것이 아닌가? 그러나 많은 이들에게 있어 이것은 말뿐이고, 열정을 찾거나, 이미 찾았거나, 유지하는 것은 어렵다는 것이 문제인 것이다.

어떤 친구 하나가 한때 암에 걸려 심한 고통을 받았었다. 나는 어느 날 그녀에게, 목사님이 병원을 방문했을 때 조금 도움이 되었는가고 물었다. 그녀의 대답은 이러했다. "이젠 안 오셨으면 해요. 오셔서는 내가 느끼는 진짜 상태를 살펴주시기보다는, 이런 상태에서는 이렇게 해야 해요 라고 말씀하시니 말예요."

그녀의 대답은 내게 고통받는 이들을 위로하는 법을 가르쳐주었을 뿐 아니라, 다른 사람들이 영적인 열정이나 에너지에 대한 견해를 가지고 등장했을 때의 나 자신의 태도 또한 일깨워주었다. 그들에게 무척 유효한 의견들이었기 때문에 나는 기꺼이 받아들였던 것이다. 젊은 사람으로서 나는 사람들이 말해주는 수많은 기교 - **진부하고 쓸모 없는 방법들을 넘어**, 내가 열정의 문제를 확실히 책임질 수 있도록 도와줄 기교들 - 를 다 부려보았다. 그때마다 나는 열심히, 해야 하거나 말해야 하는 것이 있다면 그게 무엇이든 기꺼이 받아들였다. 그러나 결과는 - 결과라는 것이 있었다면 - 아주 일시적인 것이었고, 내가 발견한 것은 하나님과의 친밀감을 구하고 한 인간이 '인생'이라는 여행을 통해 운반해야 하는 결과인 '열정'을 얻는 데는 지름길도, 술책도, 어떤 쉬운 길도 없다는 것, 바로 그것이었다.

나를 포함한 수많은 사람들이 위와 같은 어떤 신비로운 해결책을 찾으려고 무서운 대가를 치루었다는 것이 차츰 이해되기 시작했다. 우리는 더 열심히 수고하고 더 오래 애써보고 숨이 차도록 일했지만, 점점 더 피곤해졌다. 있지도 말았어야 할 기분 나쁜 여행이었다. 이런 여행을 다른 단어로 묘사한다면 불쾌함, 맥빠짐, 지루함, 마비 정도로 표현할 수 있을 것이다. 누구도 인정하려고 하지 않을 테지만, 우리는 하나님과, 믿음과, 믿음의 사람들에 대하여 싫증이 나 있었던 것이다. 자, 풍성한 삶을 향한 노력이 어떻게 그런 영혼의 침체로 바뀔 수가 있었을까? 우리가 하나님에 대해 싫증을 느끼게 된 것은 그분의 잘못이 아니었다. 그보다는, 이 싫증은 우리가 그 동안 배워왔던 영성(靈性)의 조직 체계에 문제를 제기하는 것이라고 할 수 있다.

성경에서는 종종 선지자나 사도들의 영적인 행위에 있어서 굉장한 업적만을 묘사하고 있지만, 나는 우리가 주목해야 할 것은 그 행동들만은 아니라고 생각한다. 우리가 끊임없이 생각해봐야 할 것은 그 굉장한 행위의 순간들 사이의 긴, 알려지지 않은 기간들인 것이다. 예를 들어, 우리는 사도 바울의 인생 중 아주 특별한 순간들 한 움큼 정도만을 알고 있을 뿐이다. 우리는 성경에 기록되어 있지 않은 바울의 인생은 과연 어떠하였나를 질문해볼 필요가 있는 것이다. 그런 때의 바울의 태도와 행동이 누가가 기록한 그 위대한 순간들보다 우리에게 평범한 영적인 생활에 대하여 좀더 잘 말해줄 수 있지 않을까?

나는 이 책을 쓰면서, 지금까지 썼던 여느 책들을 쓸 때보다 더 많은, 나 자신과의 싸움을 했다는 것을 고백하고 싶다. 첫째로, 나 자신의 실패와 좌절을 적어내려 가야 한다는 것이 쉬운 일이 아니었다. 그러나 그래야 한다는 것을 느낀 것이, 내가 있는 그대로의 내 모습이나 몇몇 개인적인 약점을 인정할 때마다 그 약점을 공유하고 고마워하는 많은 다른 이들과 연결되어 고민을 나눌 수 있었기 때문이다. 두 번째로, 나는 내가 생각하는 것들이 너무도 단순하고 "새롭지 못해서" 당황스럽다. 세 번째로, 나는 매일('매일'이란 것을 강조하고자 한다!) 이 원칙들을 나 자신의 경험 속에 집어넣으려고 투쟁한다. 더 풍부한, 더 깊은, 좀더 숙련된 마음을 가지고 쓰기를 얼마나 바라는지 모른다!

내가 영적인 열정을 회복하는 길에 대한 글을 쓰게 된 이유가 있다. 바로 우리 서구 기독교 세계 안에서 자라나고 있는 영혼의 권태를 느꼈기 때문이다. 우리는 무수한 믿음의 "권위자" 들이 내놓는 방법, 프로그램, 약속들을 실천하려고 애써왔다. 그럴듯한 관점들이 여기저기 얼마나 많이 있는가! 그러나 많은 사람들에게 있어 이 여행은 지겨운 숙제이며, 그 캄캄한 길에 놓인 우리 가족처럼, 우리는 되돌아갈 수도 없고, 여행을 계속 하기에는 너무도 지쳐 있는 것이다.

'영적인 열정을 회복하라'는 정말로 단순하다. 나는 이 한 가지 질문 만 하고 싶을 뿐이다. 무엇이 우리를 그렇게 피곤하게 하며, 무엇이 하나님의 사람이 되고자 하는 우리의 소망을 빼앗아가는 것인가? 이 문제들에 이름을 붙이고, 그것들이 도대체 무엇인지 분명히 마주쳐보자. 그런 후에 질문해보는 것이다. **믿음의 조상들은 이런 똑같은 피로의 동인(動因)을 어떻게 마주했는가? 그들은 우리가 무시해왔던 어떤 통찰력이 있었던 것일까? 그리고 마지막으로, 우리가 그들의 충고를 따른다면 무엇이 달라질 것인가?** 그렇게 함으로써 우리는 영적인 열정을 회복하는 것뿐 아니라, 우리가 아직은 가지고 있는 열성을 유지하는 방법도 찾아낼 수 있을 것이라고 나는 생각하고 있다.

나는 그것이 적어도 한 방법은 되리라고 생각한다.

뉴 햄프셔의 캔터베리
위스콘신 주의 매디슨에서
고든 맥도날드

토론 문제

1. 당신이 이 책을 읽는 이유는 무엇인가?

2. 최근에 '생각 없고 정신나간 여행'(8쪽 참조)을 한 경험은 없는지 생각해보라.

3. 요한복음 21:3-13의 시몬 베드로 이야기를 읽어보라. 베드로의 영적인 열정이 회복된 것을 어떻게 알 수 있는가(9쪽 참조)?

4. '삶의 행로 중 표시되어 있지 않은 길'(10쪽 참조)이라고 하면 당신은 무엇이 떠오르는가? 당신은 어디쯤 와 있는가?

5. 지난 6개월 동안 당신이 나누었던 대화(내면의 독백, 입으로 나온 대화를 모두 포함하여)를 숙고해보라. 커다란 소망을 가지고 되풀이해 온 어떤 일이 있는가?

6. 1점에서 10점까지의 점수를 매긴다고 할 때, 당신이 가진 열정은 하나님의 뜻에 얼마나 부합되는가(11쪽 참조)? 점수를 매겨보라.

7. '진부하고 쓸모 없는 방법들'(11쪽 참조)을 넘어서기 위해 당신이 선택한 타개책을 설명해보라. 도움이 되는 방책인가?

8. 그리스도인으로서의 생활을 표시할 시간선(time line)을 그려보라(당신이 그리스도인이 아니라면 나름대로 영적인 여행의 시간선을 그려보자). 정점이 되었던 시기 혹은 어려웠던 시기를 표해보라(12쪽 참조).

9. 13쪽의 마지막 문단에서 저자는 몇 가지 문제를 제시하고 있다. 당신을 피로하게 만들거나 고갈시킬 가능성이 있는 것은 무엇인가? 선대(先代) 여행자들은 이 문제들을 어떻게 마주했는가? 그들의 조언이 도움이 되는가?

1

열정은 언제나 당신 안에서 불타올라야 한다

It's Got to Glow in You All the Time

그는 내가 개인적으로 알고 지내게 된 최초의 **프로급 운동선수**였다고 할 수 있다. 축구 선수로서의 전성기 때 그는 패스 수비자로서 활약했으며 그 방면에서만은 타의 추종을 불허했다. 다른 많은 사람들과 마찬가지로 나도 역시 그에게 많이 이끌렸는데, 그의 마음 속에 가득한 그를 승리자로 만드는 힘에 끌린 것이다. 그는 7만 5천 명의 관중이 보는 앞에서 상대편에 맞서서 그의 몸뚱이를 위험에 던질 수 있는 용기를 가진 사람이었다.

그의 팀이 댈러스 카우보이스와의 경기를 6일 남겨둔 월요일에, 우리 둘은 점심을 함께 했다. 우리 대화의 주요 내용은 다가오는 경기에 대한 것이었다. "그들의 패스 공격에 어떻게 준비하고 있나?" 내가 물었다. "이번 주에 스케줄은 어떻게 되지?"

"매일 아침 경기장 안에서 연습을 해야지." 그는 대답했다. "그리고 나서는 집에 틀어박혀서 영사기(아직 VCR이 나오기 전이었다)로 경기를 찍은 것을 볼 거고, 그 카우보이들을 완전히 알게 될 때까지 연구를 할 거야. 그 아내들도 나만큼은 모를 정도로 속속들이 말일세. 작전 타임이 끝나고 몰려나올 때의 동작 하나하나를 잘 체크해야 해. 앞으로 경기를 어떻게 이끌 것인가, 어디로 뛸 것인가, 물러서서 방해할 것인가 등등을 내비칠 수가 있거든.”

“저녁에는 어떤가?” 나는 물었다.

“글쎄, 매일 밤 자정까지 그 필름들을 연구할 작정이지.”

“하루 10시간을 말인가? 모든 요일을? 다른 건 안 하나?”

“쉽게 말해서,” 그는 대답했다. “이것 보게. 나는 그들을 이기고 싶단 말이야. 내 수비 구역에 들어왔을 때 멋지게 한 방 먹여서, 바닥에 드러누워 흐리멍덩한 눈으로 하늘을 올려다보면서, 이제는 더 이상 다른 시합이 없기를 기도하고 싶을 정도로 만들고 싶은 거지. 나는 전적으로 그들의 정신을 지배하고 싶은 거야.”

그 열정적인 말! 극도로 강력한 열정! 그러나 그것은 열정의 한 갈래일 뿐, 그 종류는 수없이 많을 것이다. 내가 위에서 묘사한 이런 종류의 열정을 별로 탐탁찮게 여기는 사람들도 있을 법한데, 그 이유는 그들 자신이 그렇게까지 강렬할 수가 없기 때문이고, 그런 강렬함을 가진 사람들 곁에서는 편안할 수 없기 때문이다. 그것뿐이다.

축구 시합(스코어나 이긴 팀 같은 것은 기억할 수도 없지만), 그 한 경기에서 이기기 위해 그 친구가 쏟는 열정을 보았을 때, 나는 내 인생의 어느 부분에서도 - 가정 생활에서도, 일하면서도, 내 신앙심을 키우는 것에서조차 - 그 정도의 열정을 가지고 매달렸던 적이 한 번도 없었다는 것을 깨달으며 마음 속으로 무척 당황했다.

왜 그랬을까? 나는 자문해보았다. 그리고 적절한 대답을 할 수 없어서 괴로웠다.

‘열정’이라는 단어는 확실히 신비스러운 것이다. 측정할 수도 없고, 꼬집어 말하기도 어렵다. 그러나 여러분은 열정을 가졌을 때와 그렇지 못할 때의 차이점을 확실히 알 것이다. 열정을 느끼는 사람은 곧 그것에 붙들리게 되며, 열정은 인간의 행동 - 중요하거나 훌륭한 행동, 이상하고 기묘한 행동, 동정심이 많고 희생적인 행동, 그런 모든 행위들을 하도록 자극하는 것이다.

우리는 열정을 로맨스나, 혁명, 비범한 성과물, 폭력 등과 동일시하고, 또 우리가 이해하지 못하는 행동을 설명할 때 사용하기도 한다. 우리가 대강 아는 것은 열정이란 인간으로 하여금 평범한 인간 행동을 초월하게 만드는 내재된 힘이라는 것이다. 어떤 사람들은 위대한 문학 작품이나 드라마, 음악 등 거의 모두가 그 거대한 형식 안에 열정에 대한 이야기를 그리고 있다고 말하기도 한다.

내 안에 있는 열정은 다분히 선택적이다. 아내를 껴안을 때, 나는 내가 열정적인 사람이라고 생각하고 싶다. 그리고 내 상상력이나 격한 감정을 표출할 수 있을 만한 주제를 가지고 사람들 앞에서 말하고 있을 때도 약간의 열정을 느낄 수 있었다고 생각된다. 나는 내가 집필하고 있는 것에 대해서는 열정을 느낄 수 있으며, 이 흥미진진한 힘을 조절할 수 있게 되면 나는 컴퓨터 앞에서, 내가 말하려는 내용의 요점을 설명하기 위해 단어와 구(句)를 가지고 즐기느라 완전히 시간가는 줄도 모르고 앉아 있을 수도 있다.

한편으로 나는 격렬하게 화를 내는 행동은 별로 하지 않는다. 이해해주길 바라지만, 그건 무슨 미덕도 아니고, 단지 내 천성적인 기질의 한 부분일 뿐이다. 나는 또한, 아는 사람들 몇몇이 그러는 것처럼, 과다한 대의명분과 활동 같은 것들은 잘 수행하지 못하는 성질이다. 심지어 나의 믿음을 내보이는 열정적인 표현조차도 어렵게 다가오기도 한다. 예수님의 열두 제자들의 기질을 곰곰 생각해볼 때, 아마도 이것이 왜 내가 시몬 베드로(쟁점이 무엇이든간에 어쨌든 열정적인 제자였다)를 불편하게 여기고, 도마(불신자였나, 아니면 단순히 신중한 사람일 뿐이었나?)에게 연민을 느끼는가에 대한 이유가 될는지도 모른다.

‘열정’이란 것이 처음으로 내게 문제로 다가온 것을 기억하기가 쉽지 않지만, 나의 **대학 시절**의 언젠가였다고 생각된다. 회상해보건대, 나는 대학원생 신분으로 콜로라도 대학의 세미나실에 앉아 있었다. 테이블 주위에는 12명의 남녀가 나처럼 역사 과목의 박사 학위를 취득하기 위해 열심히 연구하고 있었다. 테이블 위에는 책더미, 도서 목록을 적은 쪽지를 비롯한 색인 카드들, 우리가 토론하면서 간단히 메모했던 그런 종이들로 가득했다. 논제는 17세기 버지니아 식민지에서의 담배 가격의 변화가 가져온 경제적 영향에 대한 것이었다. 그날 오후, 그곳은 수많은 의견으로 들끓었다.

그 논쟁은 많은 학생들이 제각기 준비한 그 문제에 관한 해석들로 인해 점점 열기를 띠었다. 사람들은 그 상황에 대한 자신들의 관점을 입증할 수 있는 증거를 찾으려고 책과 카드들을 들추며 서로 경쟁을 했다. 목소리가 높아지고, 서로 힘차게 손을 내저었다. 찬성하지 않는 의견이 강해질 때는 혐오를 나타내는 행동도 자주 보였다. 모든 이들이 열정적으로 달려들었으나, 나만 그렇지 못했던 것이다.

나는 활발한 대화들로부터 빠져 떠돌면서, 버지니아 식민지의 경제 사정에 대한 해석이 어때야 하는지는 상관하지 않고, 다른 것에 귀를 기울이기 시작했다. 나는 예전에도 열정을 알고 있었다고 확신하지만, 실제로 이것을 분석해보려는 시도를 한 것은 그 때가 처음이었다.

이 학생들은 정말로 이 문제에 관심이 있었지만, 나는 그렇지 못했다! 그들은 자기의 의견을 옹호하기 위해서는 몸을 던지는 공격도 할 준비가 되어 있는 것처럼 보였다. 나는 그렇지 않았다! 그것은 박사 학위를 얻기 위해 가져야 할 내부 에너지의 한 종류였을지도 모르는 일이다. 만약 그들이 그리스도인의 열정적인 의무에 대해서 이야기하고 있었다면 이것은 무엇을 의미했을까?

나는 내가 열정을 가지고 있지 않다고 결정을 내려야만 했다. 적어도 담배 가격의 변화가 일으킨 식민지에의 영향 같은 문제에서는 그랬다. 그래서 그날 그 방을 나왔을 때, 나는 다시는 돌아가지 않았다. 나는 내가 열정을 가지고 있지도 않은, 나를 지치게 만드는 목표를 위해 애쓰는 것은 무의미하다고 결론을 내리고 만 것이다.

바로 그날, 나는 이 세상에서 비지니스계, 스포츠계, 학술계, 과학 분야, 정치계의 꼭대기로 뛰어오른 사람들이 그렇게 할 수 있는 까닭이 바로, **그들은 열정을 연료로 공급받고 있기 때문이란 것을 배웠다. 그 열정은 권력, 악명, 또는 조야한 성취물을 향해 있기도 하다.** 그러나 동기가 무엇이든 간에, 열정은 행동을 요구한다. 댈러스 카우보이스와의 경기를 준비하는 축구 선수 친구의 열정을 보았을 때, 나는 콜로라도 대학의 대학원 세미나실에서 보았던 그 에너지를 떠올렸다.

또 다른 운동선수, 세계 챔피언 그린 베이 팩커스의 전(前)쿼터백이었던 바트 스타아(Bart Starr)는 직업 축구와 관련한 인물들 중 가장 열정적이었던 사람들 중 하나인 빈센트 롬바르디(Vincent Lombardi)에 대해 말했다.

롬바르디 코치를 만나기 전까지는 나는 정신적으로 그리 억세지 못했다. 나는 반드시 1등을 해야 한다는 정도는 아니었던 것이다. 나도 역시 잘 싸운 적이 있었다. 나는 훌륭한 선수들이 부득이 끝까지 견디어낸다는 걸 믿지 않는다. 리오 듀로쳐가 보여준 경기의 진짜 의미는 바로 그 인내에 있었다고 생각한다. 이기기 위해서는 상당한 정신적인 억센 기질을 가지고 있어야 한다. 롬바르디 코치는 내게 그것을 가르쳐주었다. 그는 이렇게 가르쳤다. 이겨야 한다는 불타는 욕망을 가져야 한다. 그것이 깨어 있는 시간을 온통 지배해야 하며, 결코 그 생각이 약해져선 안된다. 그것이 언제나 네 안에서 불타올라야 한다.[1]

---

1) Kramer. *Lombardi*. p.86

스타아는 말한다. "이것은 네 안에서 불타올라야 한다." 무엇이 말인가? 열정, 불타는 욕망 말이다. 그리고 또한 "언제나" 타올라야 하는 것이다. 참으로 대단한 명령이며, 아마도 불가능한 것일는지도 모른다. 그러나 그 과장 속에서도, 그는 사람들 마음 속에 있는, 은밀히 하고 싶은 일에 대해 일러주고 있다. 사람들은 이 세상에서 무언가 특별한 것의 한 부분이 되고자 한다. 주위 사물을 바꾸고, 연설을 하며, 사람들을 감동시키고, 하나님을 위해 무언가 위대한 일을 하고 싶어하는 것이다.

돈을 받고 싸우는 권투 선수는 굶주린 선수의 방식 그대로 열정을 죽이려는 본능으로 간주한다. 사업가는 정상에 올라앉는 방법을 말할 때 열정을 떠올린다. 학술계의 인물은 이것을 진실을 찾기 위한 탐구라고 부를지 모른다. 군인은 충성을 표현할 때, 예술가는 일종의 영감에 의한 작품의 완성을 보며 열정이라고 말할 것이다.

나는 내가 아팠을 때, 어머니께서 한밤중에 일어나 나를 간호하기를 주저치 않으신 것을 떠올려볼 때 열정이 어머니를 움직여주었다고 생각한다. 열정은 그녀의 "어머니의 귀"를 흥분시켰고, 그것 때문에 어머니는 내 호흡이 조금이라도 변하는 것이나 두 방 건너 있는 방에서 내가 부르는 가장 약한 소리에도 민감하게 반응하셨던 것이다.

위에서 쓴 용어들과 행위의 패턴들을 통하여, 사람들은 열정이 무엇인가를 여러 가지 형태로서 보여주고 있다.

한 개인을 어느 누구보다도 뛰어나게 만드는 힘인 열정 때문에 사람들은 피곤함, 고통, 놀고 싶은 생각, 심지어는 행복까지도 상관하지 않는 것이다. 열정은 어떤 목표에 도달하기 위하여 놀랄 만한 대가를 치른다.

바울은 아마도 열정의 원천에서 힘을 얻어 **"오직 한 일 즉 뒤에 있는 것은 잊어버리고 앞에 있는 것을 잡으려고 푯대를 향하여 그리스도 예수 안에서 하나님이 위에서 부르신 부름의 상(賞)을 위하여 좇아가노라(빌 3:13-14)"**라고 썼을 것이다.

그리스도인의 믿음의 행위에 있어서 열정은 꼭 필요한 것이다. 초대 교회 신부였던 아타나시오스는 재판관으로부터 세상에 자신의 편이 하나도 없다는 선고를 받았을 때 열정적으로 이렇게 답했다. "그러면 나는 이제 그 세상을 상대로 싸우겠소." 그리고 루터는 로마 가톨릭교 총독의 무서운 권력 앞에 섰을 때 내면의 열정에 의해 움직여져 이렇게 말했던 것이다. "나 여기 서 있습니다. 그 외 무슨 일을 할 수 있겠습니까." 그리고 짐 엘리어트와 그의 선교팀이 그들의 경비행기를 '위험한 오커스'로 잘 알려진 정글 가운데 불시착시켜야 했을 때 역시 열정의 손아귀에 붙들렸다고 할 수 있을 것이다.

우리들 중 몇몇은 우리가 처음으로 굳은 결심을 하고 예수 그리스도를 따르기로 작정할 때, 또 다른 형태의 열정을 경험한다. 우리들 중 대부분이, 예루살렘 성전 안에서 치료받은 사람처럼 기뻐하던 새 신도를 보아왔다. 그는 기쁨에 겨워 뛰고, 새로 얻은 삶에 너무 흥분해서 다른 이들이 어떻게 생각하는가에 대해서는 거의 상관도 하지 않았다. 그처럼 새로 시작할 때 갖는 열정은 너무도 강해서, 신앙의 문제에 있어 더 많은 경험을 가진 사람들이나, 더 큰 전망을 가진 사람들에게 있어서는 그것이 당황스러울 징도가 되는 것이다.

"곧 잠잠해지겠지." 그들은 알기 때문에 이렇게 말한다. 아니면 적어도 그들은 급하게 끓어오른 초기의 에너지는 영원히 지속될 수 없다는 것과, 언젠가는 사물에 대한 좀더 현실적인 관점으로 인해 그것이 축소될 것이라는 것을 알고 있다고 생각하기 때문일 것이다.

그러나 진실된 그리스도인의 성숙함은 열정을 방해하지 않는다. 그 기쁨의 절정의 충만감을 잘 조절할 수 있을 때, 아마 더욱 훈련된 신앙 스타일이 조금씩 조절, 변화되며 나타날는지 모른다. 그리고 그것이 중요시하여 기억해야 할 것일 수도 있는 것이다. **우리는 기쁨의 분출이나 이성을 잃고 일을 하려고 드는 행위로 인해 성숙한 믿음이 방해받지 않음을 알고**

있기 때문이다.

축구 선수 친구와 대화를 나눈 지 몇 년이 흐른 후, 나는 나와 나이가 같은 다른 친구와 점심을 하게 되었다. 우리는 비슷한 인생과 비슷한 신앙 스타일을 나누었다. 집안 배경으로 인해서 우리는 성경을 잘 알게 되었고, 성도들과의 친교를 생활의 중요한 요소로 치게 되었으며, 종교 활동에 우선권을 두어 행하게 되었다. 그러나 그와 내가 얘기를 함에 따라, 나는 내 친구가 교회 활동에 대해 얘기하는 것으로 보아 그가 권태기에 와 있다고 느끼고, 종교적인 특수 용어를 사용하여 그 문제를 파고들어 보기로 작정했다.

"자네 요즘 하나님과 동행하며 어디쯤 와 있나?" 나는 평범하게, 증권 시세를 물을 때나 쓰곤 하는 그런 목소리로 물었다.

"하나님과 동행하며 내가 어디쯤 있느냐구?" 그는 별 질문 다 듣겠다는 듯 쳐다보며 그 질문을 되풀이했다. 적어도 30초 정도의 시간이 흘렀고, 나는 끝까지 대답을 기다리기로 작정했다. "정말 알고 싶은 건가?" 그는 마침내 물었다.

"물론이지, 나는 자네 친구고, 흥미가 있으니 말일세." 나는 그렇게 대답했다.

"난 내가 어디 있는 건지 모르겠네! 그리고 오랫동안 그 상태가 계속 되어 왔단 말이야. 내 신앙 생활을 말한다면, 그저 움직이고 있을. 뿐이라구." 나는 그가 말한 의미를 생각해보기 위해 머릿속에 작은 노트를 만들었다. 그의 말로 미루어보아 그의 세계 안에는 '그리스도인으로서의 인생'과 '그 밖의 다른 인생'이라는 두 부문이 있다는 것처럼 들렸다.

"고든, 나도 어린 시절엔 그리스도와 신앙에 대해 참으로 열심히 했었던 시기가 있었네. 나는 그리스도인으로서의 헌신을 모든 것의 절대적 중심으로 삼고 싶어했지. 이제 그것을 잃어버리고, 지금은 종교에 관한 게 다른 어떤 일들보다 못한, 그저 습관이 되어 버렸어."

"왜 그런 생활을 계속하나?"

"이렇게밖에 생각할 수가 없네. 나는 이제 변화시키기엔 너무 늦은 생활 패턴이란 걸 이해하게 됐어. 우리 가족 생활은 온통 종교적 행위를 중심으로 하고 있고, 또 나는 아내나 아이들에게 상처를 주고 싶지도 않단 말이야. 게다가, 인생은 그 동안 내게 잘 해주었어. 여기까지 온 이상, 그 일상 생활을 뒤엎을 필요가 뭐가 있겠나? 그러니 나는 계속 이러고 사는 걸세."

난 이런 식의 말을 전에도 들어본 적이 있다. 사실은 목회자들, 선교사들, 교회 안의 무리를 이끄는 사람들, 교회 모임이 있을 때마다 가장 중심을 차지하고 있는 듯 보이는 평신도들과의 토론 중에서 이런 말을 많이 들었다.

무엇을 잃었단 말인가? 아마도 열정일 것이다! 그럼 왜 그것을 잃어버렸는가? 사람들은 보통 모르고 있다. **만약 그들이 내면적으로 자기 자신을 계발할 용기를 가지게 되었다고 해도(많이는 아니지만), 그들의 신앙 경험에 쏟아부을 에너지가 더 이상 없다는 것을 갑자기 깨닫게 된다.** 또는 그들이 가진 에너지가 그 동안 경력을 쌓기 위해, 취미나 오락을 위해, 또는 좀더 대담하고, 유쾌하고, 개인적으로 할 만한 몇 가지 다른 활동들을 위해 배분되어있있다는 것을 깨닫게 되는 것이다.

한편 영적인 열정에 대한 양자택일의 상태에 놓이게 되면, 신앙 활동은 권태롭고 지겨워진다. 그들은 죄의식에 시달리거나 영적으로 둔감해져 결국은 마비되어 버린다.

물론 반대의 경우는 그런 열정을 유지하는 방법을 찾아낸 사람을 가리키는 것이다. 그 사람은 아프리카에서 봉사한 개척 선교사인 윌라드 호치키스(Willard Hotchkiss)의 말에 감명을 받는 사람이리라. 호치키스는 길었던 봉사의 생활을 회상하며 이런 글을 썼다.

나는 40년간을 아프리카에서 실지로 혼자 살았다. 나는 열병으로 39회나 고생했고, 사자에게 3번, 코뿔소 무리에게 수없이 습격당했다. 그러나 이것만은 말할 수 있다. 만약 내가 '구세주' 라는 말을 전달하는 기쁨을 가질 수만 있다면, 그리고 그것으로 중앙 아프리카의 타 종족을 감싸고 있는 어둠에 빛을 줄 수 있다면 나는 이 모든 것들을 다시 한번 기쁘게 헤쳐나갈 자신이 있다.2)

바로 이것이 열정이며, 이것이 패스 수비자인 친구의 열정과 쉽게 융화되는 것이다. 그러나 이것은 내가 점심을 같이 했던 그 친구에게는 아무 감흥도 주지 못할 수도 있는 별개의 열정이다. "알다시피, 그게 바로 나를 항상 괴롭혀 온 문제들 중 하나라구. 사람들은 수 만리 밖에 사는 인물들이나 몇 백년 전 인물들을 들먹이면서 그 영향에 대해 말하려고 드는 거야. '왜 자네는 그렇게 되지 못하나?' 라고. 그게 내게는 무슨 영향을 미쳤는지 알겠나? 그 사람들처럼 살아보라는 얘기를 들을 때면 점점 더 비참해지고 만다네. 나는 나고, 그들은 그들이야. 나는 죄의식도 느끼고, 그런 말을 들을 때 해보자라고 마음도 먹었고, 때때로 진짜 그렇게 살아보려고도 했어. 곧 포기해버렸네. 그래서 이젠 이런 종류의 대화가 시작될 때면, 나는 신경을 끄고 말아."

젊었을 때 나는 뉴욕 허드슨 강의 서쪽 강둑을 따라 여러 번 드라이브했었다. 도시 북쪽의 몇 마일은 배 정박지로 쓰이고 있었는데, 그곳에는 수십 척의 리버티 선(*liberty ship* - 2차 대전 중 미국이 대량 건조한 약 1만톤 급 규격의 수송선 : 역주)들이 양쪽으로 묶여 있었다. 그것들은 활기 없이, 조용하게 - 그들 식으로 말하면 - 이젠 퇴역하여 떠 있었다.

나는 이 배들이 연료와 군수품, 공급품을 가득 싣고, 추축국(Axis empire-독일, 일본, 이탈리아 연합군 : 역주)의 심장부를 향해 돌진하는 연합군을 도우러 대양을 가로지르던 때를 회상해본다. 나는 그들이 보았던 전쟁의 광

---

2) Hefley and Hefley, *By Their Blood*, p.340

경, 그들이 적군의 잠수함과 전투기를 마주함에 따라 꼭 일어나야 했던 한 편의 드라마를 곰곰이 생각해보곤 했다. 그것은 용맹과 용감성의 시대, 행동과 생산성의 시대였다.

그러나 지금은 이 허드슨 강 위를 떠돌며, 선창은 비어 있고, 갑판엔 그 많던 무기 한 자루 없다. 엔진도 꺼지고, 승무원들도 흩어졌다. 마치 떠도는 무덤 같은 모습이다.

이 모습이 바로, 나와 점심을 같이 하면서 실생활의 상황을 설명할 용기를 가졌던 그 친구의 경우라고 할 수 있었을까? 나는 그랬을 것이라고 생각한다.

이 배들이 다시 사용될 수 있을까? 그 무언가를 생산할 수 있게 될까? 물론이다. 하지만 불행하게도 그들 중 몇몇은 곧 아주 쓸모 없어질 것이고, 쓰레기장에 처박히기 위해 갈가리 찢기지 않는다면 바다로 끌려나가 가라앉혀질 운명이다.

내 친구가 좀더 일찍 영적인 열정을 회복하려고 했다면 어땠을까? 그는 과연 다시 성장곡선상에서 시작할 수 있는 생활의 영적인 형성점으로 돌아올 수 있었을까? 그는 과연 하나님과 하나님의 일에 조금이라두 애정을 다시 쏟을 수 있었을까?

나의 친구는 주위의 것들을 파괴할 의도를 가진 그런 나쁜 사람은 아니다. 사실 다시 말해 그는 대단히 좋은 사람이다. 그는 좋은 남편이자 아버지이고, 직업에 있어서 성실한 공헌자이며, 사회에서 근본적으로 유용하게 쓰임받는 사람이다. 그는 그의 현 한계를 넘고 싶어하지만 그러지 못하는, 달라지거나 나아지기 위해 어떻게 해야 하는지 모르는 아주 평범한 사람일 뿐이다.

좀더 일찍 그가 영적인 열정을 회복시켰다면 어떻게 되었을 것인가? 우선, 그런 열정은 아예 없는 상태로까지 소실된다는 것을 그가 다양한 방법으로 이해했더라면 정말 좋았을 것이다.

만약 그가 이런 종류의 열정이 흘러들어 가야 할 내면을 잘 통풍시켜야 한다는 간단한 규칙을 생각했다면 그것은 도움이 되었을 것이고, 영적인 열정은 회복이 가능했을는지도 모른다. 그리고 그가 열정을 회복시킬 수 있었다면, 자신을 그리스도인이라 부르면서도 열정 대신 그저 습관처럼 신앙 생활을 하고 있는 수백만의 사람들의 경우에도 해당이 될 것이 아니겠는가?

내 안의 남자다움이, 자신이 대가를 치르는 것에 대해 진정으로 이기기를 원하는 그 축구 선수를 존경하게 만든다. 그것에 대해 더 생각할수록, 나는 그가 가진 더 깊은 자질을 존경하게 된다. 어떤 사람들은 그가 몰두해 있는 일이 너무 무의미하다고 생각할지도 모르지만, 적어도 인생을 더 큰 관점에서 대조해본다면, 그는 대단한 일에 몰두하고 있는 것이다. 그는 평범한 한계를 뛰어넘는다는 느낌이 어떤 것인지 알고 있다. 그는 독보적으로 주위의 시선을 받는다는 것이 어떤 것인지 이해하고 있다. 그는 자신에게 벅찬 것을 얻기 위해서는 위험을 감수해야 한다는 것의 의미를 잘 간파하고 있는 것이다.

내 안에 있는 무언가가 그것을 존경하게 만든다. 내 안의 무엇인가가 그런 열정의 생산이 가능하다는 것, 또 영적인 열정이 소실되었다면 그것을 회복하는 것도 가능하다는 것을 믿고 싶어하는 것이다. 무언가가 나로 하여금, 그런 종류의 열정을 생산해내는 힘이라면 단지 게임에 이기는 것보다 더 큰, 곧 하나님과 그의 자녀들을 위한 엄청난 봉사를 할 수 있는 영적인 열정도 만들어낼 수 있다고 생각하게 만든다. 그것은 또한 이 조그만 세상 안의 일들을 변화시키는 에너지가 될 수 있을 것이다.

토론 문제

1. 저자가 '열정'이라는 단어를 우수한 운동 선수(17~18쪽 참조)나 학술적 연구(20쪽 참조)와 관련하여 사용하고 있는 것을 당신은 어떻게 생각하는가?

2. 삶을 살아오며 가장 열정적이었던 순간을 한두 경우 설명해보라.

3. 지도자에게 '연료를 공급'해주는 열정에는 권력, 악명, 또는 조야한 성취물(21쪽 참조)같은 것 외에 또 어떤 종류가 있는지 덧붙여보자.

4. 가정이나 직장, 혹은 교회 안에서 볼 때 열정적인 삶을 사는 사람들에 관해 당신은 보통 무엇이라고 말하는가? 대답을 21쪽에 있는 내용과 비교해보라.

5. 열정에 대한 바울의 생각이 나타난 빌립보서 3:13 14를 암기하라 (22쪽 참조).

6. 저자가 이 책을 쓴 목적을 요약하고 있는 문장을 찾아보고(23~24쪽 참조), 당신의 생각을 담아 다시 써보자.

7. 열정적인 삶과 열정적인 사고는 성숙한 그리스도인의 자세와 어떻게 연관되어 있는가(24쪽 참조)?

8. 저자가 제시하는 대로 '내면'을 계발하도록 노력하라. 당신의 신앙 경험을 특징짓는 것은 무엇인가?

9. 영적인 열정을 회복하기 위하여 할 수 있는 두 가지 일은 무엇인가 (27~28쪽 참조)?

10. 저자는 '능력'을 나타내기 위하여 '열정' '불타오르다' 등의 강한 단어를 사용하고 있다. 이 단어들을 사용하여 자신에게 도전이 되는 말을 써 보자.

2

더 많이 일하나 즐거움은 줄어든다

Doing More and Enjoying It Less

확신해서 하는 얘기는 아니지만, 나는 친구 사이의 대화의 시간 거의가 피곤함, 과한 임무, 쉬고 싶다는 생각 등의 주제에 많이 쓰여지는 듯한 느낌을 받곤 한다.

잘 알고 지내는 사람에게 여러분은 이렇게, 단순한 질문을 한다. "요즘 이렇게 지내요?" 너무나도 평범한 대답이 쏟아질 것이다. "징밀 죽고 싶은 심정이야! 일이 왜 이리 많은지."

아니면 요즘 기분이 어떠냐고 물어보라. 그러면 이런 대답을 쉽게 들을 수 있을 것이다. "탈진하기 일보 직전이야."

여러분이 지난 몇 주가 얼마나 바빴는가에 대해서 말하기 시작하면, 금방 다른 누군가가 동의하고 이론을 늘어놓기 시작한다. "말해봐요. 왜 이 모든 것들을 죽자살자고 하고 있는지, 자신에게 물어본 적 있냐구?"

아니면, 여러분이 너무 힘들게 일하고 있는 어떤 사람에게 이렇게 말해 줄 수도 있을 것이다. "당신 오늘 밤 기진맥진하군요."

대답 "완전히 탈진 상태예요. 정말 이렇게 지쳐본 적이 없다구 다시는 그렇게 지독하게 몰두하고 싶지 않아."

뉴 잉글랜드에 큰 눈이 쏟아져 5년 만에 처음으로 주일에 교회 문을 닫지 않으면 안되었다. 놀랍게도 신도들은 그 날을 그들이 여태껏 맞이했던 가장 멋진 주일로 받아들였다. 그들이 뭐라고 했는지 보자.

"믿을 수가 없었죠." 누군가가 그 날에 대해 말했다. "난 24시간 전부를 가족과 함께 지냈어요. 스케줄도 없고, 할 일도 없고, 그저 조용했지요. 정말 멋졌어요." 나는 그 말을 들으며, 왜 우리가 간절히 하고 싶은 일 - 모든 일상의 분주한 일 - 들의 스케줄에서 벗어나 막간을 우리가 사랑하는 사람들과 지내는 일을 하는데 있어 우리에게 강제로 시키는 "하나님의 능력"이 동원되어야 하는지에 대해 궁금해했던 것이 기억난다. 정말로 이상하다! 그들은 영적으로 반항적인 생각에서 말한 것이 아니었다. 그들은 성실하고 믿음이 좋은 사람들이었다.

오래된 담배 광고가 이런 반응들을 아주 잘 요약하고 있다. "더 많이 피우지만, 즐거움은 줄어든다." 바로 이것이 오늘날의, 자신들이 사는 세계 - 교회, 지역 사회, 다른 조직들에 공헌을 하고자 하는 목표를 위해서 생각하고 행동하려고 정직하게 노력해온 많은 사람들 사이에서 일어나고 있는 일이다.

우리는 유용하게 쓰임받고자 하는 소망을 가진 사람들에 대해 이야기하고 있다. 그들은 책임감의 규율, 바로 무엇엔가 공헌해야 한다는, 자신들이 누구이며 할 수 있는 일이 무엇인가 하는 것 때문에 자신들의 세대는 조금이라도 더 나아져야 한다는 신념에 의거하여 살아가고 있다. 그들은 자신들의 능력과 에너지를 다른 사람들이나 자신들이 속해 있는 조직과 공유해야 한다고 생각한다. 그러나 그들이 그렇게 노력하면 할수록, 그들에게 주어지는 기회나 요구는 많아져갈 뿐이다.

쉽게 생각해볼 수 있는 결과는 무엇일까? 늘어나는 피로, 소모, 피곤함, 열정의 상실. 꼭 육신뿐만 아니라, 내면의 영혼에 있어서도 말이다. 때때로 여러분은 본능적인 흥분이나 기쁨마저도 부식되기 시작하는 것을 보는 것이다. 그리고 결국, 규칙 아래서 분주하게 일해 놓고도 아무것도 이루어진 것이 없다면, 내면의 피로가 외적으로는 행동으로 나타나게 된다. 갑자기 일을 날림으로, 신용을 잃을 정도로 엉망으로 처리한다. 사람들과의 불화로 분쟁을 가져오고, 육신의 병이나 쓰라린 영혼 때문에, 결국은 그만두어 버리는 위기의 순간이 다가오는 것이다.

우리는 일 년 정도는 일의 중심에 있다가, 다음 해에 갑자기 가장자리로 떠돌다가는 마침내 사생활로 조용히 사라져버리는 사람들을 점점 더 많이 본다. 그들과 얘기해보면 여러분은 그들이 계속하려는 열의가 소모된 상태에 와 있다는 것을 알게 될 것이다. 한 여인은 이렇게 말했다. "나는 쳇바퀴를 돌리는 다람쥐 같은 짓을 하고 있는 나를 발견했죠. 나는 '지친다는 것'에 이젠 지쳤어요."

'골짜기의 샘물(Springs in the Valley)'이라는 레티 카우먼 (Lettie Cowman)여사의 재미 있는 책에는 아프리카 식민지 역사에서 따온 흥미 있는 얘기가 실려 있다.(pp.196-97)

아프리카의 깊은 정글에서, 한 여행자가 길고 힘이 드는 여행을 하고 있었다. 짐을 옮기기 위해 그는 한 종족에서 노동자들을 고용했다. 첫날 그들은 빨리 움직여서 멀리까지 갔다. 그 여행자는 이제 빠른 여행을 할 수 있겠구나 하는 희망에 가득 차 있었다. 그러나 둘째 날 아침, 그 원주민들은 움직이기를 거부했다. 이유가 어떠했든 그들은 그저 앉아서 쉬었던 것이다. 이 이상한 행동에 대해 질문을 해본 결과, 그 여행자는 다음과 같은 설명을 들었다. 그들은 첫날 너무도 빨리 행군했다는 것이고, 그래서 그들의 정신이 육체를 따라잡을 수 있도록 기다리고 있는 중이라는 것이었다.

그런 다음 카우먼 여사는 다음과 같은 식견 있는 권고로서 끝을 맺고 있다.

우리가 살아가고 있는 이 혼란스럽고 성급한 인생을 그 정글의 원주민들은 첫날의 행군에서 겪었을 것이다. 그 둘의 차이점은, 그들은 생활의 균형을 회복해야 할 필요성을 알고 있었다는 것이고, 우리는 너무도 그러지 못하고 있다는 것이다.

레티 카우먼이 이런 글을 거의 50년 전에 썼다는 것이 놀랍다.

우리가 갑자기 통제가 힘들어진 스케줄에 의해 지치는 것은 놀라울 정도이다. 이것은 타르 인형과 관련된 엉클 레무스 이야기 중의 하나를 생각나게 한다. 한쪽 주먹으로 타르 뭉치를 때려보라. 당신의 손이 붙어버렸다. 그래서 그걸 떼려고 다른 한 손으로 때렸다. 다음에 무슨 일이 일어났는지 잘 알 것이다. 이제 당신은 진짜 곤란에 처했다. 한 발로 뻥 찼는데 일은 점점 더 복잡해진다. 마지막 남은 다리 하나를 사용하고 나면 당신은 그 타르 인형에게 붙들린 신세가 되어버린다. 때때로 나는 현대의 스케줄들이 타르 인형 같다고 생각한다.

내게도 유사한 일이 벌어지고 있다. 나는 내게 주어진 의무와 해야 할 일들(모두가 완벽하게 좋은 일들뿐이었다)의 목록을 늘려나갔을 때의 상황들을 쉽게 떠올려볼 수 있다. 그것들은 마치 내가 타르 인형을 때리고 찬 것처럼 나를 속박했던 것이다.

내게 맡겨지는 일들이 좋은 일들이었기 때문에 그 목록은 보통 자라나곤 했다. 하나님이 나에게 하도록 준비하시고 내려주셨다고 믿었던 도전적이고, 필요지향적인 일들이었다. 그러나 그 외의 요구에는? 나는 아마도 '예'라고 대답하고 목록을 더욱 불려나갔을 것이다. 왜냐하면 나는 사람들이 날 좋아해주기를 바랬고, '안되겠는데요'라는 말을 할 용기가 없었고, 소외되고 싶지 않았으며, 내면의 지혜가 속삭이는 소리를 떠내려보낸 죄(아마도 그릇된 죄였을 것이다)가 흐르고 있었기 때문이다.

그런데 그 목록이 터무니없이 커진다면 결과는 어떻게 될 것인가? 피곤, 갇힌 듯한 느낌, 도망쳐버리고픈 욕망 외엔 아무것도 아닌 것이다. 그런 송류들은 한 친구가 다른 친구에게 털어놓을 때 튀어나오게 된다. "알다시피, 예전엔 이 일을 하는 것이 즐거웠는데, 이젠 더 이상 즐겁지 않아."

현대의 분주함이 갖는 좋은 점은 우리의 능력과 재주, 재능과 비전을 실험해볼 수 있는 기회가 놀랄 만큼 분출된다는 것이다. 나쁜 점은 증가하는 영혼의 피로와 좌절의 양, 하나님을 위한 개인적인 행위를 하려는 것이 자발적이지 못하고 너무 자동적인, **즐거움 없는, 결코 멈출 것 같지 않은 회전목마 같은 것이 되어버린다는 점이다.**

급료를 받는 기독교 목회직에 있는 사람들에 있어서는, 인생이란 보통 절대 끝나지 않는, 아직 끝내지 못한 일에 대한 불안한 감정이 없이는 끼어들기도 어려운 일의 주기를 빙빙 돌기 십상이다. 사람들을 이끌고, 돌보고, 발전시키는 일에 참여했던 사람들이라면 누구나, 더 낫게, 더 완벽하게 끝낼 수 있었던 일이 항상 하나씩은 있다는 것을 알고 있다.

교회에서나 바깥에서나 하나님을 향한 신실한 삶을 살아가려고 하는 평신도에게 있어서는, 꼭 참여해야 할 좋은 일들과 그가 꼭 맡아야 할 책임이 사정없이 몰려오는 섯처럼 느껴질는지 모른다. 내가 한 평신도에게 교회에서 그가 할 수 있는 일을 하나 더 맡기려고 했을 때 그는 "아시다시피, 나는 살아야 하고 부양해야 할 가족도 있는 걸요." 라고 말했다.

참으로 우습다! 그것은 마치 내겐 그런 일이 한 번도 없었다는 것처럼 들렸다. 그러나 사실이 그런 것이, 여러분이 만약 교회 같은 자발적인 조직에서 일을 잘 하면, 이것은 갑자기 흥미를 가진 사람들이 의식이나 스케줄에 앞으로 보태질 가능성이 있는 것들을 가지고 벽으로부터 나오는 것처럼 보일 것이다. 하나를 하면 다른 것들이 또 따라나온다. 그런 것은 이만하면 됐다 싶을 때도 절대로 됐다고 하지 않는다.

종교의 세계 안에서 우리 모두는 교회 안팎의 프로그램과 회의, 세미나,

강연 등의 소용돌이와 싸우고 있다. 우리가 시간과 에너지를 가지고 하는, 우리가 배우거나 습득해야 할 새로운 아이디어를 가지고 있는 모든 똑똑한 사람들과의 경쟁은 해가 갈수록 점점 격심해지는 것이다. (최근에 나는 한 세미나 광고지를 보았다. 거기에는 기대에 미치지 못한 경우 돈을 돌려준다는 식의 보증서가 있었다. "만약 귀하께서 이 세미나가 이번 해에 참석했던 자리 중 가장 귀중한 자리였다는 것에 동의하지 않으신다면...")

어떻게 이런 일이 일어났는가? 이것은 우리에게 일어나고 있는 많은 좋은 일들, 현대 생활의 모든 부분에서 가져온 혁신, 비전 있는 사람들, 기술, 방법들의 결과라고 보아야 한다.

피로는 해야 하는 일들에서만이 아니라, 우리를 향해 달려오는 엄청난 양의 경험해야 할 것들과 정보들에 의해서도 쌓이는 것이다. 나는 사람이 진짜로 피곤해지는 것은, 끊임없는 돌진으로 영혼에 자극을 주기 때문이라고 생각한다. 말, 말, 센세이션 그리고 흥분!

크리스천 미디어 – 라디오와 텔레비전, 각종 출판물, 광고 인쇄물까지 – 는 우리의 돈과, 시간과 노력과 충성을 요구하는 수많은 대의명분과 관심사를 가지고 우리에게 구애해 왔다. 가장 설득력 있는 판매 기술, 가장 매력적인 사람들, 사람의 감정에 호소하는 이야기들을 사용해서, 그들은 우리의 감정과 생각을 긁어낸다. 그들은 우리를 장시간의 기금 모금 프로, 성지 순례, 카리브 해의 유람선, 파티와 휴식의 공간으로 초대한다. 나쁘다는 것은 아니다. 사실, 모두가(처음에는) 흥미진진할 수 있다. 그러나 마치 중독처럼, 우리는 이것을 점점 더 많이 경험하지 않으면 우리의 열정을 자극시킬 능력은 약해지고, 결국은 상실하고 만다. 그 후의 영향은 피로뿐이다.

우리들 중 대부분은 지방 성도들의 모임이 주일 아침에 예배를 드리는 데 있어서, 아주 적은 기본적인 프로그램들만을 가지고 있었던 때를 잊어버린 것 같다. 현대의 프로그램의 홍수는 우리의 기대 못지 않게 우리의 혼란과 절망도 같이 끌어올렸다. 우리들 중 대부분은 주중의 매일 아침 저녁으로, 모든 것에 만능이 되고자 하는 인간의 필요와 그 소망의 팽창된 느낌을 만날 수 있는 무언가가 교회에 없다면 그 동안 속아왔다고, 또는 우리 교회가 그 시대 조류를 따라잡지 못했다고 느낄지도 모른다. 그러나 물론 이 바쁜 프로그램들은, 그것을 운영하고 참여해줄 사람들을 필요로 하는 것이다. 그 사람이 누구인지 여러분들은 알 것이다.

내 동료 중 하나는 어떤 사람이 해야 하고 배워야 할 일에 압도된 상황을 소화전에서 마실 물을 얻는 것에 비유하기를 좋아한다. 조용한 음료수대에서 얻은 소량의 물로 멀리 갈 수 있다고 그는 말한다. 그러나 물이 흐르는 소화전 앞에 입을 갖다 대보면, 상황은 위험해진다. 원기를 회복시켜 줄 수 있는 동시에 상처를 가져올 수도 있는 것이다.

나는 사정없는 정보의 홍수, 종교적인 자극, 우리에게 다가오는 기회들 모두가 터지기 직전의 고압에 놓인 소화전과 흡사하다고 확신하는 사람 중 하나이다. 그리고 그것은 우리 내면의 영혼, 다른 책에서 말한 것처럼 내면 세계(private world)라고 할 수도 있는 곳에 잠재적인 영향을 준다. 만약 내가 맞다면, 우리는 적어도 거의 동시다발적인 두 가지 일을 예측해 볼 수 있다.

첫째로, 우리의 눈이 점점 공공 세계(괜찮다면 기독교 내의 공공 세계까지도)의 사건들과 데이타로만 끌리게 됨에 따라, 내면 세계, 바로 마음은 점점 관심과 내적인 유지할 힘을 받지 못해 약해져 버린다. 활동을 위한 시간의 증가는 헌신할 시간의 줄어듦을 의미하는 것이다. 하나님을 위해서 일하는 시간의 증가가 하나님과 함께 하는 시간의 감소를 의미할 수도 있다. 말하는 것이 묵상하는 것이나 귀기울이는 것에 대한 효과적인 대용물이 되어 버렸다. 결국은, 이 모든 고상한 일들을 하는 것이 나쁜 것은 아니다. 그렇다. 좋을 수 있다. 하지만 이것이 언제나 '최상' 일 수는 없는 것이다.

둘째로, 동시다발적인 해프닝, 우리의 분주한 생활 습관은 우리기 일찍이 가지고 있던 열정까지 소모시킨다. 다른 말로 하면, 출력은 있으나 입력이 없는 것이다! 그런 후에 앞 장에서 살펴본 내 친구처럼, 우리가 종교를 습관처럼 행하고 있다는 것을 인식하게 되는 피할 수 없는 순간이 오게 되는 것이다. 분주함이란 열정 없음을 말하는 것이다. 우리는 더 많이 일하지만 즐기지는 못한다.

현대를 사는 우리 그대로, 지금 우리 서구 기독교 사회에 무슨 일이 벌어지고 있는가를 이해할 필요가 있음을 제안하고 싶다. 왜 우리는 서로 지쳤어, 탈진했어 하는 말들만 하고 있는 것인가? 왜 우리 생활 스타일이 이렇게 정신 없어졌는가? 우리는 "그만!" 이라고 소리치고 나서, 과연 이것이 그리스도께서 가르치신 생활 방식인가 하고 숙고해볼 시간조차 없단 말인가?

"하지만, 예수께서도 항상 바쁘셨잖아요? 그분도 상당히 억압된 생을 살지 않으셨던가요?" 누군가가 묻는다. "예수께서 하룻밤 정도 쉬시고, 미니어처 골프를 즐기시며, 한달 정도의 휴가 계획을 짜신 것처럼 보이지는 않는데요. 바울이 놀았던 적이 있어요? 당신은 우리가 해야 할 일에 관한 한계를 정하는 것에 있어서 도대체 어디서 성경적인 기반을 얻고 있는 겁니까? 지금이 우리가 기독교 선교에 더욱 헌신할 사람들을 모으려고 노력할 때로 본다면, 그것이 우리에게 도움이 되는 말인지 잘 모르겠어요."

"잘 지적했어요. 그렇지만 당신은 예수님의 생활 방식을 20세기 용어가 아닌, 성경 안에서 다시 생각하셔야 할 겁니다." 나는 이렇게 응답한다. "예를 들어서, 그분께서 제자들과 함께 마을에서 마을로 다니실 때는 걸어서(아니면 배로) 가셨습니다. 시골길을 걸으면서 갈 때는 오랫동안 고요한 시간이 있었겠지요. 예루살렘에서 아침을, 다메섹에서 점심, 안디옥에서 저녁을 드시듯 미친 듯이 날째게 움직이지 않았다는 말입니다."

J.B. 필립스(J.B. Phillips)가 적고 있듯이,

그리스도의 침착함과 고요함을 숙고하는 것은 상쾌하고 유익한 일이다. 그분이 해야 할 과업과 책임은 보통 사람이라면 미칠 정도였을 것이다. 그러나 예수께서는 결코 서두르지 않으셨고, 결코 숫자에 감명받지도 않으셨으며, 시간의 노예가 되지도 않으셨다. 그분은 하나님께서 결코 서두르지 않으신다는 것을 아시고 그대로 행동하신 것이다.3)

바로 이것이 꼭 기억해야 할 중요한 것이다. 예수께서 사셨던 시대의 생활의 속도는 내면의 규율이 아닌, 실제적인 장애물에 의해 자동적으로 지배되었다는 사실이다. 그 장애물은 우리가 초고속 교통 수단, 전화, 조직적인 기술로서 극복해 온 그런 종류들이다. 그러나 이런 장애물들은 더 차분한 스케줄을 보장해줄 수 있었던 것이다.

만약 급히 서두르지 않은 생활로써 달력을 만들고 그 안에 조용한 공간을 마련했더라면 우리는 재생산과 고요함, 회복에 있어서 인공적인 수단을 말할 필요조차 없었을 것이다. 우리는 정직하게 하루를 일하고 나서 오는 진짜 피곤함을 알 수 있었을 것이며, 영혼의 고갈이나 영적인 열정의 상실에 대해 논하지 않아도 되었을 것이다. 우리가 우리의 생각과 마음을 다시 질서 있게 만들기 위한 시간을 보내기 위하여, 달력에 꼭 특징한 저녁 시간을 하나 정해둘 필요도 없었을 것이 아닌가?

나의 할아버지는 1920년대와 30년대에, 설교와 선교를 위해 거의 매년 동부 유럽을 여행하셨다. 전쟁이 끝난 후 그분은 해마다 있는 그의 스케줄을 다시 시작하셨다. 그가 유럽을 방문할 때는 증기선을 이용하시곤 했고, 프랑스에 도착하셨을 때는 항해를 여러 날 하면서 휴식, 독서, 연구, 그리고 설교를 준비할 시간이 많으셨기에 원기를 회복하셨다. 대양의 방해물과 배의 느린 속도는 그분의 영적인 열정을 모으고 회복시키는 기회를 보장해주었다. 유럽에 도착하셨을 때 그분은 펄쩍 뛰어내리기까지 하셨던

---

3) Phillips, *Your God Is Too Small*, p.56

것이다!

내 세대인 오늘날에 와서는 조금 다른 것 같다. 나는 도착이 한 시간 정도 남기 전까지는 유럽으로 날아가고 있다는 것이나 목회직에 관한 것을 생각하고 싶지 않았을 것이다. 그리고 나를 초대한 사람들은 나를 가능한 한 바쁘게 만들었을텐데, 그 이유는 비행기 표값을 준 대신에 내 유효 시간의 단 1분이라도 놓치지 않겠다는 의도였을 것이다. 그 피로만 해도 벅찼을 것을 나는 왜 내가 제트 래그(*Jet lag* - 시차에 의한 피로 : 역주)에 의해 생성된 피로에까지 빠졌나 궁금하다.

내 생각엔 예수께서는 제트 래그에 관해서는 아무것도 모르셨을 것 같다. 그것은 내 할아버지도 마찬가지였다. 예수께서는 또한 시끄러운 전화벨 소리, 꽉 찬 우편물 상자, 국제적 협의회나 주일 학교 소풍 같은 것의 희생물이 되지도 않으셨을 것이다.

권태에 대해 조금 생각해보자. 이것은 우리가 열심히 일하고 난 날의 마지막에 느끼게 될 몸의 정직한 피로는 아니다. 그보다는 지친 영혼의 권태, 주님을 섬기는 일이 무미 건조한 경험이 되는 열정 없음의 상태, 하나님의 자녀가 됨으로서 갖는 능력과 기쁨을 잃어버리는 것, 도대체 **그런 종류의 영적 침체는 어디로부터 오는 것일까? 그리고 그 결과는? 어떻게 하면 그것이 몰려올 때 잘 감당하고 될 수 있으면 다시는 오지 못하게 쫓아버릴 수 있을까?**

우리가 잠시 멈추고 생각할 때, 우리는 우리의 피로가 아주 교묘한 문제라는 것을 발견하게 될 것이다. 예를 들어, 우리는 분주함과 압박으로부터 진짜로 지칠 수는 있어도 사실은 그걸 모른다. 왜냐하면 우리가 하고 있는 일이 너무도 흥미진진하고 도전적이어서, 우리는 일의 순수한 기쁨에 푹 빠져 피로의 신호를 듣기를 거부하기 때문이다. **얼마 동안 우리의 몸과 마음은 잘 협조해주고 한도를 넘는 격심한 활동도 허락을 해줄 것이다.** 그것이 바로 영적인 열정에 의해 연료를 공급받는 생활이다.

반대의 경우에, 피곤하지만 사실은 우리 몸과 마음이 인정하는 것보다 저장해둔 에너지가 더 많이 있다는 것을 생각해볼 수 있다. 그러나 우리가 관여하고 있는 과업은 그리 하고 싶지 않은 일이고, 우리는 실패를 두려워하고 있는 것인지도 모른다. 이제 몸과 마음이 반항을 하고, 그릇된 종류의 피곤한 상태의 신호를 보낼 수도 있다. 예를 들어, 왜 나는 기도할 시간만 되면 자동적으로 졸음이 오는 것일까? 왜 나는 아내가 가난한 이들에게 이득을 줄 일을 하나 하자고 제안할 때면 금방 에너지의 고갈을 느끼게 되는가 말이다.

우습다. 이 피로의 느낌들. 이것들은 여러분이 잘 이해하지 않으면 진위를 가려내기 어려운 것들이다.

내가 육상과 크로스컨트리 선수였을 때, 내 동료와 나는 이런 종류에 대해 생각했었다. 우리는 피로에 대해, 그것의 원인과 영향에 대해 연구를 했다. 우리는 느낌뿐인 피로(feelings of fatigue)와 진짜 피로(genuine fatigue)의 차이를 구별해내는 방법을 배웠다. 달릴 때의 난관은 몸의 상태와 야수 같은 힘을 내는 것 못지 않게 정신적인 상태도 중요하기 때문에 그 연구는 매우 중대했다. 달리기 경주의 중간점에서 내가 경험했던 피곤함의 대부분은 다리가 아니라 마음 자세에 있었던 것이다. 그것을 아는 것이 무척 도움이 되었다. 육상 같은 경주에는 열정이 있고, 그것 없이는 큰 경주에서 이길 수 없다. 그 열정이란 것이 자라나면 꼭 유지되어야 한다. 피로는 육상 선수가 가진 열정의 적이며, 그 열정이 사라진 때의 결과일 수밖에 없는 것이다.

그래서, 나는 경쟁의 한가운데에서 나의 피로를 분석하는 법과, 내가 느끼는 이 피로는 어디서 온 것인가? 라는 질문을 해보는 법을 배웠다. 가끔 나는 5마일 경주 중의 3마일 지점에서 내게 이렇게 물어보아야 했다. 왜 나는 바로 여기서 경주를 그만두고(팀의 한 부분일 때조차!), 다른 정신 똑바로 박힌 사람들처럼 집에 가서 안락한 침대에 눕고 싶은 것일까? 내

몸에서 알려주고 있는 이 신호들은 과연 진짜일까 가짜일까?

이 질문들은 기독교 안에서 책임을 맡고 있는 사람들이 꼭 자문해보아야 할 문제들과 비슷한 것이다. 내가 느끼고 있는 이것은 도대체 무엇인가? 이 느낌들은 어디서 오는 것일까? 그들은 진짜일까? 내게 의미하는 것은?

그리스도의 일생을 연구해보면, 그분은 열정 없이 생활하신 적이 결코 한 번도 없음을 발견하게 될 것이다. 그분은 인간이 어떻게 그런 상황에 말려들게 되는가를 명확히 이해하고 계셨다. 많은 활동을 하시기 전후에 예수께서 홀로 계시면서 사명을 수행하는 데 필요한 내면의 에너지나 열정을 비축, 또는 가득 채우셨다는 것은 결코 우연한 일이 아니다. 그리고 그리스도께서는 자신의 이성적인 한계를 넘는 활동에는 관여하지 않으신 듯 보인다. 그분은 사명("잃어버린 자를 찾아 구원하려 함" - 눅 19:10)에 의해 이끌리고 안내받으셨으나, 또한 지혜롭지 못하고 분별 없는 일을 하고자 함을 효과적으로 체크해주는 내면의 관리자를 가지셨던 것 같다.

그리스도는 아마도 다음과 같은 요한 웨슬레의 말에 동감하지 않으셨을까 하는 생각이 들었다. "나는 영혼의 고요함을 가지고 해낼 수 없는 일은 절대 하지 않으므로, 비록 항상 바쁘긴 하지만 결코 서둘지는 않는다."

영혼의 고요함은 잘 정돈된 생활을 위해 꼭 필요한 조건이다. 우리는 그런 고요함을 얼마나 가지고 있는가? 물론 이 문제에 대한 수많은 답이 있을 것이지만, 나는 그 대답들이 피곤함의 원인에 대한 것을 이해한 후에야 나올 수 있는 것이라 확신하고 있다. 그 원인들을 다음 장에서 짚어 올라가기로 하자.

토론 문제

1. 첫 문단에 나타난 저자의 고찰(31쪽 참조)이 당신이 최근에 나누었던 대화에서도 사실로 나타나는가?

2. '즐거움 없는, 결코 멈출 것 같지 않은 회전목마 같은 것'으로 인한 열정의 상실이라는 저자의 묘사를 뒷받침하는 예를 두 가지만 들어보자.

3. 당신이 급료를 받는 기독교 목회직에 있는 사람이거나 활동적인 평신도라면, 교회 활동으로부터 쉬게 되었을 때 떠오르는 내면의 부정적인 신호들을 어떻게 다루고 있는가(35쪽 참조)?

4. 피로를 일으키는 원인이 되는 것 중 하나가 크리스천 미디어의 홍수라고 할 수 있다(36쪽 참조). 공급 과잉을 막기 위해 당신이 고의적으로 혹은 무의식적으로 자극제를 '물리치는'데 사용하는 방법을 몇 가지 제안해보라.

5. 사정 없는 정보의 홍수, 종교적인 자극, 기회들은 어떤 두 가지 결과를 초래하는가(37~38쪽 참조)?

6. 다음의 성경 구절에 나타난 예수님의 생애에 기초를 두고 종교 활동과 관련한 문장을 하나 써 보자(막 1:12-20, 35, 45 ; 2:13, 15, 23 ; 3:7, 13, 19 ; 4:1, 10, 35 ; 5:21 ; 6:1, 30, 45-46 ; 7:24 ; 9:2 ; 13:3 ; 14:32).

7. 40쪽에 있는 저자의 질문에 대한 당신의 의견을 피력해보라. 그런 영적 침체는 어디로부터 오는 것일까? 그 결과는 무엇인가? 우리가 할 수 있는 일은? 어떻게 하면 피할 수 있을까?

8. 저자는 두 종류의 피로(fatigue)에 대해 언급하고 있다 (40~41쪽 참조). 당신의 생활에서 발견되는 것은 둘 중 어느 것인가?

9. 6번 질문의 성경 구절들을 다시 읽어보고 그리스도의 열정은 어떠하였는가 말해보자(42쪽 참조).

10. 당신이 '영혼의 고요함'(42쪽 참조) 가운데 있다고 상상한 후에, 그 모습을 설명해보라.

3

이젠 끝장이다!

It's All Over!

다시 달리는 세계로 돌아가 보기로 하자. **보스턴 마라톤에서 경주하는 선수**는 하트브레이크 언덕을 잘 알고 있다. 그 언덕은 매사추세츠의 뉴튼 거리를 통과하는 완만하고 긴, 구불구불한 오르막길로 26마일 경주의 약 3분의 2정도 되는 곳에 있다. 훌륭한 선수들이 무리에서 벗어나 그들이 우월함을 증명하는 곳이 바로 그 언덕이다.

영리한 경쟁자들은 정신적으로 그 하트브레이크 언덕에 대해 무장을 하고 있다. 그들은 뛰는 도중에 그 지점에 오면 어떤 심정이 될 것인가를 알고 있으며, 그 사실을 마음에 꼭 품고 처음 17마일을 정상 진행한다. 그 동안 그들이 하는 일은 정신적인 에너지, 열정을 잘 저장하는 일이다. 그들은 내면의 전쟁이 시작되는 곳이 어디인지를 잘 알고 있기 때문이다. 그 것이 내가 말한, 선수들이 피곤의 문제를 연구했다는 것의 의미를 얼마간 설명할 수 있을 것이다.

보스턴에서 달린 그 경주자들은 내게 영적인 정열에 대한 무언가를 가르쳐주었다. 내가 본 바로는, 현명한 사람은 앞을 보고 어디서 피곤이(영적인 열정의 상실이) 일어날 것인가와 왜 그런가를 짐찍을 수 있다. 그러므로 그는 다가올 시간에 대비하여 어떻게 필요한 에너지나 열정을 모을 것인가, 가장 고통스런 지점을 달리는 동안 그것을 어떻게 잘 분배할 것인가, 그리고 나중에 그 내면의 힘을 어떻게 회복할 것인가를 알고 있다.

예수께서는 **둘씩 짝지어 나가 선교하고 돌아온 제자들**을 맞으시면서 이렇게 말씀하셨다. "너희는 따로 한적한 곳에 와서 잠간 쉬어라"(막 6:31). 그분은 그들의 상태가 어떠했는지를 아셨다. 그래서 배를 타고 모두 한적한 곳으로 가서 좀 쉬려고 했으나, 도착했을 때 그들은 오천 명의 사람들을 만났던 것이다. 한 개인의 열정을 회복시키기엔 어려운 곳이었다. 그러나 기록자는 제자들이 하루를 쉬는 동안 예수께서 군중을 이끄셨다는 것을 은연중에 보이고 있다. 제자들은 그 동안 영적인 열정을 회복하고 있었을 것이라고 우리는 추측해볼 수 있으리라.

그러나 흥미 있는 것은 예수께서 제자들에게 자신을 도와 그들을 먹이라고 요구하셨을 때조차 그들은 그 가능성에 대해 냉담하였고 용기를 잃었던 것이다. 그들은 정말 기적이라고밖에 말할 수 없는 두드러진 역사들을 경험할 수 있었던 전도 사업에서 방금 돌아오고서도 이 간단한 난문을 다룰 힘이 없었던 것이다. "무리를 보내어 먹을 것을 얻게 하소서"(눅 9:12). 이것이 그들의 유일한 반응이었다. 이것이 바로 그들의 내면 에너지의 상실, 지친 상태를 암시하고 있지 않은가?

어제의 영적인 열정이 오늘의 내면 에너지가 될 수는 없다. 열정은 그렇게 빨리 소실되는 것이고, 그만큼 꼭 회복되어야 하는 것이다. 하나님께서 광야의 이스라엘 민족에게 주신 만나처럼, 영적인 열정도 금방 못쓰게 된다. 모세와 그의 백성들이 만나를 매일매일 모아야 했듯이, 우리도 이 열정을 규칙적으로 회복시켜야 한다. 우리는 왜 열정이 그토록 빨리 없어지며, 그런 일이 생겼을 때는 어떻게 해야 하는가를 알 만큼 현명해야 한다.

나는 한때 운동 선수로서의 최고를 추구하는데 따르는 피로와 용기의 상실을 연구해보았으므로, 이제는 그리스도인으로서의 의무를 추구하는데 따르는 피로와 용기의 상실을 연구해보았다.

무엇보다도 영적인 열정에 영향을 미치는 생활의 상태, 항해사나 목축업자, 여행자들에게 나쁜 날씨에 대한 기상 예보를 하는 사람들의 것 같은 상태 보고서가 있다는 것을 깨닫는 것이 무척 도움이 되었다. 우리들이 앞에 놓인 골칫거리를 예상할 수 있을 때 그 상태들은 틀림없이 나타난다.

이런 상태의 종류 중에는 예측이 가능한 것도 있고 그렇지 않은 것도 있다. 그러나 나는 이제 나를 위하여 그것들을 목록화해볼 만큼은 충분히 살았다고 생각하며, 대다수의 경우들을 통하여 나는 나를 둘러싸고 있는 사건과 상황을 보고 - 하트브레이크 언덕의 선수들처럼 - 나 자신에게 말할 수 있게 되었다. "내가 지쳐 있다는 건 틀림없어. 왜 이렇게 된 건지 알아봐야겠다."

젊은 목회자로서, 나는 내 구역 신도들이 일하는 직장 현장에서 그들을 만나고 싶다는 꿈을 가졌었다. 그들은 직분에 최선을 다하고 있을 때의 내 모습을 규칙적으로 보고 있지 않은가. 왜 나는 그들이 최선을 다하고 있는 노동 현장을 볼 수 없단 말인가? 나는 이 생각을 굳게 믿었으며 곧 실천에 옮겼다.

그래서 경영진들을 그들의 사무실에서 만나보았고, 물건을 팔러가는 도상의 세일즈맨과 같이 차를 탔으며, 제조 공장과 연구실, 가게에서 일하는 사람들을 둘러보았다. 곧 내가 그런 곳들을 진지하게 방문한다는 소문이 퍼졌다.

"내 작업장에도 한번 와 보시겠소?"라고 건설 작업장의 철강 노동자가 내게 말했을 때 나는 아주 열중해서 대답했다. "날 당신이 일하고 있는 건물 꼭대기로 데려다주기만 해주십시오."

"그러죠." 하고 그는 대답했다.

사흘 후에, 나는 고집스럽게도 철근만 앙상한 건물의 4층으로 뻗어 있는 사다리를 올라가고 있었다. 2층에 다다랐을 때 나는 겁이 났고 또 놀랐다. 나는 내가 그 정도 높이에서 떨게 될 줄은 상상도 못했던 것이다. 그러나 내 안의 '남자다움' 이란 것이 공포를 인정하려고 하지 않았다. 3층에 다다르면서 나는 극도로 조심스럽게 사다리의 가로장을 하나하나 붙들었다. 내가 사다리 꼭대기에 도달했을 때, 그 친구는 10피트 정도 멀리서 꼭 빨랫줄 굵기 같아 보이는 철재 위에 서 있었다.

"이쪽으로 와봐요." 그는 내가 쩔쩔매는 모습을 보면서 빙그레 웃으며 말했다. 나는 처음으로 말을 타는 사람처럼 조금씩 그 철재 위를 움직여 갔다. 그날 나는 모든 사람들의 직업 현장을 방문하며 그들이 갈 수 있는 곳이면 나도 갈 수 있다고 하는 생각에 쏟았던 열정을 잃어버리고 말았다. 나는 한 개인의 내면의 힘이 사라지고 다시는 돌아오지 않을지도 모르는 상태를 발견한 것이다. 나는 "당신이 일하는 곳에 나도 가보겠어요" 라고 말하기 전에 좀 생각을 하게 되었다.

눈 부상으로 은퇴한 권투 선수 슈거 레이 레너드(Sugar Ray Leonard)는 컴백하려는 시도를 했고 링에 올랐으나 젊은 상대방에게 6회만에 K.O.당하고 말았다. 신문들은 링 바닥에 당혹한 표정으로 앉아 있는 그의 사진을 실었다. "그 순간에 무슨 생각을 했죠?" 기자가 물었을 때 그는 이렇게 대답했다. "혼잣말을 했죠, 이젠 끝장이구나 라고요." 이것이야말로, 막 회복되었던 열정이 갑작스레 사라져버리는 상태를 상징하는 극적인 장면이 아닐까.

영적인 열정을 위협하는 일곱 가지 상태

하나님을 알고 섬기려는 우리의 열정을 위협하는 다양한 상태들을 숙고해볼 때, 나는 일곱 가지의 상태를 생각하게 되었다. 나는 그런 상태들이 가장 일어나기 쉬운 때를 점찍고, 발생했을 때는 어떻게 행동해야 하는가를 알 수 있기 때문에 이렇게 알고 설명하는 것이 도움이 된다. 열정을 위협하는 상태 중에서 가장 명확한 것으로서 시작해보자.

1. 고갈된 상태 (The Drained Condition)

감사하게도 나는 내 생애에서 술취한 상태를 경험해본 적이 없으나, 숙취 상태에 대해서는 잘 이해하고 있다. 그리고 한 번이라도 실제 영적인 지도자의 자리에 있었던 사람이라면 모두 잘 이해하고 있을 것이다.

설교자나 다른 이들이 내면의 힘을 아낌없이 소모해버렸을 때, 그 시간들의 결말에 가서는 내가 묘사하고 있는 타입의 숙취 상태가, 주로 월요일 아침에 일어난다. 이것은 결코 종교적인 현상만은 아니다. 문제푸는 일, 분쟁, 판매 전략 같은 것에서 지독한 스트레스를 주는 관계를 자주 가져본 사람이면 누구나 '고갈'이라는 말의 의미를 이해할 것이다.

내가 일찍이 강조했듯이 내면의 영혼으로의 에너지나 열정의 공급은 지칠 줄 모르고 계속되지는 않는다. 고갈될 수 있고 또 앞으로도 고갈될 것이다.

젊은이들은 이 사실을 잘 모르는 것 같다. 그들은 자신들의 에너지에서 나오는 야수 같은 힘이 무한하리라고 믿고 있지만, 얼마간은 그럴 수 있어도 영원히 그렇지는 못한다! 이 가능성을 무시하다가는 어느 날 그들은 극도의, 영혼의 고갈에 대한 내면의 압박을 깨닫게 될 것이다. 그것은 끔찍하게 당황스러운 경험일 것임이 분명하다.

내가 '숙취'라고 표현한 고갈 상태를 가장 잘 묘사해주는 이야기는 아마도 선지자 엘리야에 대한 것이 아닐까 한다. 엘리야가 자신의 영혼 속에서 깊이 절망하며 광야로 달아났을 때, 그는 그 절망에 어울리는 것으로 죽음을 생각했다. 어떻게 그런 생각으로까지 돌아설 수 있었을까?

그 광야에서의 절망은 갈멜산의 승리에 뒤따른 것이었다. 엘리야는 종교적으로 이스라엘 백성을 사로잡고 있던 이교도 바알의 제사장들과의 싸움에 연관되기 사흘 전에 그 산 위에 있었다.

당시 왕과 왕비였던 아합과 이세벨이 바알을 섬겨 이교 제사장들을 불러들이자 그 결과, 하나님은 3년 간 '가뭄'이라는 포고로서 그 땅을 심판하셨다.

이제 최후의 대결이 시작되었다. 엘리야는 제사장들에게 도전하였고, 그 날의 마지막에 장대한 승리를 장식하였던 것이다. 산꼭대기에 제단이 세워지고, 바알의 제사장들과 엘리야를 위해 두 마리의 소가 제물로 준비되었다. 그 나라 사람들의 거대한 무리가 구경을 위해 몰려들었다. 명성이 위험에 처하지 않았겠는가? 엘리야는 정말로 혼자였고, 바알의 편은 지지자들로 군대도 만들 만큼의 숫자였다.

"너희는 너희 신의 이름을 부르라 나는 여호와의 이름을 부르리니 이에 불로 응답하는 신 그가 하나님이니라"(왕상 18:24) 실로 거짓 없는 과정이었다. 엘리야가 우선 순위를 주자 그들은 시작했다.

아침 내내 그곳에서는 그들의 신의 주의를 끌기 위한 춤과 비명과 자해 행위 등이 잇따랐다. 그러나 아무 일도 일어나지 않았다! "저희가 오히려 진언을 하여 저녁 소제 드릴 때까지 이를지라도 아무 소리도 없고 아무 응답하는 자도 없고 아무 돌아보는 자도 없더라"(왕상 18:29).

마침내 엘리야의 차례가 되었다. 그는 오랫동안 내버려두었던 여호와의 단을 수축하고, 나무를 벌이고 제물의 각을 뜬 후에 그것을 물에 적시고 기도하였다. "··· 하나님 여호와여, 주께서 이스라엘 중에서 하나님이 되심과 내가 주의 종이 됨과 내가 주의 말씀대로 이 모든 일을 행하는 것을 오늘날 알게 하옵소서 여호와여 내게 응답하옵소서 ··· "(왕상 18:36-37).열정에 관한 말이었다! 영적으로 부패한 국가, 강력한 왕과 왕비, 그리고 수백 명의 제사장들을 대적하고 있는 한 개인은 필히 두려웠어야 하지 않았겠는가! 나는 언제나 이것을 성경이 전하는 역사상의 가장 위대한 순간들 중의 하나라고 생각해 왔다.

하나님께서는 권능으로 기도를 들어주셨다. 하늘로부터 내려온 불이 제물을 태웠고, 경박한 이스라엘 사람 전체가 그 때만은 갈채를 보냈다. 그것은 세상의 영적인 부패에 대하여 분노하고 싸우려 했던 한 믿음의 사람과 결탁된 하늘 나라의 힘을 보여주는 아주 보기 드문 예였다.

그러나 며칠 후에, 이 불가피한 숙취 상태가 나타났다. 산꼭대기에서 엘리야를 지치게 만든 일이 무엇인지 묘사하는 것은 어렵다. 우리가 아는 것은 광야에서의 그의 혼란했던 기분에 대한 기록뿐이다. 갈멜산에서 내려오면서 그는 바알 제사장들이 받은 모욕에 치를 떨고 있던 왕비 이세벨로부터 죽음의 위협을 받았던 것이다. 그 순간의 왕비의 응답은 빈말이었을 뿐이다. 우리가 너를 잡으러 가리라.

> 저가 이 형편을 보고 일어나 그 생명을 위하여 도망하여 ··· 스스로 광야로 들어가 하룻길쯤 행하고 ··· 죽기를 구하여 가로되 여호와여 넉넉하오니 지금 내 생명을 취하옵소서 ··· (왕상 19:3-4)

혹자는 그가 궁으로 전갈을 보내어 이렇게 말할 수는 없었는지 궁금해한다. "몽둥이와 돌멩이는 내 뼈를 부러뜨릴 수 있어도 그렇게 멀리서는 무슨 말을 못 하는가." 그러나 그때 엘리야는 너무도 지쳐 있었기에 이세벨의 말을 믿었고, 앞으로의 전망을 잃은 상태로 그 나라를 떠나 광야로 도망했던 것이다. 이 사람이 갈멜산에서 그 놀라운 일을 행했던 자와 동일 인물이란 말인가? 물론 그렇다. 하지만 그는 고갈 상태에 있었던 것이다! 엘리야를 이용하긴 했지만, 우리는 그의 비참함을 보며 커다란 안위와 경고를 받고 있는 것이다.

로뎀나무 아래서 죽기를 소망하는 엘리야를 잘 보자. "여호와여 넉넉하오니 지금 내 생명을 취하옵소서, 나는 내 열조보다 낫지 못하나이다"(왕상 19:4). 다른 무엇보다도 더, 엘리야는 잠과 얼마간의 음식을 필요로 했고, 그것들은 곧 제공되었다. "일어나서 먹으라" 그가 잠에서 깨었을 때 천사가 말했다. "네가 길을 이기지 못할까 하노라"(왕상 19:7). 그것이 이야기의 끝은 아니지만, 그 휴식은 그로 하여금 영적인 열정을 회복할 수 있는 좀 나은 정신적인 상태를 만들어주었다.

다시 한번 말해 엘리야는 그저 고갈 상태에 있었을 뿐이다. 그는 산 위에서 가진 것 모두를 써 버려서 아무것도 남지 않았다. 그런 경험을 해보지 못한 사람이 도대체 누가 있는가?

주일에 가장 피곤해지곤 하는 목회자나 그리스도인들은 월요일 아침, 왜 이리 공허한가 의아해하며 일어난다. 목회일을 같이 했던 몇몇 사람들은 월요일 아침의 영적 상태를 재볼 수 있는 개인적인 측정 체계를 하나씩 가지고 있곤 했다. "꼭 트럭에 치인 것 같은 기분이야." 라는 낡은 경구를 떠올리며, 우리는 종종 서로에게 물었다. "그런데 몇 대나?" 10을 기준으로 해서, 우리는 트럭 한 대분의 주일은 별나게 가볍게 생각했고, 반면에 트럭 열 대분의 주일은 한주 정도 휴가를 갔다 와야 할 정도로 강한 와해의 기분을 느끼곤 했다.

그러나 지도자의 책임을 가지고 있는 우리 모두는 목회자로서 가지는 독특한 월요일 아침을 가져야 할 것이다. 간단히 설명하자면, 여러분은 자신에게서 나오는 에너지 없이는 영적인 성질의 일을 할 수가 없기 때문이다. 예수께서는 한 병든 여인이 손을 뻗어 그분의 옷자락을 만졌을 때 이것을 예리하게 느끼셨다. "예수께서 가라사대 내게 손을 댄 자가 있도다 이는 내게서 능력이 나간 줄 앎이로다 하신대"(눅 8:46).

고갈된 상태에 있는 사람은 모든 사실들에 역행하여 흘러가는 감정의 바다란 것에 푹 빠지게 된다. 거기에는 자기 회의와 부정론이 강하게 자리잡고 있다. 그런 마음은 과거에 일어났을지도 모를 가능한 크고 작은 잘못들만 찾으려고 들며, 모든 긍정적인 공헌들이 정신적으로 흐려질 때까지 계속 번성한다. 고갈된 사람들은 자신과, 물론 남들에 대해서도 지나치게 비평적이 되어버린다. 그들은 스스로를 바보로 만들고 있으며, 아무런 말도, 행동도 기억되거나 실행되지 않는다.

사람들은 고갈 상태에 빠졌을 때, 종종 그들이 가장 하고 싶어했던 과제들을 그만두고 싶어한다. 엘리야처럼, 그들은 자신들이 더 이상 쓸모 없다고 확신해서 앞으로 전진할 힘을 잃어버리고 만다. **구세군의 창설자인 윌리엄 부스(William Booth)장군**도 여러 번 고갈의 느낌을 가졌다. 더 멀리 여행해야 하는 동안의 외롭고 기진맥진한 상태에 한번 빠지게 되자, 그는 목회를 그만 둘 준비까지 하고 있었다. 아내 캐서린에게 보낸 편지 속에서 그는 이렇게 적고 있다.

> 나는 런던에서, 비서 직무나 우리가 계속 해나갈 만한 착실한 일자리를 얻을 수 있을지 모르겠소. 지금 내가 처한 것처럼, 친구나 후원자 없이 자리 얻기가 얼마나 어려운지 나도 잘 알고 있어요. 그러나 내 생각엔, 우리는 가망은 없지만 희망은 계속 가져야 하겠소.4)

이 말을 숙고해보면서, 그리고 부스 장군의 심정을 정확히 이해하게 되면서, 나는 그 때나 지금이나 대부분의 사람들이 부스 장군을 파괴할 수 없는, 그의 영혼과 열정이 끝내야 한다고 작정한 일이라면 무엇이든 모두 이뤄냈던, 하나님의 사람들 가운데서도 거인이었던 그런 사람으로만 떠올린다는 것을 깨달았다. 그러나 여기, 누구도 알 수 없는 무대 뒤에서는 링 바닥에 길게 뻗은 권투 선수처럼, "이제 끝장이구나" 라고 말할 것 같은 마음이 텅 비어버린 사람이 있을 뿐이다.

---

4) Degbie, *The Life of General Wm Booth*, p.422

대학생들과 함께 일해보았던 우리들에게 있어서 **하워드 기네스(Howard Guinness)**라는 이름은 아주 특별하다. 약 50년 전쯤, 젊은 의사였던 기네스는 영국 연방을 돌아다니며 학생 모임에서 연설하고, 수십 개의 단과 대학과 대학들에서 그리스도 학생회를 만드느라 의사로서의 경력을 중단했다. 그것은 기진맥진한 일과였고, 기네스는 자주 고갈 상태에 빠졌다. 그는 그 순간들 중 하나를 묘사했다.

여행이 끝나감에 따라 나는 너무 지쳐서, 내가(뉴질랜드의) 오클랜드로 돌아와 공석에서 그 여행에 대한 보고를 하게 되었을 때, 그만 중간에 멈추고 끝내지도 않은 채 앉아버리고 말았다. 내가 그 때 말을 한 마디라도 더 했다면 그만 울고 말았을지도 모른다. 신경을 지탱하는 연료가 완전히 소모되었었다.5)

이런 고갈의 순간은 한 사람이 끔찍한 고독의 순간을 맛볼 때도 일어날 수 있다. 우리같이 대화하거나 강연하러 여행을 많이 다니는 사람들은, 하루 동안 청중 앞에서 모든 것을 다 쏟아놓고 호텔 방에 혼자 있을 때의 고독감을 쉽게 증명할 수 있을 것이다.

어떤 사람들은 이런 외로움 속에서 신비스럽게도 감각적인 오락에 이끌린다고 솔직히 고백한다. 왜 그런가? 단순히, 그들은 영적인 열정이 너무도 고갈되어 있기 때문에, 그 모든 것을 다 쏟아놓은 이후의 공허함을 채울 수 있는 것이라면 무엇이든 환영한다는 것이다.

나 자신이 이 고갈된 상태를 너무도 잘 알고 있기에, 나는 오래 전에 내가 감정적이며 영적인 숙취에 직면하겠구나 싶은 때를 점찍어두기 시작했다. 나는 물론 월요일이 그런 날이 되기 쉽다는 것을 알고 있었고, 나는 달력에 사람들과의 만남, 여행, 해결해야 할 문제 같은 것에 의한 내면의 힘

---

5) Guinness, *Journey Among Students*, p.71

의 소모가 있는 기간들을 표시해두는 법을 배웠다.

내가 나 자신을 회복시켰을 시기의 전후의 스케줄을 잡는 것이 중요해졌다. 또 나는 일기장에 '엘리야같은' 느낌을 기록해두거나, 아내와 그것들을 나누는 가운데 더 객관적으로 보는 법도 배웠다. 그것은 보통 효과가 있었으나, 물론 언제나 그런 것은 아니었다.

고갈된 상태 - 우리는 그것이 우리를 심하게 공격하더라도 놀라지 말아야 한다.

뉴튼의 하트브레이크 언덕에서 달리는 선수는 놀라지 않는다. 그는 경험과, 또 다른 사람들의 충고 - 즉 지칠 대로 지치게 될 것이고 한 발짝 내딛을 때마다 포기하고 싶은 마음이 들 것이라는 것을 알고 있다. 그러나 그가 이름붙인 육체적, 정신적 벽을 뚫고 지나갈 수만 있다면, 그 다음엔 더 나은 순간이 있을 것이다. 그가 지금 포기하지 않는다면 앞에는 영광이 기다리고 있을 것이고, 그는 피로가 무엇인지, 어디서 오는 것인지 잘 알고 있기에 결코 포기하지 않을 것이다. 코스를 끝내고 이기기 위한 열정만이 남는 것이다.

토론 문제

1. 당신은 보스턴 마라톤 선수들처럼 현명하게 처신한 적이 있는가(45쪽 참조)? 다가올 일에 대비하여 에너지와 열정을 모으고 서서히 분배하여 나중에 그것을 회복해본 적이 있는가? 그런 경험들에 대해 써보라.

2. 마가복음 6:31-37에 묘사된 그리스도의 제자들에 대해 읽어보라(46쪽 참조). 그들이 겪고 있는 감정이 어떤 것이었으리라 생각되는가?

3. 저자가 제시한 영적인 열정을 위협하는 일곱 가지 상태를 열거해보라(3, 4, 5장의 부제).

4. 49쪽에서 저자는 엘리야가 어떻게 '고갈되어' 버렸는가 묻고 있다. 구약 성경에서 그가 처했던 상황을 관찰하고 있는 부분을 최소한 세 개 이상 찾아보자(50~51쪽 참조).

5. 윌리엄 부스 장군과 하워드 기네스의 경험(53쪽 참조)에 당신의 감정적, 영적 '숙취 상태' 경험도 하나 추가해보라. 회복을 위해서 당신은 어떻게 하였는가?

6. 저자는 회복을 위해 행하는 진지한 과제의 전후에 스케줄을 짤 것(55쪽 참조)을 제안하고 있다. 어떤 계획을 세우는 것이 당신에게 효과가 있겠는가?

4

비어있는 연료 탱크

Running on Empty

내 어린 시절의 추억들 가운데 이런 것이 있다. 나의 아버지는 습관적으로(혹은 내게만 그렇게 보인 것일지는 몰라도)연료 탱크 계기량이 0(zero)을 가리키고 있는 차로 드라이브하기를 즐기셨다. 아버지가 벌이셨던 잠재의식적인 놀이였늉지, 비밀스레 즐기셨던 도박의 일종이었는지는 모르겠지민 말이다.

"아빠, 연료 탱크가 비었잖아요." 우리가 이렇게 말하면, 그분의 대답은 이러했다.

"알고 있다. 하지만, 바늘이 그 정도에 가서 왔다갔다할 땐 여전히 탱크 안에 한두 갤런 정도는 남아 있는 법이란다."

아마도 아버지는 단순히, 휘발유 살 돈이 궁하셨고 그것을 인정하고 싶지 않으셨을는지도 모른다. 나는 결코 이유를 알 수 없었다. 오일 게이지가 연료가 없어! 하고 침묵의 비명을 지르는 가운데 뉴욕에 있는, 러시 아워 때의 홀랜드 터널 같은 곳을 지나실 때 대단히 걱정했던 기억이 날 뿐이다. 아버지는 전혀 그것 때문에 당황하는 듯 보이지 않으셨다.

정신적으로 말해서, 그리스도를 따르는 많은 이들이 대부분의 시간을 텅 빈 상태로 지내면서, 왜 영적인 생활이나 일에 연결시킬 천연 에너지나 열정이 없는 것인지 궁금해한다. 그리고 그 생각은 영적인 열정이 상실되기 쉬운 또 하나의 생활의 상태의 절정을 이루는 것이다.

2. 말라버린 상태 (The Dried-Out Condition)

권태의 두 번째 상태는 말라버린(dried out)이라는 말로 표현할 수 있겠다. 만약 고갈의 상태에 있는 사람이 원천이 모두 소모된 상태에 와 있다면, 이 말라버린 상태의 사람은 내면 생활의 방에 아무 것도 받아들이려 하지 않는 상태에 와 있는 것이다. 이 두 가지는 종종 가깝게 연관되어 있다.

가득 차지 않은 정신적인 탱크는 곧 재앙으로 연결된다. 많은 사람들이, 연료가 없는 차처럼, 우리가 더 나아가지 못하고 기침을 하고, 다급하게 말하며, 어깨를 밀며 당황할 때의 그 지독한 순간을 잘 알아 왔다.

우리는 러시 아워 때에 긴 터널 안이나 좁은 다리 위에서 멈춰버린, 연료가 동난 차를 수없이 보았다. 수천 명의 사람들이 그 막힘에 의해 잠재적으로 영향받지 않겠는가. 영적인 생활에 있어서도 그런 일이 일어날 수 있다. 비어버린 영혼의 연료 탱크가 수십 명의 다른 사람들에게 영향을 준다. 자주 일어나는 일인 것이다.

다른 사람들과 마찬가지로, 나 역시 이 말라버린 상태를 겪어보았다. 이 상태는 재능이 많은 사람, 갖가지의 재주와 능력이 많고, 오랜 시간을 날듯이 활동할 수 있는 사람에게는 위험할 수 있다.

음악가들 같은 천부적 재능을 타고난 사람들은 이 점에 있어 매우 넘어지기가 쉽다. 그들은 환호하는 관객들의 갈채를 하나님의 축복으로 오해할 수가 있다. 예술적 감각으로서 사람들의 감정을 격앙시키는 그들의 능력이 하나님의 손안에 있는 도구와 같다고 생각하며, 그들은 영적인 열정이나 에너지의 필요성을 포기하고, 자신들의 본능대로 움직이기 시작한다. 종종 그들이 내보이는 힘은 영적인 열정이 아니라, 순전한 연극조의 언행이 되어버린다. 그 체제가 오래오래 효과를 볼 것 같지만 그 후는 재앙이다.

어떤 사람들은 말을 잘 해서 개념과 이야기를 쉽게 융합시킬 수 있다. 그 말들은 간증이나 성경 공부, 설교 등으로 형태가 잡힌다. 이것 또한 청중의 반응이 연설자로 하여금 자신이 하나님의 종이라는 생각을 둔하게 만들며, 영적인 에너지에 연료를 공급할 시간조차 없는 스케줄은 또다시 분명한 결과를 가져온다. 재앙이다.

이 말라버린 상태를 어떻게 묘사할 수 있을까? 생각이 없는 행동, 힘이 없는 웅변, 사랑 없는 교훈이라고나 할까. 내적으로 말라버린 사람들은 잠깐 동안은 가장 열심히 일하는 사람이 되기도 하지만, 동시에 그들은 가장 고집센 비평가, 가장 부정적인 동료가 되기도 한다.

내면에서 그들은 뒤섞인 목표와 동기, 개인의 행위에 있어서 모순되고, 설명할 수도 없는 패턴으로 인해 동요가 끓어오름을 경험한다

W.E. 샌스터(W.E. Sangster)는 자신이 영직으로 밀라버린 상태에 와 있다고 결론을 짓고, 그의 세계 안에서 벌어지는 사실을 묘사하고 있다.

나는 하나님의 종인 목회자의 신분임에도, 나의 사생활은 이렇게도 실패작이다.

   a. 나는 화를 잘 내고 쉽게 식는다.

   b. 나는 아내와 아이들에게 있어 참을성이 없다.

   c. 나는 방문자가 왔다는 연락을 받으면 종종 속으로 귀찮아하다가도, 실제로 그들을 맞을 때는 기쁜 척 함으로서 남을 속인다.

d. 내 마음을 조사해보고, 나는 내 연구의 대부분이 노골적으로 야망에 가득 찬 것이었다는 결론을 얻었다. 나는 지식보다는 학위를, 봉사에 필요한 자질보다는 사람들의 칭찬만 바라고 있었다.

e. 설교에 있어서조차, 나는 사람들이 주님과 그분의 말씀에 대해 어떻게 생각할까보다는, 저들이 '나'를 어떻게 생각할까 궁금해했던 게 아닌가 두렵다.

f. 나는 무엇인가가 내 목회의 효과를 방해하고 있다는 것을 희미하게 나마 느껴 왔고, 그 '무언가'가 진정한 그리스도인의 삶을 사는데 있어서의 나의 실패였다고 결론을 지어야 했다.

g. 3년 이상을 내 집에서 식모 일을 하며 살던 계집아이가 바로 나 때문에 기독교에 그리 흥미를 못 느꼈다고 결론을 지으며 나는 무척 괴로웠다.

h. 나는 내 맘속에 있는, 다른 젊은 목회자들의 큰 성공을 슬그머니 시기하는 마음을 발견했다. 나는 머릿속에서 그들과 나를 비교해 보고, 나보다 그들이 더 사람을 끌 때면 질투를 한 것 같다.

또다시, 사람들은 생스터를 - 부스 장군을 그렇게 보았던 것처럼 - 거인으로 보았다. 그러나 그는 가득 채워진 마음과 텅 빈 마음의 차이를 알고 있었던 것이다.

다윗이 간음과 살인이라는 이중의 강한 유혹에 직면했을 때가 바로 이런 상태가 아니었겠는가? 이것은 정말 극적인 예이지만, 다윗이 자신의 개인적인 고민에 빠졌을 때 그릇된 곳에 있으면서, 그릇된 일을 하고 있었다는 것을 이해하지 않고는 이 이야기를 읽을 수 없을 것이다.

다윗은 하나님께서 그로 하여금 목적하신 바를 이루기 위해 군대와 함께 있어야 하지 않았는가? 그는 영적인 안내와 방향을 찾도록 힘쓰며, 주위의 상황에 따라 나아가고 물러나야 하지 않았는가? 그러나 그는 그 곳에 있지를 않았던 것이다! 그는 집에서, 아무 하는 일 없이, 그의 영적인 규율을 젖혀두고 허락되지 않은 느긋함을 맛보고 있었던 것이다.

결과는 어떻게 되었는가. 그는 유혹을 간파하고 맞설 수 있는 열정, 하나님의 이끄심을 갈망하며 찾을 수 있는 열정, 하나님의 사람으로서 능력 있고, 명예롭고, 감명을 주는 이가 되고자 하는 열정을 모조리 잃어버렸다.

말라버린 상태에서 다윗은 좋지 않은 선택을 마구 했다. 그가 그 행위들을 다 끝냈을 때, 그는 수많은 사람들을 파멸시키고 말았다.(여기서 한 사람이 비어 있는 연료 탱크를 가지고 들어왔기 때문에 생긴 터널 안의 교통 체증을 그려볼 수 있지 않은가!) 더 나쁜 것은, 다윗이 그가 한 행위의 잘못을 다 깨닫는데에 1년이 걸렸다는 사실이다.

선지자 나단이 다윗을 방문했을 때, 그는 다윗의 관심을 끌기 위해서 비유를 사용했다. 보통 비유는 내면의 영혼이 꽉 잠겨서 하나님의 성령을 받아들이지 않는 사람들을 위한 것이라고 할 수 있다. 나단이 방문했을 때 다윗은 영적으로 매우 거칠어진 상태에 있었음이 분명하다. 그는 똑바로 요점에 다가갈 수조차 없었다. 그래서 비유가 사용되었고, 효과가 나타났다. 다윗은 과거의 행위에 대한 잘못을 깨닫고 충격을 받았다

다윗이 자신의 모순과 위선을 깨달은 자기 인식의 순간은 끔찍한 순간이었음에는 틀림이 없다. 그는 분명히 의아해했을 것이다. 어떻게 이런 상황으로까지 오게 되었는가? 경고가 그렇게도 많이 있지 않았던가? 수년 간의 하나님과의 친교가 있은 후에, 어떻게 자기 자신을 이렇게 공허하고 반항적으로 되도록 놔두었는가 말이다. 나는 다윗이 이런 종류의 질문을 남은 일생 동안 계속 했으리라 생각해본다.

말라버리는 것이 어떤 것인가를 나는 경험했다. 나는 내가 강제로 말라버린 상태와 만났던 20대 후반의 쓰디쓴 경험을 젊은 사람들과 나누곤 했다.

어느 토요일 오후 나는 당황하고 고립된 상태로 부엌에 앉아 있었다. 아

내는 나를 괴롭히고 있는 문제가 무엇인지 알아내려고 주의를 기울이고 있었다. 갑자기 그녀는 질문을 했고, 나는 울음을 터뜨리고 말았다. 지금까지도 나는 그 이후의 두 시간이 생생히 기억에 남아 있다. 그 홍수 같은 눈물을 도저히 멈출 수 없을 것 같이 느껴졌었기 때문이다.

게일은 관대함과 용기로써 그 상황을 다루었다. 그녀는 내가 실컷 울게 내버려둔 후에, 어떻게 이런 상황에까지 오게 되었는가에 대해 조용히 묻기 시작했다.

첫 두 주 동안 나는 너무 바빠서 잠을 거의 자지 못했고, 그래서 육체적으로 기진맥진해 있었다. 나는 스케줄을 너무도 꽉 짜서 개인적인 경배의 시간을 가질 여유조차 없었고, 그래서 나는 영적으로 텅 비어 있었던 것이다. 두드러진 일치를 보였던 일을 하나 말하자면, 나는 거리에서 죽은 가난한 사람들의 장례식을 두 번 주재했는데, 그들의 생사가 끔찍하도록 의미 없이 느껴졌다. 그 경험은 내게 심각하게 영향을 미쳤다. 게다가 나는 내게 있어 중요한 개인적인 신앙의 문제에 대해 장황하게 공격하는 어느 유명한 작가의 책을 읽고 있었는데, 나는 그의 논리에 잘 응답을 할 수가 없었다.

그 토요일 아침 나는 말라버린 상태에 빠진 사람이었다. 내 힘의 원천은 바닥이 나 있었다. 여러 해가 지나고 많은 경험을 쌓게 됨에 따라 나는 그런 궁지에 처하지 않는 방법을 알게 되었지만 그 때는 정말 몰랐다. 텅 비어버린다는 것에 대한 중요한 교훈을 매우 어려운 방법으로 배웠다.

영적으로 말라버린 상태에서 기독교의 지도자 자리라는 단조로운 일을 하기 시작했기 때문에 얼마나 많은 선량한 사람들이 공공의 시각에서 볼 때 완전히 실패해 왔는가 생각해보지 않을 수가 없다. 이 말라버린, 텅 빈 상태는 많은 그리스도인들의 열정 없는 상태를 다른 어떤 것들보다 잘 설명해 줄 것이다.

3. 뒤틀린 상태 (The Distorted Condition)

얼 파머는 1940년대 초기의 라디오 광고를 인용하면서 그의 훌륭한 저서들 중 하나를 시작한다.

최근의 전국적인 조사에 의하면 의사들이 담배 중 캐멀을 가장 많이 피우는 것으로 나타났습니다. 세 개의 대표적 독립 조사 기관에서는 113,597명의 의사들에게 다음과 같은 질문을 했습니다. "어떤 담배를 피우시죠?" 가장 많은 브랜드가 캐멀이었습니다. 자, 이제 당신도 의사들이 하는 것처럼, 이 담배의 풍부한 향과 시원하고 온화한 맛을 즐길 수 있게 됐습니다. 당신이 지금 캐멀을 피우지 않는다면 당장 다른 담배들과 비교해 피워 보십시오. 캐멀의 풍부한 향은 당신의 기호에 꼭 들어맞을 것이며, 시원하고 온화한 맛은 당신의 기도(氣道)와 잘 조화를 이룰 것입니다. 당신은 "캐멀이 내 기호에 꼭 맞는데." 하고 인정하게 될 것입니다.6)

나는 그 광고에 끌렸는데 우선 그것은 내 어린 시절에 기억하고 있던 것이었고, 둘째로는 지금까지도 듣는 사람들에게조차 얼마나 설득력이 있는가 하는 것에 감명을 받아서였다. 결국 말하고 있는 것은 의사나 전문가들인 것이다. 그들이 피우는데 나라고 못 피우랴? 이렇게 암 발생률이 높아진 것이 소위 전문가들이 제품을 보증한 결과인 것이다.

영적인 열정은 우리가 살고 있는 시대에 고루 퍼진 진실의 왜곡에 의해 끊임없이 공격을 당한다. **내가 들은 바로는 우리는 하루에 2천 개가 넘는 설득의 메시지에 눌려 살아가고 있다는 것이다.** 예를 들어 그것들은 광고를 통해, 직접적인 만남을 통해, 표시들(멈춤 ; 음식물, 마실 것 금지 ; 잔디 밟지 마시오 등등)을 통해, 인상적인 사람들이 나와서 말하는 지지의 말들을 통해 우리에게 다가온다.

---

6) Palmer, *Alive From the Center*, p.14

우리의 마음은 상관의 우편물에서 쓸데없는 것이나 잘못 온 것들을 처리하는 능력 있는 비서처럼 이 메시지의 대부분을 여과한다. 우리는 그 진행 과정이 너무도 자동적이기 때문에 우리 몸 구석에서 언제나 '안돼요' 라고 말하고 있다는 걸 깨닫지 못한다. 우리에게 남은 건 그 수많은 메시지에 응답하는 아주 작은 규모의 결정들뿐이다. 그것은 우리의 무의식적인 비서에게 맡겨둘 수 없는 좀 큰 결정들이라 할 수 있다.

그러나 그런 작은 규모의 결정들조차도 거대해진다면 우리가 해야 할 결정과 선택은 피곤한 일이 되는 것이다. 운좋게도 상점에서 무슨 음식이든지 고를 수 있었던 제 3분의 2세계(the two - thirds world)[7] 로부터 돌아온 한 선교사는 나의 아내에게 집에 돌아온 후 미국의 슈퍼마켓에 들렀을 때의 충격에 대해 말해주었다.

"슈퍼마켓의 진열대를 그저 지나가기만 하면서도 선택할 수 있는 종류의 엄청난 숫자에 너무나 놀랐어요. 감자칩 하나만 두고 봐도 미국을 떠나 있을 땐 기본적인 '감자칩' 하나만 있었죠. 여기엔 열 일곱 가지 - 더 될지도 몰라요. 짠맛, 무염, 스틱 모양, 동그란 것, 토르티야맛(tortilla), 양파맛, 바베큐맛, 타코맛, 레몬크림과 양파 등등이요. 이 놀라운 숫자들 중에서 선택하는데 걸리는 시간과 노력을 생각해보세요."

우리가 사정없이 밀려드는 메시지들을 깨닫지 못하고 있다 하더라도, 그것들의 결합된 힘은 여전히 우리에게 짐을 지운다. 그들은 확신과 가치가 놓여 있는 우리의 영혼을 조용히 가르고, 알맞은 결정을 할 수 있는 우리의 능력을 위협한다.

나는 구약 성경의 인물인 롯을 현실 때문에 내면 생활이 뒤틀려버린 사람으로서 생각해볼 수 있었다. 항상 아저씨인 아브라함 곁에서 기생하면

---

7) 이 곳은 여러 해 동안 제3세계(the third world)라고 불려 왔다. 그러나 최근에는 그 "3세계"의 인구와 지형이 실제로 세계 인구와 땅덩어리의 3분의 2를 차지하고 있기 때문에 국제적인 단체들은 그 제3세계를 "3분의 2세계" 라고 언급해 왔다.

서 롯은 그 자신의 운명이 걸린 큰 결정을 할 때가 되었을 때 내면의 방어할 수 있는 힘이 거의 없었던 것이다.

아브라함과 롯의 재산 나누기 문제는 자산을 나누어 각기 다른 방향으로 가자는 의견으로 일치되었다. 양떼와 소떼가 먹을 풀이 부족해 하인들 사이에서는 분쟁이 점점 심해져갔다. 둘 다 함께 사는 것에 대해 반대하게 되었을 것은 상상해볼 수 있는 일이다.

도량이 큰 아브라함은 재산과 땅의 분배 과정을 협상을 통해 하지 않았다. 그는 롯에게 가고 싶은 곳을 먼저 정하도록 우선권을 주었던 것이고, 그때 롯은 이득을 챙기기 위해 급급했다.

그러나 **그는 비뚤어진 관점에 눈멀어 결정을 해버리고 말았다. "이에 롯이 눈을 들어 요단 들을 바라본즉 · · · "(창 13:10).** 메시지들이 그의 마음으로 밀려 들어와서 남쪽의 푸른 초장과 기름진 골짜기가 쓸모 있을 동안, 그리고 아브라함이 자신에게 우선권을 줄 만큼 '어리석은'한 그 장소를 꼭 차지해야 한다고 제안을 했던 것이다. 그리고 롯은 눈으로 본 것에 따랐다.

멜김 미그리지(Malcolm Muggeridge)의 윌리임 블레이크의 시를 인용한 것을 보자.

> 이 삶은 영혼의 어둑한 창문들
> 눈을 통하지 않고, 눈을 가지고 볼 때
> 세계 도처에서 복음을 왜곡하고
> 거짓말을 믿도록 만들어버린다

롯은 눈을 가지고 보았기에 소돔의 아름다움을 보았다. 그는 내면의 가치와 확신을 가지고 보지 않았기에 그곳의 도덕적 타락과 음담을 볼 수 없었던 것이다.

그가 눈을 통해 받은 메시지에 포함되어 있지 않았던 것은 다소 미세하게 찍혀서, 나중에야 읽히게 될 내용이 아니었나 싶다. 그 푸른 초장은 또한 소돔과 고모라를 포함하고 있었고, 그곳의 생활 방식은 롯으로 하여금 그의 가족, 그의 존엄성, 그가 이제까지 가져 왔던 신용이라는 감정까지 모조리 잃게 만든 것이다.

그러나 또 다른 종류의 소돔과 같은 이 세상 아닌, 예루살렘으로부터 온 뒤틀린 상태도 살펴볼 수 있겠다. 만약 내가 기독교의 지도자직에 있는 어떤 사람이 바깥 세상으로부터 오는 부정적인 영향들로 인해 영혼의 비뚤어짐이라는 위험한 상태에 언제나 놓여 있게 된다는 사실만을 알아보는 것이라면 나는 새로운 것은 아무것도 제시하지 못하는 셈이 될 것이다. 그러나 그 비뚤어짐이란 것이 기독교 사회 안으로부터조차 나올 수 있다는 것을 알게 된다면 얼마간은 놀랄 일이 아닌가?

나 자신의 내적인 안녕(安寧)의, 나의 영적인 열정의 가장 거대한 적들 중의 하나가 바로 **방대한 좋은 경험과 기회들**이라는 것을 나는 잘 경험해 왔다.

나는 종종 내가 신경 과민이라고 묘사했던 그런 상태에 와 있는 나 자신을 발견했다. 사람이 커감에 따라 아드레날린에 중독될 정도로 재미있고, 흥미진진한 것들에 빠지게 된다는 것은 가능한 일이다. 인생은 멋진 경험들로 정점을 이루고, 각각이 그 전보다 감정적으로 더 조금씩 높아만 가지만, 곧 그 정점은 더 이상 높아지지 못하고 그렇게 자주 일어나지도 않게 되어버리는 것이다.

그 내면 세계는 스릴과 흥분으로 인해 유지된다. 그것은 그 개인을 기진하고 지치게 만드는, 다소 영적인 것이 결핍된 식이요법인 듯 하다.

이것들이 모두 우리에게 다가오는 메시지들에 대한 **독립적인 판단의 기저**를 유지하는 것의 중요성을 강력히 주장하고 있지 않은가? 동기와 방법에 있어 매우 악한 요소가 많은 세상에서 오는 신호이건, 성경적으로 훈련된 동기와 방법을 가지고 오는 신호이건 그 위험성은 거의 같다. 피로, 영적인 열정의 상실, 앞으로 나아가야 할 곳으로 데려다 줄 연료가 바닥난 말라버린 연료 탱크가 바로 그것이다.

나는 나의 아버지가 연료도 없이 조지 워싱턴 다리를 향하던 때의 염려되던 마음을 잘 기억하고 있다. 그러나 그보다 더 나쁜 기억은 갑자기 누군가가 나를 필요로 할 때 나의 내면에서는 줄 것이 아무것도 없다는 것을 느꼈을 때였다. 나의 연료 탱크는 비어 있었다. 아무런 열정도 없었던 것이다.

토론 문제

1. '고갈의 상태'와 '말라버린 상태'의 차이점은 무엇인가(58쪽 참조)?

2. 당신의 개인적인 체험을 예로 들어 그 차이점을 설명해보라.

3. 연료 공급 없이 활동을 계속한나는 것은 어리석은 일이다(58~60쪽 참조). 사람들은 왜 이런 식으로 어리석어진다고 생각하는가?

4. 60쪽에 언급된 다윗의 이야기를 읽어보자.
    a. 시험 들기 전과 시험 드는 과정에서 다윗이 한 말(삼하 11장)
    b. 선지자 나단의 방문(삼하 12:1-23)
    c. 회개의 시편(시 32, 38, 40, 51, 61, 63, 116)

5. 찬양집을 가지고 있다면, 목차에서 이 '말라버린 상태'를 숙고하고 있는 찬양들을 골라보자. 그 제목들의 목록을 만들어보라.

6. 저자에 의하면 우리는 하루에 2천 개가 넘는 설득의 메시지에 눌려 살아가고 있다고 한다(63쪽 참조). 조그만 상점 안도 좋고 TV도 좋다. 한 시간 동안 관찰하여 혹 진실을 왜곡하고 있는 사례가 있는지 살펴보라. 당신이 관찰한 바를 적어보자.

7. 창세기 13장을 읽고 롯의 비뚤어진 관점을 설명해보라(65~66쪽 참조).

8. 과한 흥분을 일으켜 당신의 관점을 비뚤어지게 하는 '좋은 경험과 기회들'에는 어떤 것들이 있는가(66쪽 참조)?

9. 당신은 저자가 언급한 '독립적인 판단의 기저'가 무엇을 의미한다고 생각하는가? 또 그것을 어떻게 이용할 수 있겠는가(66쪽 참조)?

5

영적인 열정을 위협하는 또 다른 것들

Further Threats to Spiritual Passion

처음 아프리카에 갔을 때, 아내와 나는 세피카하라고 불리는 아이보리 해변의 조그마한 오지 마을을 방문했는데, 그곳에서 클레라는 맹인 선교사를 만났다. 그날 그는 세피카하의 소수의 그리스도인들에게 하는 정기적인 설교를 하려고 그가 살고 있는 마을에서부터 몇 십 마일을 걸어왔다. 우리는 이슬람교가 상하게 늑세하고 있는 이런 마을에서 설교를 할 수 있는 그의 용기에 찬사를 보내면서 그의 행동을 지켜보았다.

우리가 그를 만나고 몇 달 후에, 그는 세피카하에 그가 와 있는 것을 반대하는 사람들에게 공격당하고 심하게 맞았다. 눈이 멀었기 때문에 그는 방어할 기회조차 갖지 못했다. 그러나 상처가 다 낫자 그는 다시 마을을 찾아갔다.

나는 세피카하같은 마을로 그 정도의 먼 길을 걸어가서 볼 수도 없는 사람들에게 설교를 하고, 죽음을 당할 위기에 처한 후에도 그 일을 계속해나가고 있는 그 선교사를 끊임없이 움직여주고 있는 영적인 열정의 한도에 대해 곰곰이 생각해 왔다. 구타도 그의 열정을 무너뜨릴 수는 없었던 것이다.

바울이 바로 이런 순간들을 잘 알고 있었으며, 그가 가진 열정이 한때 위협당했던 때에 대한 예시도 있다. 그 피곤함은 고린도 사람들에게 보낸 글에서 잘 표현되고 있다. "형제들아 우리가 아시아에서 당한 환난을 너희가 알지 못하기를 원치 아니하노니 힘에 지나도록 심한 고생을 받아 살 소망까지 끊어지고 우리 마음에 사형 선고를 받은 줄 알았으니"(고후 1:8-9). 나는 이것을 파괴된 상태라고 부르겠다.

4. 파괴된 상태 (The Devastated Condition)

파괴된 상태란 사람들과 사건들이 강제적으로 원래 상징하던 것과는 적대적으로 움직여나갈 때 그것과 부딪히며 생기는 피로이다. 나는 바울이 그 적대가 거의 그를 사로잡고, 구타에다가, 투옥에다가, 조롱, 철저한 박해가 자신을 쇠약하게 만들기 시작했다고 말하는 것이 들리는 듯 하다. 나는 이 늙은 사도가 적어도 한 번 정도는 그도 모든 것에 너무 지쳐서 죽고 싶을 정도였다고 말하는 것을 들을 수가 있다.

우리는 사도 바울의 이런 자기 폭로를 가볍게 받아들일 수는 없다. 우리는 결코 지치거나 낙담하지 않았다고 하는 위대한 성인들의 모델을 너무도 자주 보아왔다. 바로 여기, 바울이 완전히 지쳐서, 너무도 지쳐 모든 것에서부터 도망치고 싶은, 심지어 죽고 싶은 마음을 내보이고 있지 않은가!

그리스의 학자 R.C.H. 렌스키(R.C.H. Lenski)는 바울이 쓰곤 했던 '환난'이라는 단어를 너무 강렬해서 '우리의 능력으로 감당할 수 없고, 그래서 살아가는 것까지 포기하고 싶은' 압력으로 묘사하고 있다.[8]

피곤함은 이런 상태에서 시작된다. 사람은 사람들과 사건들의 완전한 적대적 입장에 직면해서 얼마간은 지탱할 수 있지만, 곧 결심이나 저항력이 서서히 붕괴하게 된다.

---

8) Lenski, *Interpretation*, p.826

바울도 이런 사건들에 대해서 특별한 입장은 아니었으며, 왜 이렇게 되는지 아무도 모른다. 아마도 바울은 그것을 도식화해서 볼 필요는 없다고 느꼈던 것 같으나 그 자신의 내면의 고통이라는 마비와도 같은 경험을 고린도 사람들이 정말 알아주기를 원했던 것이다. 바울보다 못한 사람이었다면 항복해버렸을 것이다. 바울은 자신의 영적인 열정을 회복하는 능력을 증명하지 못한 것뿐이다.

우리는 바울의 그 파괴된 느낌에 직면하여 이겨내지 못하면 우리 자신에게 심한 학대를 한다. 우리가 믿음의 영웅들에 대해 생각할 때 그들은 결코 바울과 같은 좌절의 상태가 없었으리라 생각하거나 우리의 상처받고 가슴아픈 순간들이 별난 것이고 단지 우리의 영적인 미성숙 때문이라 생각한다면 우리는 그 영웅들을 잘못 알아온 것이다.

다윗은 그의 아들 압살롬과의 관계에서 이러한 끔찍한 순간을 겪었다. 그는 압살롬이 "이스라엘 사람의 마음을 도적"(삼하 15:6)했을 때 상당히 크게 비난하였고, 곧 사랑하는 성 예루살렘을 떠나야만 했다. 사무엘하에는 다윗이 그의 집과 왕위와 이스라엘 성전 가까이에 있는 궁전과 궁극적으로는 그가 세운 도시로부터 도망가는 비참한 이야기가 적혀 있다. 그 모욕에 더하여 다윗은 공격당하고, 돌팔매질 당했으며, 선왕이었던 사울의 족속에서 나온 한 격분한 친척으로부터 저주받기까지 했다. 던져진 돌과 모욕적인 욕설은 말로 할 수도 없다. 동쪽 광야에서의 안전한 장소로의 그 여행은 지독한 경험이었음이 분명하다.

그 여행이 동쪽 광야에 다다라 끝날 때가 되었을 때 기자(記者)는 쓰고 있다. "왕과 그 함께 있는 백성들이 다 곤비하여 한 곳에 이르러 거기서 쉬니라"(삼하 16:14).

이것이 바로 적에 의해 모든 것을 빼앗긴 사람의 파괴에 대한 이야기이며 다윗은 피곤함의 전형이다. 이런 끔찍한 상황에서 그는 어떤 행동을 할 것인가?

사람들은 언제나 이런 종류의 상황을 겪는다. 어떤 이들은 떨어져 나가고, 어떤 이들은 다시 힘을 모아 불가능하다고 생각했던 내면의 열정을 발견하게 된다.

위대한 '인간의 가치 운동'으로 잘 알려진 웨인 올더슨(Wayne Alderson)은 제철소 간부로서의 그의 경력에 있어 파괴의 순간에 직면했다. R.C.스프롤(R.C.Sproul)은 그의 저서 '강철보다 더 강한(Stronger Than Steel)'에서 그 이야기를 쓰고 있다.

올더슨은 피트론 제철소의 폭발 직전의 노동 상황에 개입하여 전례 없는 노동 연계 과정을 시작하였다. 짧은 시간 안에 피트론의 노동 조건은 변하기 시작하였고, 근로 의욕의 상승에 따라 생산성도 늘어났다. 올더슨은 고용인들을 존엄과 경의를 가지고 다루면 결과로서 모두에게 이득이 되는 작업 환경을 만들 수 있다는 것을 증명하기 시작했다.

아이러니컬하게도 올더슨의 공헌은 그의 파멸이 되고 말았다. 피트론은 더 큰 회사의 합병 목표물이 되고 만 것이다. 얼마 안 가서 버사이러스 에리 회사에서 피트론을 인수하기로 결정이 났다.

스프롤은 합병 목표가 된 회사의 간부인 올더슨과 인수하려는 회사의 의장 사이의 극적인 만남을 묘사하였다. 그때 올더슨은 자신의 노동 연계의 개념과 버사이러스 에리의 정책과는 조화될 수 없다는 것을 깨달았다. 그는 노동자들과의 관계를 포기하지 않으면 나가는 수밖에 별 도리가 없었다. 그는 선택해야 했다.

올더슨의 입술이 대답을 하는 듯 보였다. 그는 입을 열고 '알았소' 할 준비가 된 듯 했으나 정작 나온 말은 "아니오, 나는 포기하지 않을 겁니다." 였다.

그는 해고당한 것이다! 그가 해 왔던 모든 일들이 사라져버렸다.

실업자가 되었다는 것이 어떤 것인지 올더슨은 상상해보려고 했다. 그는 이제 기업 합병 전쟁의 사상자가 된 것이었다. 그러나 그는 슬픔에 짓눌리지는 않았다. 자신이 두려워하며 결정해야 했던 것이 이제는 지나간 것을 깨닫자 정신이 말짱해졌다. 그 순간은 왔다가 가버린 것이다. 그 순간만큼은 거의 쉬운 일처럼 보였다 · · · 올더슨은 이제 그의 해고에 대한 대중의 반응을 직면해야 했다. 올더슨의 대중적인 이미지는 허물어졌다. 그는 대단히 실망하긴 했지만 부끄러워하지는 않았다.9)

파괴의 상태가 오고 외부의 모든 지지물들이 떨어져나가 버렸을 때 우리는 놀라서는 안되겠다. 그 때가 바로 열정이 시험드는 때이며, 때때로 씻겨져 없어지는 그런 때인 것이다. 그러나 영적인 열정을 회복하고 유지하는 방법을 아는 사람에게 있어서는 그것이 위대한 성취의 순간이 될 수 있다.

5. 환멸의 상태 (The Disillusioned Condition)

영적인 열정은 또한 환멸간에 이해서도 상쇄되어버리기 쉽다. 환멸감이란 위대한 꿈의 붕괴라고 발할 수 있겠다.

"바깥 양반은 몽상가예요." 나는 아내가 몇몇 이들에게 이렇게 말하는 것을 들었다. "그리고 그 꿈들 대부분이 왜 그리 사치스러운지 모르겠어요." 아내의 말이 맞는 것 같다. 그리고 그런 몽상가로서, 나는 꿈꾸는 것이 돈보다 더한 대가를 치르게 한다는 것을 인식하고 있다. 너무도 간절하게 바라는 일이 일어나지 않았을 때의 상실감, 그 실망이란 얼마나 크겠는가!

당신은 어떤 프로그램을 하나 진행시키려고 할 때, 사람들이 뒤에 있어

---

9) Sproul, *Stronger Than Steel*, pp.124-25

주기를 원하지만 그들은 그러지 않는다. 조직을 위하여 어떤 방향을 잡아 놓고 실천하려 해도 사람들은 좋고 나쁜 여러 가지 이유로 해서 지지를 보내주지 않는 것이다. 당신이 점찍어놓은 잠재력 있는 사람들에게 개인적인 에너지를 잔뜩 투자해놓으면 그들은 가장 중요한 순간에 실패해버린다.

환멸감은 많은 이들에게 있어 아주 고통스런 경험이다. 우리는 물러서서 이제 다시는 꿈 같은 걸 갖지 않겠다고 맹세까지 한다.

꿈이 깨지는 순간은 영혼에 큰 상처를 남긴다. 내가 굉장한 생각을 해냈다는 것, 그러나 현상(現狀)에, 또는 적절한 절차, 아니면 정책, 아니면 그들 자신의 안전이나 인정을 확신할 수 있는 자리에 더 관심이 있는 사람들에 의해 그 생각이 산산이 부서지는 그런 경우들을 주욱 적어보는 것은 오래 걸리지 않았다. 물론 내 꿈이 그저 어처구니없어서 누군가가 내게 그렇게 말해주어야 했던 경우도 많았다.

그럼에도 불구하고 어떤 이유에서이건 꿈이 깨질 때마다 그것은 심하게 상처를 준다. 내가 어릴 때는 내 꿈에 대한 반응들이 종종 감정적이었고, 꿈을 가지는 것을 전부 중단해버리고 싶은 유혹이 대단했다. 영적인 열정은 소멸되고, 한동안 싸울 만한 게 아무것도 남아 있지 않았다.

40세 때 애굽에 살고 있는 이스라엘 백성들의 억압된 상태를 깨닫고 그들을 자유롭게 하리라는 꿈을 갖게 된 모세가 바로 환멸감의 초상이 아니겠는가? 어느 날 그는 히브리인을 때리고 있는 애굽 사람을 보았다. 그 순간 화가 나서 그는 영웅이라도 된 마냥 싸움판에 끼어들어 애굽 사람을 죽이고 모래 속에 묻어버렸다. 겨우 날개를 펴고 있던 꿈이 현실화된 것이다.

모세는 그 간섭이 그를 민족의 영웅으로 만들어줄 것이라고 추측했을 것인가? 만약 그랬다면 그가 이튿날 두 히브리 사람이 싸우는 것을 보고 달래려고 할 때 그들이 완강히 저항하는 것을 보고 분명히 충격을 받았을 것이다. "모세가 두려워하여"(출 2:14) 공포와 환멸감에 사로잡혀 자신에게 해가 올 줄을 알고, 또 그렇게 되자 모세는 광야의 한 마을로 도망가고 말았다.

성경에는 그 도피에 대한 설명이 잘 나와 있지 않지만, 우리 머릿속에 상상할 공간을 남겨두고 한번 채워보도록 하자. 그리 어려운 일이 아니다. 나는 모세가 무거운 압박감에 시달리며 알지 못하는 지역으로 여행할 때의 심정을 생각해본다. 그런 꿈이 그런 재앙으로 변하고 말다니!

모세가 활력을 되찾고 열정을 회복하는 데 40년이 걸렸다. 성경은 보통 모세가 이스라엘 백성들의 독립을 달성하는데 귀를 기울일 준비가 충분히 될 때까지의 40년을 하나님께서 준비하셨다고 해석되고 있다. 그리고 이스라엘 백성들도 이제야 준비된 모세를 따를 수 있을 만큼 충분히 절박해질 때까지 40년을 기다려야 했던 것일지도 모른다.

그러나 그가 다시 예전의 그 환멸감을 경험했던 곳으로 되돌아갔을 때 그는 이제 하나님의 일을 할 준비가 되어 있었던 것이다. 그의 열정은 생성되고 공급되었다. 그 뒤 무슨 일이 일어났는지 우리 모두 잘 알고 있다.

꿈과 비전이 박살났을 때 영적인 열정이 위험에 처한다는 사실을 모세는 우리에게 잘 보여주고 있다.

6. 패배의 상태 (The Defeated Condition)

전적으로 개인적인 패배로 인한 피곤도 있다. 아마도 이것이 피곤함의 종류들 가운데서도 가장 흔할 것이다.

실패의 쓴맛을 모르는 사람이 어디 있을까? 갑자기 자신이 무력하게 느껴지고, 믿음 생활의 기준에 맞추어 살지 못하게 된다. 그 동안 만들어놓았던 약속이나 의무가 모조리 부서져버리고, 열광적으로 정해두었던 규율이나 목표가 지금은 버림받았다.

지도자의 신분에 있는 사람들은 그들의 가족과 교회, 혹은 사업에 있어서 모델을 따라 더 높은 수준으로 살아야 할 의무를 가지고 있다. 그런데 그 모델이 산산이 부서질 때 끔찍한 당황의 순간이 오는 것이다.

우리가 염두에 두어야 할 모델로서 베드로가 있다. 그는 말 잘하는, 특히 열정에 있어서 대단했던 사람이었다. 그가 예수께 드린 약속, 그분을 따르고 필요하다면 죽기라도 하겠다는 건 공허한 약속일 뿐이었다. "내가 주와 함께 옥에도, 죽는 데도 가기를 준비하였나이다"(눅 22:33). 그 약속이 진정한, 주님에 대한 베드로의 깊은 애정의 표현이었다고 해도 우리는 곧 그것이 지켜지지 않은 약속이었다는 걸 보게 되지 않는가!

그 시간 동안 그는 실패자였다. 그리고 그 실패는 조용하고, 주목받지 않고 드러난게 아니다. 그 약속은 베드로가 겟세마네 동산에서 계속 깨어 기도하지 못할 때부터 깨지기 시작하였다. 성전의 군관들 앞에서 주님 옆에 서 있으면서 칼을 꺼냈을 때, 그의 실패는 눈덩이처럼 불어나고야 말았다. 예수께서 말씀하신, 곤란에 처했을 때 할 만한 행동이 아니었던 것이다. 그 실패는 대제사장의 뜰에서 있었던 세 번의 부인(否認)으로 정점을 이룬다. 그리고 그 패배를 더욱 수치스럽게 만들었던 것은, 그 부정의 대답이 강하고 권력 있는 사람들 앞도 아닌, 소작인과 하인, 그리고 베드로가 무서워할 아무런 이유가 없었던 어린 사람들의 무리 앞에서 이루어졌다는 것이다.

누가는 주님께서 예견하셨던 바로 그대로 수탉이 울고 그때 예수께서 (그 때 뜰 어디 계셨었든간에) 몸을 돌려 베드로를 보신 것을 언급함으로써 극단적인 실패의 순간을 묘사하고 있다. 베드로는 필경 레이저 빔에 맞은 느낌이 들지 않았을까. "밖에 나가서 심히 통곡하니라"(눅 22:62). 그럴 수밖에 없었을 것이다.

열정은 패배한 자들의 마음 속에는 살지 않는다. 베드로는 열정에 의해 살아간다고 생각됐으나 그렇지 못했던 사람의 전형이라고 할 수 있다. 그가 패배했을 때, 그가 할 수 있었던 것이란 쓸데없이 우는 것뿐이었던 것이다. 그 이후 여러 날 동안 베드로는 열정 없는 사람이었다. 그 패배는 그를 무기력하게 만들고 말았다.

7. 낙담의 상태 (The Disheartened Condition)

우리는 열정이 눌려 찌그러져 버린 상태를 하나 더 식별해볼 수 있을 것 같다. 나는 이것을 낙담의 상태라고 부르고자 한다. '겁먹은'(intimidated)이라는 단어도 쓸 수 있을 듯 하다. **하나님을 믿는 우리의 신앙보다 더 강력하게 나타나고 있는 인물이나 사건, 규칙 같은 것들을 볼 때 우리는 이 '겁먹은' 또는 '낙담한' 상태에 빠지게 된다.** 또 쉽게 일어날 수 있는 일이다.

겟세마네 동산에서 성전의 군관들이 오는 것을 보고 겁에 질려 보이지 않는 곳으로 기어 숨으려 했던 주님의 제자들이 바로 이 두려움의 상태를 잘 그려주고 있다. 가나안으로 보내졌던 정탐꾼들 중 여호수아와 갈렙을 제외하고는 모두가 자신들이 본 힘에 겁을 먹고는, 모세에게로 돌아와 거민과 성읍에 대해 과장된 보고를 해서 사람들로 하여금 올 수 있을 만큼 온 것이라고 믿게 만들어버렸다.

유다의 겁장이 왕 이히스에 대힌 흥미 있는 묘사가 있다. 그는 자신의 왕위가 하나님의 보호 아래 있을 것이라는 약속을 저버렸다. 이 확신 아래서 편안하기를 거부하고 그는 수도로 진격해오는 행진 소리로서 적을 판단해버렸으며, 그의 마음은 "삼림(森林)이 바람에 흔들림 같이 흔들렸더라"(사 7:2)로 묘사된다.

유다에 확신을 주기 위해 위임된 예언자인 이사야와 아하스의 자세는 어쩌면 그렇게 대조가 되는지 모른다. 이사야는 영적인 열정을 가지고 있었다. 그는 왜 두려워하지 않았는가? 그의 대답은 이러했다.

여호와께서 강한 손으로 내게 알게 하시며 이 백성의 길로 행치 말 것을 내게 경성(警醒)시켜 가라사대 이 백성이 맹약한 자가 있다 말하여도 너희는 그 모든 말을 따라 맹약한 자가 있다 하지 말며 그들의 두려워하는 것을 너희는 두려워하지 말며 놀라지 말고 만군의 여호와 그를 너희가 거룩하다 하고 그로 너희의 두려워하며 놀랄 자를 삼으라(사 8:11-13)

나는 보스턴에 가기 위해 스토로우 드라이브를 지날 때 이런 두려움의 감정을 느꼈었다. 찰스 강을 따라 운전할 때 그 왼쪽에는 하버드의 아름다운 건물들이 보이고, 오른쪽에는 **하버드** 경영 대학의 조금 더 꾸밈 없는 건물들이 보인다.

스토로우 드라이브를 쭉 따라 내려가면, 다시 왼쪽에 **매사추세츠 공과 대학(MIT)**캠퍼스가 보인다. 그곳에는 안테나, 접시 모양의 인공위성 안테나, 그리고 여러 가지 이상하게 생긴 - 아무것도 모르는 사람들에게 저곳에서 신비스런 일이 진행되고 있다는 것, 사람들이 별에게 말하고 있다는 것을 알리기라도 하는 듯한 - 물체들로 뒤덮인 지붕이 있는 많은 건물들이 있다. 앞에는 많은 다국적 기업들의 지점 건물이 있는 보스턴 시내가 보인다.

마음과 정신을 이런 것들에 맞게 다시 정비하고 싶은 유혹이 심했다. 이런 사무실이나 연구소, 학교 강의실에서 바로 역사를 바꾸고 통제하는 진짜 힘이 생성되고 충전되는 것이 아닐까 하는 생각이 자꾸 들었던 것이다.

이런 인간의 힘의 구체적인 상징을 예수 그리스도의 추상적인 복음과 비교하고자 할 때 영적인 열정은 재빨리 소실되어 버린다. 그것은 수천 명을 먹이는 일의 어려움에 낙담해버린 한 제자가 말하고 싶은 얘기가 아니겠는가? "하지만 이 많은 이들 가운데 거하는 이 복음이란 도대체 무엇일까?"

랭든 길키(Langdon Gilkey)의 책 '산동 수용소(Shantung Compound)'는 이 문제를 극명히 나타내 보여준다. 2차 대전 당시 2천 명의 서양인들은 중국 북쪽에 일본인들에 의해 세워진 포로 수용소에 강제 수용되었다. 산동 수용소는 이 사람들이 어떻게 사회를 이루고 함께 생활을 했는가에 대한 이야기이다.

그 때 젊고 낙관적인 교수였던 길키는 웨이시엔(Weihsien)에 있었던 사람들의 지식과 능력에 경외감을 표시하며 그 수용소 생활을 이야기하기 시작한다. 그룹을 조직하려는 시도에 참여하게 되면서 그는 다음과 같이 설득당하게 된다.

인생의 진짜 문제는 확실히 물질적이고 정치적인 것이다. 먹고 따뜻하게 지내고 옷입고 더위 추위를 막으며 공동의 노력을 조직화하는 방법인 것이다. 이 문제들은 실제적인 경험들과 기술로서 결정되는 것이지, 이렇고 저렇고 하는 철학이나 신앙으로 결정되는 것은 아니다. 그 신앙이란 것이 이 문제를 얼마나 냉정하게 관찰할 수 있는지는 몰라도 말이다.

나는 종교가 잘못된 것이라고 생각하는 게 아니다. 단순히 '부적절하다'고 생각하는 것뿐이다. 실제 생활에서, 기본적인 문제들이 기술과 조직화된 솜씨로서 나루어지는 소선 하에서 종교가 행하는 진짜 기능이 도대체 뭐가 있는가? 나는 인간과 우주의 본질에 대해 관심을 가지고 있는 사람들 그리고 분명히 종교를 갖고 교회에 나가는 사람들이 있다는 것을 기꺼이 인정하고 있다. 그러나 살기 위해서 가져야 하는 음식이나 위생 설비 같은 것과는 다르게 종교는 개인적인 기호, 기질의 문제가 아닌가? 원할 때는 필수적인 게 되고, 그런 것을 좋아하지 않는 타입에게는 쓸모 없는 것이 바로 종교가 아닌가? 종교가 어떤 '세속적인' 일에 쓰인 적이 있는가? 인류의 평범한 생활을 위해서는 아무런 가치도 없지 않은가?[10]

길키의 질문은 독자의 정신에 깊이 새겨졌다. 그 질문들은 대답이 있기

---

10) Gilkey, *Shantung Compound*, pp.73-74

전까지는 매우 겁을 주는, 낙담하게 만드는 것들이다. 그는 종교인이 작고 부적절한 일들로 시간을 낭비한다고 적고 있다.

어디를 가든 내가 보는 모든 것이 이 관점을 공고히 해주었다. 우리의 인생은 철학 강의와 기독교 설교에 모두 바쳐지고 있다. 우리들, 바깥 세상에서 그런 과업을 해왔던 사람들은 지금은 우리 모임의 일을 잘 수행하고 있다. 그러나 옛날의 그런 일들은 아니다. 선생님이나 선교사가 상인이나 유능한 빵 제조업자가 될 수 있을 때라야 우리는 쓸모 있어질 것이다.

그는 또 계속하기를,

어느 일요일, 주택 위원회의 심부름을 몇 개 할 것이 있어 교회 옆을 지나가다가 열린 창문으로 귀에 익은 찬송가가 울려나오는 것을 듣고서야 나는 마음속 생각거리를 똑똑히 표현할 수 있게 되었다. 나는 짜증스럽게 질문해보았다. "도대체 무엇을 위해서인가? 해야 할 중요한 일들이 산더미 같은 때에." 나는 의심스럽게 고개를 젓고 심부름을 하러 갈 길을 재촉했다.11)

예수 그리스도를 따르는 수많은 사람들이 이런 종류의 논쟁을 들어왔다. 한때 그들은 정말 우리의 영적인 열정을 빼내고, 우리가 현실에 눈떠 세상에 대해 아무것도 한 일이 없다고 느끼게 만들 만큼 충분히 설득력이 있어 보였다. 그 유혹은 역사의 지주는 그리스도의 복음에 있는 것이 아니라 눈에 보이는 경영이나 정치 또는 강제적인 권력의 힘에 있다는 생각을 하게 만든다.

---

11) Ibid., p.75

웨이시엔에서의 일에 대한 길키의 이야기는 이상하고도 흥미진진한, 의외의 급변으로 결론지어졌다. 유능한 기술과 솜씨로 멋지게 조직된 그 사회는 분열되기 시작했다. 부정 이득, 부패, 공공연한 반목(反目)이 그 사회에 침투하기 시작했다. 실제적인 문제들을 해결하기 위해서는 방침과 기계, 조직을 고안할 수 있었던 재능 있는 전문가들이었지만, 그들은 발전하는 인생의 목적, 사람들로 하여금 서로를 섬기고 공공의 이익을 도모하며, 사람들이 위엄과 희망을 유지할 수 있는 생활의 법칙에 대한 도덕적인 명령은 제공해주지 못했던 것이다.

길키는 자신들의 믿음을 경건하고 실질적으로 실천하는 사람들의 특징이 무엇인가를 발견했다.

> 선교 그룹에는 겉보기에 독특한 특징이 하나 있었다. 즉 자연스럽고 무엇인 체 하는 일 없이, 주위 사람들이 다 깨닫기는 하지만 결국 비껴가고 마는 성가신 일에 대해 응답을 한다는 것이다. 그 사실은 주목받지 못했으나, 그것이 없었더라면 우리 캠프는 살아남지 못했을지도 모른다. 우리 캠프가 있었던 장소에 하나님의 영광의 증거가 나타났다면, 그 증거는 바로 이 곳에서 찾을 수 있을 것이다.[12]

전문성과 힘보다 더 깊은 문제가 있다는 것을 길키가 깨닫게 된 것처럼, 나도 계속해서 하버드의 아름다운 탑들이나 인류의 최고 엘리트들이 거처하고 있는 MIT의 안테나들이 역사를 제공해준다는 것을 배웠다. 그러나 그 역사에 의미를 주고 인간의 마음을 변화시키는 통찰력과 방법을 제공하는 것은 그리스도의 복음의 힘인 것이다. 그것에 대한 확신이 영적인 열정을 회복시키는 것이다.

나는 영적인 열정을 위협하는 일곱 개의 상태를 약술해보았다. 더 많이

---

12) Ibid., p.192

있을 것이고, 이 일곱 개 중에 겹치는 것도 많을 것이다. 이런 상태 속에서 살게 될 때 열정은 자라거나 회복되기가 대단히 어렵다. 그것들은 피로를 만들어내는데, 그 피로가 바로 주님의 영향력 있는 제자들이 되기 위해 우리가 필요로 하는 긍정적인 생각이나 에너지를 약화시키는 것이다.

나는 이 다양한 상태들의 존재를 신중히 생각해보는 것이 아주 도움이 된다는 사실을 알게 되었다. 이것은 이 상태들 중 어떤 것이라도 접근해오는 것이 있으면 예측을 할 수 있기 때문이다. 이것은 우리에게 한랭, 온난 전선이 다가오고 있음을 말해주는 기상 지도와 아주 비슷하다. 그래서 우리는 그 보고를 듣고 대비를 할 수 있는 것이다. 성령과 함께 하고 있는 사람들에게 있어서는 영적인 열정 없는 삶은 견디기 힘들다. 그러므로 그런 열정 없는 삶으로 이끄는 상태의 종류를 인식하는 것은 필수 불가결한 것이다.

토론 문제

1. 사무엘하 15:12-18 ; 16:13, 14를 읽고 다윗의 파괴된 상태가 어떠했는가 살펴보라(71쪽 참조).

2. 삶을 살면서 파괴의 순간을 겪은 후 그 결과는 어떠했는가? 당신은 강해졌는가 약해졌는가(72쪽 참조)?

3. 파괴된 상태가 당신을 약하게 만들었다면, 그 약함을 어떻게 막았더라면 좋았을까?

4. 저자는 커다란 꿈이 좌절되었을 때의 우발적인 환멸감에 대해 고백하였다(73~74쪽 참조). 환멸감을 느꼈던 순간을 상기해보자.

5. 저자가 제안하는 대로 상상력을 동원해서, 출애굽기 2:11-15와 4:18-31를 읽고 모세가 가진 열정의 상대에 대하여 결론을 싣고 적어보자(74~75쪽 참조).

6. 누가복음 22:54-61에 보면 베드로의 실패, 곧 패배의 상태가 소개된다(76쪽 참조). 베드로의 마음을 들여다보라.

7. '열정은 패배한 자들의 마음 속에는 살지 않는다'(76쪽 참조)면, 그 마음 속에는 무엇이 살고 있겠는가?

8. 살아오면서 당신에게 겁을 주는 인물이 있는가? 당신의 마음을 통제하고 굽실거리게 만드는 인물이 있다면 설명해보라(77쪽 참조).

9. 다음의 성경 구절을 읽고, 겁먹은 상태란 어떤 것인가에 대해 논해보라.

    a. 마가복음 14:50
    b. 민수기 13:28-33
    c. 이사야 7:1-4 ; 8:5-13

10. 당신의 '하버드대'와 'MIT 공대'는 어디 있는가(78쪽 참조)? 눈에 보이는 힘의 상징이 당신을 겁줄 때 스스로 무엇이라 다짐하겠는가 (81~82쪽 참조)?

11. 길키의 독백을 한번 더 숙고해보자(79~81쪽 참조). 당신이 현재 몸담고 있는 위치를 변호하여 할 수 있는 대답은 무엇이 되겠는가?

12. 영적인 열정을 위협하는 일곱 가지 상태(48~82쪽 참조)를 다시 한번 적어 봄으로써 복습을 하고, 현재 당신이 직면하고 있는 상태가 있다면 동그라미를 치라.

6

기쁨을 주는 사람들

Those Who Bring Joy

우리의 영적인 열정은 우리의 내면과 우리를 둘러싼 상태로부터 영향을 받는데, 그것들은 또한 **우리의 사적인 세계에 거주하는 사람들에 의해서도 영향을 받는다.**

사람들과 함께 있는 것은 지치는 일이다. 어린이 둘과 하루를 지내는 엄마에게 물어보라. 각 부장들과 예산안을 협상하며 하루를 보내는 사업가와 말해보라. 죽어가는 환자의 침대 곁에서 하루를 보내는 간호사에게 의견을 물을 수도 있다. 그 날의 마지막에 가서는 그들은 녹초가 되어 있고 때로는 도망갈 준비까지 잘 되어 있는 것이다.

그러나 그들은 단지 말만, 앉아서 말만 하고 있지 않았는가! 손을 가지고 노동하는 이들에게 물어보라. 왜 그게 그렇게 피곤하냐고 되물을 것이다. 왜냐하면 우리가 인식조차 하지 못하는 동안에 사람들이 우리의 내면 에너지 생성에 도움을 주거나 또는 빼앗아가기 때문이다. 그들은 우리의 마음과 정신에 무거운 부담을 주어서 결과적인 피로는 때로는 건설 현장의 인부들보다 더 지독해질 수도 있다.

내 주위에는 나를 격려해주는 사람들이 몇몇 있다. 그들과 만나고 나면 나는 결의와 아이디어, 하나님을 향한 의지와 마음가짐, 자기 개선에의 열망, 다른 이들을 위해 봉사하고픈 마음으로 가득 차게 된다. 반면에 나를 지치게 만드는 사람들도 없는 것은 아니다. 그들이 떠나고 나면 나는 아주 긴 낮잠을 자고 싶어진다.

내 오랜 친구 중 하나는 사람들에 대해 이런 말을 하곤 했다. "어디를 가든 기쁨을 가져다주는 사람들이 있는가 하면, 떠나주는 게 사람들을 기쁘게 하는 부류도 있지." 우리는 이 세상 사람들을 알 필요가 있다. 그들이 우리의 삶 가운데 있는 잠재적인 활기나 지루함에 무슨 역할을 해주고 있는가를 알 필요가 있는 것이다.

사람들이 우리에게 끼치는 영향을 이해하는 것은 우리로 하여금 우리의 영적인 에너지가 어디로 가고 있는지, 또 그 에너지를 회복시킬 필요가 있다는 것을 언제 예상할 수 있는가를 아는데 도움을 줄 것이다.

목회직에 몸을 담은 가장 초기 시절에, 나는 일이 일어나고 있는 동향을 완전히 이해할 만큼은 되지 못했지만 나를 둘러싸고 있는 사람들이 내 믿음과 생기에 지대한 영향을 끼친다는 것을 잘 인식하고 있었다. 내가 일찍이 알아보았듯이 나로 하여금 끊임없이 성장하도록 자극하는 사람들이 있는가 하면, 나를, 이를테면 지쳐 헐떡이게 만드는 사람들도 있었다. 나는 전자를 따랐고, 후자에게서 도망쳤다.

그러나 물론 도망치는 것이 목회직이 될 수는 없었다. 나는 내가 실의에 빠진 이들과 상처입은 이들의 종이라고 불리는 것을 이해하고 있었고 어쨌든 그것에 적응하고 필요한 대가를 지불해야 했다.

그러나 나는 영적 지도자의 역할을 하는 사람은 누구나 수많은 사람의 표적이 된다는 것을 깨닫기 시작했다. 자신들의 특별한 이유나 관심 때문에 지도자를 이용하고 싶어하는 사람들, 지도자들을 계층 피라미드의 꼭대기에 있는 사람들로, 즉 인기의 보증인으로 여기기 때문에 가깝게 지내고 싶어하는 사람들, 자신들의 문제에 초점을 맞추기 위해 유명한 사람들과 친하려고 애씀으로써 관심을 얻는 사람들 등등.

자연스럽게 나는 내 세계 안에는 다른 부류의 사람들도 있다는 것도 발견할 수 있었다. 초대 이외에는 내 삶의 달력을 침범하지 않으며 언제나 격려와 건전한 충고의 말을 가지고 있는 사람들, 배우고 싶어하고 알맹이가 있는 질문을 던지는 사람들, 그리고 물론, 기도와 강한 팔과 은총과 소망의 말씀을 찾을 개인적인 필요를 절실히 느껴 찾아오는 사람들 등등.

당신은 큰 교회의 목사일 필요도 없고, 많은 사람들의 방문을 받는 유명한, 성공한 사람이 될 필요도 없다. 어떤 지도자의 자리에 있는 누구든지 사람들과의 일은 끝이 없는 과정이란 것을 알게 될 것이다. 이 과정이 이해되지 못하거나 조심스럽게 관찰되지(monitored) 않는다면 한 개인의 영적인 열정에 불리한 영향을 주게될 수도 있다.

영적인 열정에 영향을 끼치는 다섯 부류의 사람들

내게 있어서는 관찰한다는 것은 **측정하는 것, 구분화한다는 것을 뜻한다.** 여러분은 사람들이 일하는 것에서도 이것을 적용시킬 수 있다. 예를 들어, 나는 이 세상을 살면서 끊임없이 거래해야 하는 사람들의 부류를 다섯 가지로 구분해볼 수 있게 되었다. 어느 한 부류에 대한 과잉 제시로 불균형을 초래할 생각은 없다.

1. 아주 생산적인 사람들 : 그들은 우리의 열정에 불을 붙인다.

이 첫 번째 그룹을 우리의 열정에 불을 붙이는 아주 생산적인 사람들(Very Resourceful People)이라는 뜻에서, VRP라고 부르기로 하자.

내가 어렸을 때 나에게 있어서 최초의 VRP는 물론 부모님이셨다. 그 뒤로 다른 이들을 만났고, 8살 때 이래로 VRP라는 관계를 이어가고 있다.

VRP는 때때로 고문(顧問)이라고 불리기도 하는, 생활을 만드는 이들을 가리킨다. 어떤 사람들은 이들을 대부(代父)나 대모(代母)라고 부를 수도 있을 것이다. 이 VRP관계라는 것이 언제 시작되는 것인지 아무도 확실히는 모르지만, 거의 모든 경우에 있어 자연스럽게 발생하는 관계처럼 보인다. 나는 이것을 하나님이 주신 선물이라 생각한다. 그리스도인으로서의 VRP에 대한 중요한 점이라면 그들은 신앙과 그리스도를 닮는 행위를 하고 싶어하는 우리의 열정에 불을 붙여준다는 사실이다.

가장 먼저 기억나는 VRP는 아버지의 직장 동료 분이셨다. 여덟 살 소년이었던 나는 그분이 있다는 것만으로 끌리곤 했는데, 그 이유는 내 어린 생각으로도 그분이 나를 믿어주셨다는 것이 확실했기 때문이었다. 나는 이상하게도 그분 앞에서는 어른이 된 것 같았다. 인정받았다는, 정당히 가치를 평가받았다는 기분이 들었던 것이다.

또 다른 VRP관계는 고등학교 학생들에게 자신들을 투자한 한 부부와의 인연이었다. 그들의 집은 언제나 열려 있었고, 우리는 환영을 받았다. 그들은 우리가 가진 비현실적인 문제나 가족 문제의 심각함을 잘 들어주고, 도움 요청을 받았을 때는 가능한 한 해답을 알려주었다.

세 번째의 VRP는 개인적인 역량에 따른 운동량의 기준을 정해 준 육상 코치였다. 그분과의 관계는 격려뿐만 아니라 질책도 포함하고 있었다. 선수들은 그를 화나게 하고 싶지 않아 했다. 그가 화를 냈기 때문이 아니라, 그가 일어난 일에 대해 조금도 기뻐하지 않았으며, 그런 반응을 경험한 사람은 아주 많았기 때문이다. 그는 잠재적인 더 높은 등급에 도달하기 위한 상당한 고통의 양을 받아들이도록 선수를 설득하는 방법을 알고 있었고, 승부의 순간을(이기든 지든) 인격 도야의 순간으로 바꾸는 방법을 알고 있었던 것이다.

그밖의 VRP에는 대학 이웃 교회의 노동자, 장로 교회 목사님과 사모, 나이 많은 독신자, 세미나를 이끄는 사람, 교회 역사 교수를 포함하고 있다. 이들 모두가 - 물론 다른 사람들도 - 나를 만드는 일에 있어 특별한 역할을 맡아주었다. 그들은 내 세계 안으로 들어와 성장할 수 있는 원천적 힘을 제공해주었고, 떠날 때, 만남의 끝에 와서는 나로 하여금 향상된 기분이 들도록 하고, 더 큰 성장을 하도록 밀어주며, 결점과 가능성 모두를 더 잘 인식하도록 도와주었다.

VRP들이 언제나 한 개인의 생활에 긍정적인 공헌을 한다는 사실은 그들의 중요한 특징이며, 그것이 바로 내가 앞으로 언급할 다른 그룹들과 구별되는 이유이다. 내가 사람들과의 관계라는 것을 관찰하고 평가해볼 때, 이들은 우리와 우리가 하는 일에 3플러스(+++)정도의 이득을 준다.

이제는 이런 사람들과 언제나 함께 있고 싶다는 유혹이 생기게 된다. 그러나 그것은 결국에는 한 개인이 여생을 부모와 어린아이의 관계를 유지하며 집에 남아 있겠다는 결론만큼이나 위험한 것이 될 수 있는 것이다. 사는데 있어서는 안전한 방법이 틀림없겠고, 부담되는 일에 있어 도움이 되겠지만, 우리가 말하고 있는, 믿음의 힘을 길러주는 독립적이고 생산적인 영적인 열정은 결코 촉진시킬 수 없다.

몇 명의 VRP과 함께 있는 것은 필요하다. 불확실한 순간에서 우리는 자문을 구할 사람들로서 이들을 필요로 한다. 그러나 '언제나' 이들과 함께 있는 것은 답답할지도 모르며, 결국엔 열정이 식어버릴 수도 있다. 예수께서는 이것을 너무도 잘 알고 계셨고, 제자들의 VRP으로서 함께 하신 3년이 그들에게 필요한 전부라는 사실을 충분히 인식하셨다.

예수께서는 "내가 떠나가는 것이 너희에게 유익이라"(요 16:7)라고 하셨다. 제자들은 이제 충분하다. 이제 보혜사(保惠師)가 그들에게로 올 수 있을 것이라고 그분은 말씀하셨다.

기독교 역사 가운데 절정은 클래펌 파(Clapham sect)의 활동이었다. 그

들은 19세기 영국에 살던 기독교 평신도들의 그룹이었고, 그리스도의 이름
으로 사회 변화와 질서를 가져오기 위해 정부와 경영과 예술에서의 노력을
통해 자신들의 세대를 인식시켰다.

클래펌 파의 멤버였던 윌리엄 위버포스(William Wiberforce)의 전기
작가 한 사람은 클래펌 집단 사람들의 사생활을 지켜본 한 젊은이의 관찰을
기록하고 있다.

> 이 현명한 사람들은 결코 우리의 여러 가지 의견들을 틀에 넣어 끼워
> 맞추려 하지 않았다. 그것을 우리에게 설교하는 것은 정말로 필요 없는
> 일이었던 것이다. 그들의 삶 자체가 어떤 말보다도 분명하고 확신 있었
> 다. 우리는 날마다 우리에게 보여주는 그들의 인내, 유쾌함, 관대함, 지혜
> 와 활기를 보았고, 그 모든 것이 오직 하나님을 섬기는데 바쳐진 마음의
> 자연스러운 표현일 뿐이라는 것을 알고, 또 느꼈다.13)

이것이 바로 VRP들, 그리고 그들이 그들을 둘러싸고 있는 사람들에게
끼치는 영향에 대한 훌륭한 묘사가 아니겠는가? 그들은 우리 자신이 끌릴
수밖에 없는 최상의 공헌을 해내는 사람들이다. 우리는 그들의 방법을 잘
연구하여 우리 것으로 맞게 만들고, 방향과 찬성이 필요할 때 그들에게 기
댄다. 그들의 용기와 성숙함으로부터 우리는 에너지를 얻는다. 그들은 모든
면에서 우리의 힘의 원천이며, 바로 그들로부터 우리는 우리가 가진 최초의
열정을 끌어낼 수 있는 것이다.

2. 아주 중요한 사람들 : 그들은 우리의 열정을 나눈다.

두 번째 부류는 내가 종종 VIP라고 불러 왔던, 우리의 열정을 나누는 아

---

13) Lean, *God's Politician*, p.100

주 중요한 사람들(Very Important People)이다. 이들은 나와 가장 가깝게 연관되어 있는 사람들인 나의 동료들 - 우리 모두가 요구받은 일의 양을 분담하는 같이 일하는 사람들, 가까운 친구들, 또는 우리가 공통된 애정을 나누는 사람들을 말한다.

바나바는 바울에게 있어 VIP였고(하긴 얼마 동안은 VRP였을지도 모르지만), 실라와 누가도 그러했다. 나는 아굴라와 브리스길라도 포함될 수 있다고 생각한다. 바울은 빌립보서 4장에서 선교 사역의 멍에를 함께 나누어졌던 사람들을 언급하기 위해 동역자(yokefellow)라는 단어를 사용함으로서 VIP들에 관해 아름다운 말로 표현하고 있다. 동역자란 VIP를 말하며, 우리들 대부분이 몇 안 되는 VIP들이라도 알고 있다는 것은 행운이다.

VIP도 또한 공헌을 2플러스(＋＋)라고 부를 만한 공헌을 한다. 그들에게 무슨 문제나 대립점이 있는 것일까? 얼마간은, 그러나 최소한 그렇다는 것이지 그런 경험들 안에 남아 있지는 않는다. VIP들과 함께 있을 때 우리가 직면하는 난관들이 우리보다 크다는 것, 그리고 우리 관계의 특징이, 전체는 부분보다 위대하다라는 사실이라는 것을 인식하고 있다. VIP들과 있으면 우리는 어울리려는 노력이나, 누구의 철학이 가장 설득적인가를 토론하거나, 누가 관리를 믿을 것인가를 결정함에 있어서 상당한 양의 시간을 들이지 않아도 된다. 우리는 과업을 끝내도록 함께 묶여 있으며, 또 그렇게 한다.

VIP는 우리의 열정을 나눈다. 함께 우리는 더 낫고 더 많은 믿음의 행위를 하도록 서로를 북돋우며 자극을 준다. VIP들은 우리로 하여금 똑바른 목표를 보고 나아갈 수 있게 해준다. 그들은 변명이나 합리화를 눈감아주지 않는다. 그들은 또한 우리가 상처입었을 때나 누군가를 필요로 할 때를 느낄 수가 있다. 그들은 우리의 성공에 기뻐해주고 우리가 실망했을 때 같이 울어주는 것이다.

여러 해 동안 나는 케임브리지의 19세기 영국 국교회 목사였던 찰스 시므온(Charles Simeon)을 연구해 왔다. 그의 어린 시절의 고문(VRP)은 헨리 벤(Henry Venn)이었는데, 1783년에 벤에게 보낸 편지에서 시므온은 **존 릴런드(John Riland)와의 VIP에 해당하는 우정에 대해 말하고 있다. 릴런드는 시므온이 막 끝낸 설교를 가지고 날카롭고도 유용한 비평을 해 주었던 인물이었다.** 이 우정이야말로 가장 VIP관계다운 것이다.

신뢰할 수 있는 친구를 가진다는 것은 얼마나 큰 - 헤아릴 수도 없는 축복인지 모릅니다! 마귀는 우리가 가진 것들 중에 좋은 것들만 지적하려고 하지만, 당신에게 그런 좋은 것들뿐만 아니라 당신의 결핍된 것들도 보여주는 것은 그런 친구뿐입니다. 하나님에 대한 우리의 가장 큰 배신은 먼저 '자기' 라는 신을 만드는 것에 있는 것처럼 보이는데, 그는 우리를 이기주의와 자기에게 바람직한 일, 자기 신뢰에서 끌어내어 우리가 하나님에게서 빼앗아갔던 권위를 그분께로 돌리는 데 도움을 주는 가장 귀중한 친구입니다.14)

3. 훈련 가능한 사람들 : 그들은 우리의 열정을 붙든다.

VRP가 우리의 열정에 불을 붙이고 VIP가 우리의 열정을 나눈다면, 세 번째 부류는 우리의 열정을 붙드는 사람들이다. 나는 이들을 VTP, 훈련이 가능한 사람들(Very Trainable People)이라고 부른다. 이들과 우리의 관계는 우리와 VRP라고 불리우는 사람들과의 관계와 같다고 할 수 있겠다.

이제 우리는 열정에 불을 붙이는 사람들이며, 그들은 그것을 잡는 것이다! 물론 여기서 우리는 성경에 나오는 바울과 디모데, 엘리와 사무엘, 엘리야와 엘리사 같은 관계들을 볼 수 있다.

우리는 모르드개가 질녀인 에스더에게 "네가 왕후의 위를 얻은 것이 이 때

---

14) Carus, *Memories of the Life of Rev. Charles Simeon*, p.32

를 위함이 아닌지 누가 아느냐"(에 4:14)라는 말로 자극을 줌으로서 그녀의 열정에 불을 붙여주는 것을 볼 수 있다. 이 말들은 다른 어느 것들보다도 그녀를 행동하게 만들었고, 결과로서 수천의 동포들의 생명을 구했다.

VTP는 우리의 세계에 1플러스(+)정도의 공헌을 한다. 그들은 보통 주며, 거의 받지는 않는다. VTP들이 우리의 힘을 많이 요구한다 해도 우리는 그들 안에 있는 가능성을 느끼기 때문에 기꺼이 협력해 주는 것이다.

우리는 그들을 우리 쪽으로 데리고 와서 우리의 생활을 보여준다. 우리 자신을 나누어주는 동안에 그들 안에서 일어나는 즉각적인 효과를 보기 때문에 우리는 그들을 섬기고 키우려는 우리 자신의 열정을 자극받게 된다.

우리가 인생을 살아갈수록 이 훈련 가능한 사람들의 조그마한 집합을 가지는 것이 중요해진다. 바로 이것이 바울이 디모데에게 보낸 편지에서 강조하고 있는 것이라고 종종 지적되어 왔다.

> 또 네가 많은 증인 앞에서 내게 들은 바를 충성된 사람들에게 부탁하라 저희가 또 다른 사람들을 가르칠 수 있으리라(딤후 2:2)

나는 인생의 40고개를 넘은 사람이라면 VTP에 대한 투자에 우선권을 주어야 한다고 확신한다. 그렇게 함으로써 우리는 이어지는 세대에 영적 지도자와 신실한 성도들을 제공해줄 수 있을 것이다.

우리 생활의 VRP과 VIP, VTP들은 일반적으로 우리의 열정에 긍정적인 공헌을 한다. 그들과 함께 있으면 우리의 목표와 목적의식은 여느 때보다 더 분명해진다. 더 높은 성숙함과 쓸모 있음을 추구하는 우리의 소망도 증가할 것이다. 그들이 있음을 하나님께 감사드린다. 우리 생활에 그들의 역할이 없이는 우리는 잘 해 나갈 수 없었을 것이다.

그러나 우리에게 무척 짐을 지우는 사람들도 있다. 그들은 우리의 영적인 열정을 철저하게 혹사시킨다.

토론 문제

1. 저자는 개인적인 에너지의 획득이나 상실을 사람들과의 상호 작용에 기인하여 설명하고 있다(85~86쪽 참조). 상호 작용을 함으로서 에너지를 획득했던 경우를 간단히 써보라.

2. 에너지를 상실했던 경우에 대해서도 간단히 써보자.

3. 영적인 열정에 영향을 미치는 다섯 부류의 사람들은 누구인가?(6, 7장의 부제)

4. 사람들과 함께 일하는 과정을 관찰한다는 것이 의미하는 두 가지 과제는 무엇인가(87쪽 참조)?

5. 삶을 살아오면서 당신이 만났던 VRP(87~90쪽 참조)를 조사해보라. 한두 사람을 예로 들어서, 그들이 활력을 불어넣어 주는 역할을 하는 이유를 몇 개 적어보라.

6. 당신의 열정을 나누는 VIP(90~92쪽 참조)는 누구인가? 갈등을 최소화하기 위하여 이해해두면 좋을 것들에는 무엇이 있는가?

7. 상시 의지할 수 있는 존 릴런드 같은 사람(92쪽 참조)이 당신에겐 있는가? 혹은 양육할 수 있는가? 그런 사람에 대하여 논의해보자.

8. 디모데후서 2:2을 적고 암기하라. 그 구절을 이용하여 VTP가 될 수 있는 이름들 몇 개를 적어보자.(92~93쪽 참조)

7

행복한 사람들과 상처받은 사람들

The Happy and the Hurting

두 부류의 다른 사람들이 또한 우리의 영적인 열정에 영향을 미치며, 그들은 열광적인 단어들을 사용하여 설명하기에는 어려움이 많다. 그러나 어쨌든 그들은 존재하며, 우리는 그들이 누구인지 꼭 알아보아야 한다. 이 사람들은 개인적으로 주목받기를 원하면서 우리 주위에서 북석거린다. 그리고 그들이 목직한 바를 싱취하고 나면 우리는 지쳐버리는 것이다.

4. 그저 좋은 사람들 : 그들은 우리의 열정을 즐긴다.

나는 이 네 번째 그룹을 VNP, 우리의 열정을 즐기는 그저 좋은 사람들(Very Nice People)이라고 부르겠다. 그들은 큰 무리로 몰려오며, 우리는 그들이 곁에 있는 것을 좋아한다.

VNP들은 박수치고 웃으며 우리의 자존심을 세워준다. 그들은 신도석과 방, 프로그램들을 채워주기 때문에 영적 지도자들을 대단히 기쁘게 만들어준다. 그리고 예배 때면 때때로 '목회' 라고 불리는 조직을 운영시켜주는 상당한 양의 금전(각각으로서는 적은 양이겠지만)도 제공해준다.

VNP들은 멋진 사람들이고, 좋은 사람들이다. 그리고 우리도 VNP들과 좋은 우정을 맺는다. 그러나 이 문제를 사실 보면, 이 VNP의 종합적인 공헌은 도대체 감지해볼 수가 없다. VRP의 3플러스 공헌과는 대조적으로 VNP들은 0플러스 공헌자들이라고 분류해야 한다. 그들은 우리의 열정에 보태주는 것도 없고, 심각하게 빼앗아가지도 않는다. 그들은 단순히 즐길 뿐이다. 그리스도인이라고 자처하는 사람이라면 영적인 에너지가 스며나오는 사람들과 같이 있는다는 것은 무척 즐거운 경험이 될 수 있을 테니까 말이다.

그 사람들은 다양한 아침 식사용 시리얼에 대한 어린 시절의 재미를 떠올리게 해준다. 그것들은 딱딱하지 않아 소리도 안나고, 펑 터지는 것도 아니며, 색깔이 변하는 것도 아니다. 설탕을 입힌 것도 아니고, 총알 구실도 못 한다. 하는 일은 무엇인가? 그저 그릇 속에 담겨 우유에 푹 잠겨 있을 뿐이다. 이것이 바로 큰 무리를 지어 우리 세계로 몰려오곤 하는 좋은 VNP들의 역할인 것이다.

예수께서는 결코 VNP들에게 등을 돌리지 않으셨다. 그분은 그들을 목자 없는 양으로 보시고, 위엄과 가능성을 가지고 그들을 다루셨다. 그곳에 있던 VNP들 중 어떤 사람들이 결국은 VTP가 되고(열 두 제자들도 처음에는 VNP였을 것이다) 나중에는 VIP로 발전했을지 모른다는 것에 주목할 가치가 있다.

그러나 VNP의 무리가 너무나 커졌을 때는 주님께서도 가르침의 칼날을 세우셨을 것이라는 것은 사실이다. 그분은 제자가 되는데는 극적인 대가를 치러야 한다는 것을 점점 더 명확하게 확신시키셨다. 그것은 거의, 그 무리의 크기가 연상시키는 것은 너희가 충분히 분명하게 내 말을 듣지 못했거나 너희들 중 몇몇은 여기 있어서는 안되므로 다른 방법을 가르쳐주겠다는 말씀을 하시는 것 같았다. **예수께서 말씀을 마치셨을 때 많은 사람**

들이 떠났다. 그들은 마침내, 그리스도의 면전에 영원히 남아 있으려거든 VNP로 남아서는 안된다는 것을 이해했던 것이다.

그것이 바로 요한복음 6장에 정확히 나타나 있다.

> 제자 중 여럿이 듣고 말하되 이 말씀은 어렵도다 누가 들을 수 있느냐 한대 예수께서 스스로 제자들이 이 말씀에 대하여 수군거리는 줄 아시고 가라사대 … 그러나 너희 중에 믿지 아니하는 자들이 있느니라 하시니 이는 예수께서 믿지 아니하는 자들이 누구며 자기를 팔 자가 누군지 처음부터 아심이러라 … 이러므로 제자 중에 많이 물러가고 다시 그와 함께 다니지 아니하더라 예수께서 열두 제자에게 이르시되 너희도 가려느냐 시몬 베드로가 대답하되 주여 영생의 말씀이 계시매 우리가 뉘게로 가오리이까 … (요 6:60-61, 64, 66-68)

여기서 우리는 정비 작업이 이루어지고 있는 것을 볼 수 있다. VNP들은 그리스도의 면전에서 환영받았으나, 잠깐 동안이었을 뿐이다. 그들은 곧 결정을 해야 했던 것이다.

나는 교회와 종교적인 모임의 자리를 채우는 엄청난 숫자의 사람들을 조롱하려고 이런 말을 하는 게 아니다. 그보다는 그들은 우리가 VNP가 누구인지, 또 영적 지도자 자리에 있는 사람들과 성도들의 발전에 어떤 영향을 주고 있는지를 이해하는데 도움을 준다는 의미이다.

교회 안에서 우리가 그러한 그저 좋은 사람들을 위해서 대부분의 힘을 소비하고 있다는 사실을 알게 된다면 정말 놀랄 것이다. VNP들은 신도석과 주차장, 설교실을 채우고 우유를 빨아들인다. 우리는 VNP들의 편의를 위해서 건물을 짓고 경비를 들인다. VIP들이나 VTP들은 큰 불편함도 보통으로 여겨 용감하게 받아들이고, 선교 활동이나 사역, 그리스도인으로서의 섬기는 일을 위한 교회의 재정을 잘 배분할 수 있었을 것이다. 그러나 불행하게도 서구 기독교 모임의 대다수를 차지하는 VNP들은 세상 일을 방해하지 않는 범위 내에서, 개인적인 편의와 편리에 맞는 시설과 시간, 프로그램들을 좋아한다. 그리고 그 수의 거대함은 지도자들로 하여금 그 프로그램이 성공적이었다는 확신을 주기 때문에 보통 환대를 받는다. 이것은 정말 생각하기조차 혼란스럽다.

영적인 에너지나 열정은 VNP들에 의해서 심각하게 영향을 받는다. 우유에 적셔진다는 것은 열정을 빨아들인다는 뜻이 되는 것이다. 영적 지도자들은 프로그램의 작성, 상호간의 마찰, VNP가 만들어내는 확대의 문제를 해결하느라 엄청난 양의 시간을 소모하고 있다. VNP들을 이끌고 지켜야 할 책임이 있는 평신도들과 목사들은 그 과제가 어떤 환경 아래에서든 피곤하고 힘을 많이 소모하는 일이라는 것을 알고 있다. VNP들이 갈채를 보내고 조건적인 충성을 바쳐가며 우리의 자존심을 벅차게 해줄 수는 있을지 몰라도, 영적 지도자가 주어야 하는 것은 무엇이든 받아야 한다는 욕망을 통해 그들은 우리의 영혼을 지치게 만드는 것이다.

게일과 내가 목회직에 막 들어섰을 때, 우리는 우리가 섬겨야 할 사람들이 우리를 좋아해 주었으면, 우릴 받아들여 줬으면 하는 간절한 심정이 되어 있었다. 그래서 우리는 우리에게 보내지는 거의 모든 건의 사항에 일일이 응답을 했다. 그것은 우리가 일을 잘 하고 있다는 것, 우리가 성직자다운 생활 속에서 일을 하고 있다는 것을 알 수 있게 해주는 방법(조금 불완전한 방법이긴 했지만)이었다. **그때 우리는 사람들이 우리에게 가까이 오는 것이 우리가 누구이기 때문이 아니라 우리가 몸담고 있는 직업 때문일 뿐이라는 것을 깨닫지 못했던 것이다.**

우리는 즉시 공식적, 혹은 비공식적인 모임에 우리를 점잖게 초대하는 사람들에게 대접받게 되었다. 어떤 사람들은 다달이, 어떤 이들은 주마다 만났다. 우리는 갈 때면 보통 주위의 시선을 집중시키기 일쑤였다. 교회 안의 등급에서 목사와 그 부인이라는 자리가 - 사람의 눈에는 - 꼭대기로 보였기 때문이리라.

우리는 사람들의 영적인 의무라는 것을 암시하는 이런 종류의 환대가 혼란스러웠다. 그리고 이것은 단지 우리가 얼마 동안 그 모임과 함께 있었을 때뿐, 우리는 곧 그들의 모든 사회적 행동에 있어서 우리의 참석을 원했던 이들이, 교회에서 이루어야 할 일을 할 때가 되었을 때는 쏙 빠져버리는 사람들이라는 것을 발견하기 시작했던 것이다.

이런 식으로 우리는 VNP의 존재를 찾아내게 되었다. 그들은 함께 있기에 좋은 사람들이고 찬사와 선물로 격려해주기도 하지만 섬기는 일과 영역의 확장에 있어서 언제나 동료같은 존재들은 아니다. 우리와 VNP의 활동들 사이에 간격을 두는 것은 쉬운 일이 아니며 현명하고 신중하게 이루어져야 하는 일인 것이다. 그들은 유쾌한 사람들이고 함께 있으면 즐겁다. 그러나 우리는 그들이 VTP, VIP들과 함께 이루어야 하는 가장 좋은 일에 써야 할 우리의 모든 에너지를 다 흡수해 버리도록 놔두어서는 안되겠다.

배우기 쉬운 교훈은 아니었고, 지금도 여전히 그렇다!

5. 열정을 고갈시키는 사람들 : 그들은 우리의 열정을 약화시킨다.

다섯 번째의, 그리고 마지막 그룹은 우리의 영적 열정에 직접적인 영향을 끼친다. 나는 종종 이들을 VDP, 우리의 열정을 약화시키는, 열정을 고갈시키는 사람들(Very Draining People)이라고 언급하곤 했었다.

나는 이 VDP들에 대해 불친절하게 쓰고 싶지는 않으나, 그들은 어쨌든 우리 세계 도처에 존재하고 있으며 조심스레 식별되어야 하는 것이다. 그들이 누구이며, 어떻게 우리의 생활에 영향을 미치는가를 이해하기 전에는 왜 우리가 자주 피로와 열정의 소모를 경험하는지를 완전히 이해할 수 없을 것이다.

열정을 고갈시키는 이들은 붙여진 이름 그대로 우리의 열정에 영향을 준다.

그들은 그것을 말려버리는 것이다! 그것도 사정없이 그렇게 해버린다. 내가 그들과 영적인 지도자들간의 관계가 보통 에너지의 흐름에 있어 마이너스(-)극이라는 것을 넌지시 비추는 것은 무자비해서가 아니라, 단지 실제로 그렇기 때문이다.

나는 어떤 이들이 재빨리, 상처받은 이들과 외로운 사람들을 섬기는 기쁨으로부터 오는 에너지도 있지 않겠느냐고 논쟁하고 싶어할 거라는 것을 알고 있으며, 그 문제를 가지고 따지고 싶지는 않다. 하지만 내가 지적하고 싶은 것은, 그런 종류의 기쁨은 오래 가지 못하며 대부분의 경우에 있어 곧, 빨리 제거하지 않으면 매우 나쁜 영향을 미치는 극도의 피로 상태로 바뀐다는 것이다.

내가 할 수 있는 한 가장 훌륭한 기독교 지도자가 되고자 생각했던 나의 초기 성인기에, 나는 도움을 필요로 하며 내 앞을 지나가는 사람이면 누구에게나 해답을 주려고 노력했다. 이렇게 나를 방문하고자 하는 사람들이 즉시 내 관심을 끌었다. 전화가 걸려올 때마다 모두 받았고, 대화의 길이나 속도를 그 사람들이 조절하도록 놔두었다. 내가 참여했던 어떤 모임이 있든 그 전후에, 나는 나를 필요로 하는 사람들과 만날 준비가 되어 있었다.

한 남자가 기억난다. 그는 심각한 개인적 문제점을 가지고 있었고, 저녁 식사 시간을 편리하게 여겨 잡고는 거의 매일 저녁 나를 방문했다. 우리가 직면하고 있던 사실상의 모든 논의점에 대해 의문이 많았던 교회 위원회의 한 멤버는 내게 왜 자신이 내려지는 결정마다 모두 동의하지 않는가와 왜 고집스럽게 그래야 하는가에 대해 내게 상세히 털어놓는 것이었다. 그리고 15년 전에 한 결혼을 실수라고 생각하는 한 여성은 매 주일마다 내게 그 불행한 관계의 증거들을 상세히 전달하고 싶어했던 것이다.

여기에 덧붙여서 모든 권위자들로부터 간절히 관심을 얻고 싶어하여 감정적으로 투쟁하던 한 젊은이, 조심스럽지 못한 입버릇으로 인해 항상 성도들간에 마찰을 일으켰던 한 여성 그리고 고질병을 앓는 사람들 - **자신들의 아픔과 고통에 대해 조치를 취해 주길 바라거나 또는 왜 자신들이 이런 어려움에 처해야 하는지 이해시켜줄 만한 설명을 필요로 했던 많은 사람들이 있었다.**

나는 시간이 갈수록 그 모든 무리들(직장, 학교, 교회에서 모두)이 VDP로 분류되어야 할 정도의 비율이라는 것을 알게 되었다. 그리고 그들이 있는 곳이 기독교 집단이라고 해볼 때, 그 멤버들은 VDP들을 돌보거나 섬기기 위해서 힘들게 노력할 것이고, 다행스런 것은 그 섬김이 종종 열매를 맺어 그 사람들이 쓸모 있고 훈련이 가능해진다는 것이다.

다시 말하면 어느 한 사람에게는 VDP인 사람이 다른 사람에게 있어서는 그렇지 않다는 것이다. 예를 들어 바울은 2차 전도 여행에 있어 마가를 믿지 않고 그를 VDP로 간주했으나 다행스럽게도 바나바는 마가에게 있는 VTP, 혹은 VIP가 될 잠재성을 보고는 바울의 평가에 동의하지 않았다.

나는 열두 제자들 가운데 가룟 유다를 VDP로 분류하겠다. 그는 징징거리는 사람, 끊임없이 비평하는 사람, 그룹에 전혀 도움이 안 되는 - 우리가 아는 한 - 불청객으로 보여진다.

신약 성경에는 VDP의 자격을 얻을 만한 적임자가 거의 없는 듯 한데, 아마도 이것은 성경의 이런 단면이 매우 바쁜 가운데 활동하던 사람들에게 중점을 두고 있기 때문일 것이다. 고린도에 있었던 참으로 부도덕한 한 교회 일원은 그 교회 생활을 고갈의 상태로 몰기 충분했고, 바울은 그 사람들이 그것을 알지 못하는 것을 불안해했다. 유오디아와 순두게는 분쟁을 해결하지 못한 무능력으로 인해 빌립보 교구에서 방출되었고, 바울은 그 분쟁이 가능한 한 빨리 해결되기를 원했다. 그는 그것을 보았을 때, 그에 따른 임박한 재앙을 알고 있었던 것이다.

구약 성경에서는 VDP의 예를 몇몇 찾아볼 수 있다. 모세는 히브리 전국민이 자신의 지휘를 받아들이지 않는다고 생각하고 싶었을 것이 분명했던 때가 있었다. 여호수아는 아간의 죄가 아이성 공격에서의 패배를 가져왔기 때문에 그를 VDP라고 생각했을 것이다. 느헤미야는 예루살렘성을 재건하려는 시도 동안에 수많은 VDP들을 보게 되었다. 그들은 천막 안팎에 도사리고 있었다. 비평하는 이들, 느릿느릿 움직이는 사람들, 숨겨진 문제를 가진 사람들 등등.

하나님께서 기드온에게 적들의 지배로부터 백성들을 이끌어내라고 요구하셨을 때(사사기 6장), 그는 과업을 완수하기 위하여 잠재적인 VDP를 모두 제거했다. 한 가정 안에서 보았을 때 기드온은, 과업을 수행하기 전에 그가 부친의 뒷마당에 있던 바알의 신전을 부수라는 명령을 받고 순종함으로써 내면의 힘의 소모를 미리 마무리해 놓았다.

기드온이 적에 대항하기 위해 군대를 모았을 때(3만 명이 넘었다), 하나님께서 그에게 내리신 첫 번째 명령은 두려워서 떠는 자들을 가려내어 집으로 돌려보내라는 것이었다(삿 7:3 참조). 나는 기드온이 2만 2천 명의 사람들이 돌아가는 것을 어떻게 받아들일 수 있었는지 자주 의아해했다. 그러나 행동할 때가 되었을 때 그곳에는 이제 VDP들을 위한 자리는 없었다.

우리가 목회직을 시작하고 사람들을 성장과 쓸모 있음의 자리로 이끌어주는 것이 바로 이 고갈된 이들의 계급에서 출발한다는 것을 인식하지 않고는 우리는 한 발짝도 더 나가서는 안된다. 그러므로 어떤 무리이든간에 긴 간격을 두고 해주어야 하는 대답은 그런 사람들을 피하기보다는 그들에 대한, 그리고 **그들이 속해 있는 그룹에 대한 세 가지의 중요한 점을 이해**하는 것이 더 낫다.

첫째로, VDP는 영적으로 건강한 사람들의 그룹으로 끌릴 것이고(피에 끌리는 모기처럼) 자립하게 되거나 밀려나갈 때까지 그 그룹에 남아 있게 될 것이다.

둘째로, 건강한 사람들의 무리는 유지시켜야 할 VDP가 너무도 많기 때문에 불가사의하고도 예측하지 못하는 사이에 생기를(그룹의 열정을) 잃어버릴 것이다. 그 그룹의 생명은 문제가 생기고 위기를 맞게 되며, 어떤 목적을 향한 전진하는 움직임도 불가능해질 것이다. 엔진이 꺼진 배처럼 그 무리도 위기 속에서 죽을 것이다.

셋째로, 영적 지도자들의 열정을 사정없이 빼앗아도 좋다고 허락받은 VDP들은 궁극적으로는 지도자 자리를 아무도 감당하고 싶어하지 않게 만들어버릴 것이다. 다시 또 말하는 것이지만, 우리는 사라져버릴 목표를 추구하는데 최대의 에너지를 줄 준비가 되어 있는 젊은이들의 예들을 보아왔다. 그들은 VDP들에게 무방비로 노출되어 있기 때문이다.

나는 내가 큰 교구의 목사였을 때, 나는 이 원칙을 이해해주었던 몇몇 형제 자매들(VIP들)에게 대단히 애정을 느끼고 있다. 경배의 시간이 끝날 때 그들은 내 옆으로 와서, 중요한 성직의 문제가 아닌 단지 내 관심을 끌고 싶어하는 사람들과 연결시켜 주었다. 개인적으로 나는 그들을 나의 영적인 경호원들이라 불렀다. 그들이 아니었다면 나는 생존하지 못했을 것이라고 생각한다.

나는 오랫동안 목사로서의 생활을 하고 있던 중에, 한 놀라운 발견을 하게 되었다. 그 어려운 교훈을 가르쳐준 것은 바로 내 달력이었다. VNP들과 VDP들이 내 유효 시간의 큰 비율을 차지하고 있었던 것이다.

나는 심각한 실수를 저지르고 있었다. 그 좋은 사람들은 같이 있으면 너무도 즐거웠기 때문에, 그리고 고갈된 사람들은 너무 많은 시간을 요구했기 때문에 나는 생산적인 사람들, 중요한 사람들, 훈련이 가능한 사람들을 위해 남겨둘 시간이 거의 없었던 것이다. 이 셋 중 아무도 다른 두 부류가 하는 것처럼 내게 많은 요구를 하지는 않았다. 그 셋이 아무 항의도 하지 않았으므로 나는 그들을 규칙이라도 되는 것처럼 마냥 남겨두었다. 나는 나를 가장 필요로 하는 곳에 있어야 한다고 생각했기 때문이었다. 얼마나 큰 실수였는지!

우리 주님께서 우선으로 하신 일을 체크해보는 가운데 발견한 것은 그분은 VDP들과 VNP들 - 병자들, 고통받는 이들, 비평자들, 호기심 많은 사람들 등등 - 과 같이 있는데 많은 시간을 들이셨다는 것이었다. 그러나 그들은 결코 그분의 모든 스케줄을 장악하지는 않았다. 사실 비교적 작은 자리를 차지하고 있었다. 그보다는 그리스도께서는 생산적인 이들과 많은 시간을 보내신 것으로 나타나고 있다. 그분의 경우에는 하늘에 계신 아버지였다고 할 수 있을 것이다. 예수께서는 중요한 사람들과 훈련 가능한 사람들에 대해서도 많은 시간을 들이셨다. 그분의 경우에는 제자들이었다 (12명, 70명, 또 약간의 가까운 친구들).

나는 VNP들과 VDP들에게 내 시간을 할애하면서 그들에게 있어서나 내게 있어서나 내가 장기적인 실수를 하고 있었다는 것을 발견했기 때문에 그것은 내게 있어서 중요한 발견이었다. 모든 시간을 그들에게 할애하게 된 즉시, 나는 경솔하게도 지도자로서의 나에게 의존하라는 건전치 못한 생각을 가르치고 있었던 것이다. 나는 그 자신들의 관점에서 특별한 지도자로 인식되는 사람과만 관계하려고 하는 그들의 필요를 채워주고 있었던 것이었다. 그 지도자란 실제적이거나 무언가 얻을 만한 건 하나도 없는, 무의미한 중요성만을 공급하는 사람이었다.

그러나 더 중요한 것은 내 우선적인 시간을 그 두 그룹과 보냄으로서 나는 내가 가지고 있던 에너지를 회복할 수 없을 정도로 마구 쓰고 있었다는 사실이다. 그 시간의 순간순간마다 열정이 한 방향으로(외부로)밖에 흐르지 않았다. 때로는 필요했겠지만(예수의 옷자락을 만진 여인의 경우에서처럼), 결국에는 심각하게 쇠약해지고 말았다.

이 교훈을 제때에 배우지 않을 때 우리는 피곤해진다. 나는 교회 활동을 하는 도중 마음을 상해서 맡은 책임을 그만두는 많은 평신도들을 보아 왔다. 아무도 그들에게 열정을 고갈시키는 사람들로부터 자신을 지키는 방법을 가르쳐주지 않았기 때문이 아니겠는가?

나는 VNP와 VDP에 대한 나의 논의가 잘못 해석되지 않기를 바란다. 그들의 신도들의 집합에서 큰 부분을 차지하고 있으며 보살핌을 받아야만 한다. 그러나 우리는 반드시 이해해야 하는 것이 그들은 본성대로 영적으로 건강한 그리스도인들의 에너지가 고갈되거나 권태의 상태로까지 빠질 때까지 점점 더 큰 요구들을 할 것이라는 사실이다.

우리가 왜 이리 자주 피곤해지는지가 궁금하다면 지난 주의 달력을 한 번 보는 것이 아마 좋은 해답을 줄 수 있을 것이다.

생산적인 사람들인 VRP와 지내는 시간은 우리의 열정을 잘 일으켜 세워줄 것이다. 훈련 가능한 사람들인 VTP와 지내는 시간은 물론 우리에게 요구하는 것은 있으나 이런 부류의 사람들은 우리의 열정과 짐을 집어들고 같이 움직여줄 것이기 때문에 결국에는 열정을 회복할 수 있는 것이다.

그러나 우리의 달력에 시간의 대부분을 좋은 사람들, 열정을 고갈시키는 사람들과 지냈다고 나타나 있다면 우리는 왜 우리가 생기를 잃었는지 더 이상 의아해할 필요가 없다. 이 사람들은 주지는 않고 받기만 하며, 그래서 잠시 멈추고 균형을 다시 잡지 않으면 종종 치명적인 결과가 오는 것이다.

몇 년 전 아내와 나는 우리 교구의 한 젊은 여성과 알게 되었는데 곧 그녀가 심각한 알코올 중독자라는 것도 알게 되었다. 그 사실을 똑바로 직면해 보아야 할 날이 오고야 말았고, 그녀의 알코올 중독증 버릇과 정면으로 대결하게 되었을 때의 고통은 그녀에게나 우리들에게나 잊혀지질 않는다.

그녀는 VDP들의 전형적인 본보기였다. 전화에 대고 그리고 집에서 나누었던 대화 시간이란 셀 수도 없었다. 그녀를 저버리고 싶은 유혹도 굉장했었다. 그녀를 걱정하는 사람들이 점점 더 많아졌고, 그들이 함께 모였을 때 그녀를 위해 무엇을 할 것인가를 중심 대화로 삼은 것은 당연한 일이었다.

우리 모두 그녀를 대단히 사랑했고, 그녀가 중독증을 이겨낼 힘만 가질 수 있게 된다면 그녀가 인간 잠재력의 큰 저장고가 되리라는 것을 알게 되었다.

10년이 걸렸다! 그리스도의 능력과 주위 사람들의 사랑, 다양한 조직들의 지원에 힘입어 우리가 오랫동안 알아왔던 그 VDP은 VTP가 되었고, 곧 VIP가 되었다. **요즘 그녀는 많은 이들에게 있어 VRP이다. VDP에게 등을 돌리고 싶은 생각이 들 때마다 나는 그녀가 어떻게 변했나를 떠올리고는 다시 생각해보게 된다.**

그럼에도 불구하고 나는 VDP가 에너지와 열정을 필요로 한다는 것을 배웠고, 이 세계의 상처입은 사람들과 닥치는 대로 접촉하곤 하는 영적 지도자는 내면의 고갈이라는 무거운 청구서를 지불해야 한다는 것도 배웠다.

우리를 둘러싸고 있는 사람들과 우리는 주고받는다. 사람들을 만날 때면 언제나 열정이 이쪽에서 저쪽으로, 우리에게로 오든, 우리에게서 빠져나가든 움직이게 될 것을 예상할 수 있다. 중요한 건 그 사실을 인식하는 일이다.

토론 문제

1. VNP(95~99쪽 참조)를 새로운 단계인 VTP로 초대하는 내용의 짧고도 도전이 되는 초대장을 써보자.

2. 당신은 '그리스도의 면전에 영원히 남아 있으려거든 VNP로 남아서는 안된다'(96~97쪽 참조)에 동의하는가? 의견을 말해보라.

3. 저자는 교회 생활에서 '우리는 그저 좋은 사람들을 위해서 대부분의 힘을 소비한다'(97쪽 참조)라고 적고 있다. 교회의 금전 관리는 어떻게 행해져야 하는가에 대해 당신이 기대하고 있는 바에 의거하여 위의 내용을 발전시켜 보라.

4. '사람들은 인물보다는 그 인물이 행하는 역할에 더 끌린다'(98쪽 참조)는 저자의 사회적 이론에 당신이 동의한다면, 교회 교육과 행실을 교정시킬 수 있는 수단을 몇 가지 제시해보라.

5. 열정을 고갈시키는 사람들(99쪽 참조)을 식별하기 위해서 당신이 쓰곤 했던 말은 무엇이었는가?

6. 다른 성도들이 볼 때 당신이 VDP로 식별될 만한 어떤 특질이나 양식을 갖고 있을지도 모른다는 것을 인식하고 있는가(101쪽 참조)?

7. 다음을 읽어보자.
   a. 고린도전서 5장 (부도덕한 교회 일원)
   b. 빌립보서 4:2-7 (유오디아와 순두게)

c. 여호수아 7:1-26 (아간)

d. 느헤미야 13장 (비평하는 이들, 느릿느릿 움직이는 사람들, 숨겨진 문제를 가진 사람들)

e. 사사기 6장 (기드온)

8. 우리가 VDP에 관해서 꼭 이해하고 넘어가야 할 세 가지 중요한 사항은 무엇인가(102~103쪽 참조)? 여기에 더할 것이 있는가? 혹은 바꿔야 할 것이 있는가?

9. 당신이 VNP와 VDP에게 지속적으로 시간을 할애하고 있다면 저자가 제안한 대로, 가르치고 양육하고 독립할 수 있는 기반을 제공해주고 있는가(104쪽 참조)?

10. 7장의 마지막에 쓰여 있는 딜레머를 주의하여 보라. VDP에게 등을 돌리기 전에 "한번 더" 생각해보는 것(106쪽 참조)이 좋은 이유는 무엇인가?

8

가장 친근한 적

Frendly Fire

워싱턴 D.C.에 있는 **베트남** 참전 용사 기념비는 엄숙한 곳이다. 그곳에 가보면 여러분은 강렬한 감정이 솟고 적잖은 눈물도 흘리기 쉽다. 그 기념비는 그 분쟁 주위의 혼합된 열정들을 이해한 듯 보인다.

검은 화강암 벽에는 베트남을 위해 죽어간 3만 명도 넘는 남녀의 이름이 새겨져 있다. 그러나 웬일인지 그 기념비에 나타난 명예는 그 전쟁이 수행된 것과 종결된 방식에 있어서 헛된 행동이었다는 생각과 섞여져버리는 것 같다. 누군가가 그 기념비 앞에 섰을 때, 그는 그것을 죽은 이들의 용맹함과 희생에 대한 응답이라고 여기겠는가, 아니면 비극적인 결과에 주어진 인명의 낭비에 대한 응답이라 여기겠는가?

맨 먼저 미군이 베트남 해안에 도착했을 때, 미국민들은 일종의 열정을 경험했다. 존슨 대통령이 주둔병의 증군을 발표했을 때, 국민들은 낙관주의도 맛보았던 것이다. 미국 전역에 전반적으로, 동남 아시아의 혼란을 소란이나 인명의 상실을 최소화하면서 빨리 끝낼 수 있을 것이라는 확신이 있었다. 대부분의 미국인들이 - 물론 두드러진 예외도 있었지만 - 그것을 확신했던 것이다! 얼마나 잘못된 판단이었던가!

몇 년 후, 많은 혼란스런 전투가 있고 난 후 전국적인 확신은 산산조각이 나버렸고, 우리의 젊은이들은 이긴 것도 진 것도 아닌 상태로 고향에 돌아왔다. 그들은 널리 펼쳐진 전장에서 연합된 군대와 싸우게 되리라 생각하며 준비했고, 최신의 전쟁 무기들을 갖추었다. 그러나 불행하게도 널리 펼쳐진 전장은 거의 없었고, 적군은 우리 군대가 전혀 보지도 못했던 전략과 무기를 사용했던 것이다.

그 전쟁은 거의 보이지 않는 적을 상대로 한 것이었다. 언제나 거기 있기는 했으나 총의 사정 거리 안에는 들어오지 않는 적들이었다. 미군과 베트콩의 집결된 대부대 사이의 큰 싸움이었다면 다루기가 쉬웠을지도 모르겠지만, 밤에 정글에서 벌어진 '인색한' 소접전은 미국의 거대한 무기로는 거의 불가능했다.

전쟁이 막바지에 다다랐을 때의 미국의 상황을 영화들이 다루게 되었다. 나머지 헬리콥터들이 대양으로 격추되고, 한때 난공불락이었던 미 대사관이 빠져나가려고 헛되이 애쓰는 사람들로 들끓게 되고, 열악한 무기로도 끝내 승리한 베트콩과 북 베트남 인민들이 사이공을 점령하게 되었던 것이다. 도대체 무슨 일이 일어났는가?

어떤 이는 말하기를 우리는 단순히 그 전쟁의 본질과 그 적들을 이해하지 못한 것이라고 말한다. 우리는 그 아시아 본토에서 벌어지던 전쟁의 진짜 대가를 몰랐던 것이고, 최악이었던 것은 우리는 우리 자신이 왜 그곳에 가 있었는지조차 잘 몰랐다는 것이다.

우리 군대가 가지고 갔던 열정은 그들이 돌아왔을 때는 완전히 소멸되었고, 그 결과는 쓰라림과 후회의 세월뿐이었다. 예전에 어디서 그런 쓸데없는 일이 또 있었는가? 어떤 곳에서도, 어떤 시대에서도, 어떤 국가도, 어떤 개인에게서도 없었던 일이었던 것이다.

예를 들어 그런 일은 전성기 때, 일련의 굉장한 승리를 즐겼던 **삼손**의 경우와 들어맞는다고 본다. 하나님에게서 받은 야수 같은 힘으로써 그는 이어지는 일을 성공적으로 수행해나갔다. 그는 손쉽게 이스라엘의 적들에게 겁을 주었고, 삼손이 힘이 있는 동안에는 이스라엘 백성들은 밤에 편히 잠을 잘 수 있었다.

그러나 어느 날, 이번엔 조금 다른 종류의 전투가 있었다. 삼손이 수많은, 잘 무장한 군사들과 대면하여 손쉽게 섬멸했을 때의 험악한 싸움과는 달리 새로운 종류의 적인 들릴라가 등장했던 것이다. 그녀의 안위 속에 삼손의 패배의 씨가 놓여 있었음을 누가 생각이나 했겠는가?

삼손의 공적인 인생은 천하무적처럼 보였다. 그러나 사생활은 하나님의 종이 되고자 하는 그의 열정을 파괴시키는 관계 - 한동안 그에게는 특별하고 즐거웠던 - 에 의해서 천천히 부식되고 있었던 것이다.

삼손은 확실히 주의를 받았다. 그는 점점 비난을 받는 상황에 직면했지만, 들릴라가 그의 내면 생활에 중요한 위치를 차지하고 있었기 때문에 그는 그 경고들을 무시하기로 작정해버렸고 결국 파괴되었다. 들릴라의 집은 삼손에게 있어서, 베트남에서의 경험과 같은 것이었다.

하나님을 섬기고자 자정한 사람은 그런 종류이 게릴라 전술이 우리 주위를 둘러싸고 있다는 것을 잘 이해해야 한다. 영적 지도자의 강인한 삶을 수행하는데 필요한 영적인 열정은 그들을 둘러싸고 있는 전쟁, 적절히 이해할 시간도 제대로 갖지 못했던 그런 전쟁에 의해 자주 소실되곤 한다. 영혼을 갉아먹는 적은 거의 찾아내기가 불가능할 정도로 아주 교묘하게 위장하고 있는 것이다.

우리가 영적인 열정을 유지하거나 회복하기 위해서는 앞에서 말한 열정을 약화시키거나 파괴하는 상태들과 사람들과의 만남뿐만 아니라 우리가 필요로 하는 에너지를 못 쓰게 만드는 영적인 전쟁들의 종류도 이해해야 하겠다.

지도자의 자리에 있는 사람들을 정규적으로 삼켜버리는 몇 개의 샘플 문제들을 떼놓기로 한다. 그것들은 포착하기 힘든 것들이며 식별하기가 어렵고 뿌리를 뽑기도 어렵다. 그것들은 오직 영적인 규율의 훈련을 통해 그것에 불을 당기는 원인들이 어디 있는지 시간을 들여 찾아내는 경우에만 근절될 수 있다. 솔직히 말해, 나는 사실 이름도 없는 어떤 문제들이 있음을 발견하고는 명칭을 지어 붙였는데, 그것들이 내 안에 있는 것이라는 것을 알고는 나 자신에게조차 인정하기가 당황스러웠다. 하지만 그들은 내 안에 있었던 것이다!

이것들을 토론하는데 있어서, 나는 이것이 영적인 열정을 상쇄시키는 모든 문젯거리들의 철저한 목록의 시작도 되지 못한다는 것을 분명히 하고 싶다. 이것들은 사실, 개인적으로 나 자신에게 친숙한 문젯거리들이다. 이들을 목록화하고 분류하는 것은 그 전쟁의 본질과 우리에게 미치는 영향을 생각해보는데 도움을 줄 수 있으리라 본다.

영적인 열정을 파괴하는 네 가지 영(靈)

"목회직이라는 것이 사람들을 대하는 것만 아니라면 대단히 좋은 직업일텐데." 우리는 성도들의 고민거리가 홍수처럼 밀려오는 날이면 이런 농담을 하곤 했다. 왜냐하면 성도들은 지도자 직위에 있는 이들에게 있어서 언제나 가장 크게 분투해야 할 일이기 때문이다. 물론 가장 큰 기쁨이 되기도 하지만.

우리는 앞 장에서 우리에게 영향을 끼치는 사람들에 대해 함께 논의해 보았다. 그러나 이제 우리는 영적 지도자의 직위에 있는 사람들 사이의 관계의 본질을 알아볼 필요가 있다. 여기는 종종 우리를 부끄럽게 만드는 영적인 전쟁의 특별한 종류들이 있다.

베트남 전쟁을 그린 작품들 중 가장 훌륭한 저작들 중 하나로 '가장 친근한 적'이라는 책이 있다. 그 책은 한 군인의 죽음을 둘러싸고 일어나는 사건들과 실제 일어난 일의 진위 밝히기를 회피하는 방위 부서의 실책을 상세히 적고 있다. 죽은 군인의 부모가 확인을 요구한 후에야 사실이 밝혀지게 되었다. 그 젊은 병사는 적에 의해서가 아니라 잘못 겨누어진 미군 대포에 의해 목숨을 잃었던 것이다. 가장 친근한 적, 그 사건은 그렇게 불렸다.

가장 친근한 적이라는 것은 크리스천 지도자들 사이에서도 그리 낯선 것은 아니다. 영적인 전쟁에서 입은 상처는 불행하게도 우리 동료들의 총에 의한 것이다. 우리가 동료들에게 총을 쏘거나 그들로부터 저격당할 때 영적인 열정은 파괴되는 것이다.

나는 이런 일이 생기는데 수많은 방법이 있다는 것을 발견했다. 그리 끌리는 목록도 아니거니와, 내게 있어 가장 가슴아픈 것은 내 손가락이 때때로 방아쇠에 걸쳐져 있었다는 것이었다. 가장 친근한 적은 여러 가지 독기 서린 영(靈)의 형태로 다가온다. 이것들 중 첫 번째를 경쟁심이라고 하겠다.

1. 경쟁심 (The Competitive Spirit)

하나님께서는 우리를 함께 일하라고 하셨다. 우리는 우리 자신이 그런 것처럼, 지도자의 자리로 부름받은 것에 대해 흥분하는 사람들에게 둘러싸여 있다. 이 사람들은 누구인가? 그들은 우리의 확신을 일으켜 세워주는 동료일 수도 있고, 또한 경쟁자가 될 수도 있다. 전자는 우리의 영적인 열정을 만들어내는데 도움을 주지만 우리가 그들을 경쟁자로 볼 때, 후자는 빼앗는 역할을 한다.

바로 여기서, 우리는 수많은 사람들을 파멸시키는 영적인 전쟁의 가장 교활한 형태를 함께 생각해 보아야겠다. **"으뜸 되기를 좋아하는"**(요삼

1:9) 디오드레베는 사도 요한을 명백히 경쟁자로 보고 그가 그 교구에 보낸 모든 서신들을 가로챘다.

생각해보라! 자신과 요한과의 관계를 경쟁의 단계로 끌어내린 한 사람 때문에 그 교구 성도들은 주님의 사랑하시는 제자들 중 한 명의 문안을 받지 못했던 것이다.

나 자신이 미국민으로 태어나서, 나는 경쟁적인 환경에서 자랐다. 특히 남자는 우리를 둘러싸고 있는 모든 사람들과 누가 최고인가의 문제에서 경쟁해야 한다는 개념을 가지고 자라났다. 꼬마였을 때 우리는 근육, 달리기 속도, 야구 미트의 질, 부모님이 베풀어주신 특권들을 비교했다. 10대 청소년이 되어서는 자동차, 사교성, 운동 선수로서의 능력 같은 것을 비교했다. 그리고 어른이 되어서(이제 결혼을 하게 됨에 따라) 우리는 집의 크기, 명성과 직업에서 가진 지위, 그리고 이상하게도 자식들의 재능까지(이렇게 해서 순환된다) 비교해보고 싶어한다.

기독교 지도자들 사이에서 경쟁은 종종 계속된다. 목사들은 더 큰 교구에 있는 다른 사람들을 향한 나쁜 생각과 씨름하게 된다. 설교자들과 저자들은 자기 작품과 다른 이들의 것 중 어느 쪽이 대중에게 잘 받아들여지는지 비교하고 싶어하며, 일반 지도자들은 갑자기 자신들이 요즘의 무수한 세미나나 모임에 사람들의 참석을 유무(有無)로 그들을 판단하고 있으며, 이것을 어떤 신호의 한 종류로 보아 누가 공적으로 끼고 빠질 것인가를 결정하는데 사용하려고 하는 것을 발견하게 된다.

경쟁하려는 생각에 빠져들게 되면 우리는 위험에 처한 것이다. 다른 이들이 하나님께서 터놓으신 길을 똑바로 보고 나아가는 동안 우리가 점점 더 많은 시간을 옆길로 새어 그들을 질투하는데 쓸 때 우리의 열정은 가라앉아 버린다.

헨리 노웬(Henri Nouwen)은 연극 무대라는 다른 세계에서 일어난 이런 종류의 문제에 대해 썼다.

최근에 한 배우가 내게 그의 직업 세계에 대한 이야기를 해주었다. 무대란 요즘 세태를 상징하고 있는 듯 하다는 것이다. 가장 감동적인, 부드럽고 친밀한 관계를 나타내는 사랑의 장면의 리허설 중에도 배우들은 서로를 너무 시기하고 '잘 보일' 기회를 잡을 생각으로 가득 차 있어서 무대 뒤는 미움과 불쾌함, 그리고 상호간의 의심으로 가득 찼다는 것이다. 무대 위에서 서로 입을 맞추던 사람들이 뒤에서는 때리고 싶어했고, 각광(脚光)아래 사랑이라는 인간의 가장 심오한 감정을 연기하던 사람들이 그 불이 희미해지자 마자 가장 사소하고 적대적인 라이벌 의식을 내보였던 것이다.15)

"이 사람은 어떻게 되겠삽나이까"하고 베드로는 다른 제자들 중 하나를 놓고 예수께 물었다. "네게 무슨 상관이냐 너는 나를 따르라"(요 21:21,22)라고 그분은 대답하셨다.

바울은 "어떤 이들은 투기와 분쟁으로(로마 거리에서) 그리스도를 전파하나니"라고 썼다. 그러나 무슨 상관이냐 하고 그는 덧붙이고 있다. 적어도 전파되는 것은 그리스도니 내가 기뻐하겠다.(빌 1:15-17 참조)

전자는 주님께서 베드로에게 말씀하신 것으로 성경석으로 생각하지 말라는 것이며, 후자는 바울이 말한 것으로 그는 결코 남의 성공에 대해 근심하지 않았다.

피어슨이 쓴 오스카 와일드(Oscar Wilde)의 전기 안에는 '한 사람의 행운은 그의 친구를 불만스럽게 만든다' 는 상식적인 견해에 중점을 둔 토론이 하나 기록되어 있다.

와일드는 말한다. "악마가 리비아 사막을 지나다가 소수의 사람들이 한 순례자를 몹시 괴롭히고 있는 곳에 오게 되었다. 그 순례자는 그들의

---

15) Nouwen, *Reaching Out*, pp 49-50

악한 제안들을 쉽게 떨어내버렸다. 악마는 그들이 실패하는 것을 보고 있다가 좋은 수를 알려주려고 앞으로 나왔다. '유치하게시리! 내가 해보겠네.' 악마는 그 순례자에게 가서 속삭였다. '네 형제가 방금 알렉산드리아의 주교가 되었다.' 그 순례자의 고요했던 얼굴에 즉시 악의에 찬 질투가 험악하게 덮였다. 악마는 보고 있던 이들에게 말했다. '이게 바로 자네들에게 추천해주고 싶은 방법이지.'"16)

나는 몇 년 전, 나 자신에 대한 냉엄한 사실, 다소 놀라운 개인적 약점을 발견했다. 내가 다른 사람들의 성공에 대해 기뻐하는 일이 거의 없음을 깨달았던 것이다. 젊은 목사로서 확신이 없었던 때여서 그랬는지 나는 어쩐지 다른 사람들의 성공이 내 성공에 위협이 된다고 느꼈던 것이다. 바로 경쟁심이 드러난 경우였다.

다른 이들의 성공과 쓸모 있음에 대해 기뻐하기보다 나는 자동적으로 이유를 달기 시작했다. "그 사람, 연줄이 있었던 거야." 이렇게 말했을는지 모른다. "그녀는 과분한 행운을 얻은 거라구." 그 버릇은 다른 이들을 관찰할 때도 튀어나왔다. "설교 중에 농담을 적절히 집어넣는 솜씨가 있다는 것 때문에 그 사람 설교를 좋아하다니 말이야." 라고 말이다. 합리화의 목록은 계속된다. 우리는 교회가 자라나도록 기도하지만 우리 교회 아닌 다른 교회가 자라게 될 때는 또 이유를 달기 시작하는 것이다.

내가 고통스럽게 깨달은 것은 이렇게 말해본 적이 거의 없었다는 것이다. "정말로 훌륭한 글이기 때문에 저 사람의 설교는 칭찬받을 가치가 충분히 있다. 내가 지금까지 써온 어떤 설교보다도 나았어." 나는 결코 내 솔직한 마음으로는 믿음의 형제 자매들이 교구를 위해서 훌륭한 일을 이루었다는 사실에 대해 가슴 설레며 감동했던 적이 별로 없었다는 것이다. 하나님의 영과 협력하는 다른 성도들과 일을 해내라는 것을 들었을 때 기뻐하

---

16) Pearson, *Oscar Wilde*, pp.127-28

지 못한 내가, 그리스도 왕국의 확장에 대한 임무를 받았다고 어떻게 진정으로 말할 수 있겠는가?

어떻게 내가 나 자신에 대한 이 발견을 하게 되었을까? 나는 내 성공에 대해 기쁨을 표현해줄 동료들이 거의 없을 가능성에 주목했기 때문에 가능했다고 생각한다. 그들 안에 있는 경쟁심을 알아보기란 쉬웠다. 그것은 무섭기까지 했고, 나도 그런 종류의 인간이라는 것을 발견하고 얼마나 수치스러웠는지 모른다. 정말 고통스런 깨달음이었다! 나의 경쟁심은 하나님께서 나로 가지도록 원하시는 영적인 열정을 기뻐하기 전에 뿌리뽑아야 할 독소였다.

랠프 턴불(Ralph Turnbull)은 내가 가장 좋아하는 전기 중의 하나인 '헨리 발리의 인생(Henry Varley's Life Story)'이라는 자서전에 기록된 한 사건을 떠올렸다. 발리는 19세기 후반의 영국의 위대한 설교자였다. 이웃 교구의 한 목사가 성경을 해설하는 재능으로 인하여 발리의 지휘 아래 있던 교구의 성도들을 끌어가기 시작했던 것이다. 발리는 자신이 마음 속 깊숙이 다른 사람들에 대한 심각한 적의를 키워왔다는 것을 발견했다.

나는 그 문제에 있어 나를 사로잡았던 이 죄의식을 결고 잊을 수 없을 것이다. 나는 비참했다. 나는 사실, 주 예수께 "당신의 교회와 성도들이 그 이웃을 번영케 하지 못한다면, 성공하지 못하는 편이 낫겠습니다."라고 말해야 하지 않았나? 내가 정말 다른 목회자의 섬김을 기뻐하지 못하는 무능력을 행사하고 있었단 말인가? 나는 이것이 아주 밉살스런 성격이 지은 죄라고 느꼈다. 나는 주님의 은총으로 이 질투라는 더러운 이미지를 이길 수 없다면, 그 때만은 나의 생명을 취해달라고 요구했고, 이 일 전후로 나는 그렇게 한 적이 없었다.17)

---

17) Turnbull, *A Minister's Obstacles*, p.39

2. 비난 (The Critical Spirit)

나의 내면 생활의 깊은 곳에서 찾아낸 독기서린 마음은 경쟁심 하나만이 아니었다. 영적인 열정을 종종 억누르곤 하는 비난하는 마음 역시 잠복하고 있었다. 나의 내면에 아주 많이 있었고, 내가 다른 이들의 비난하려는 마음을 경멸하는 동안에 그것이 준비하고 나를 기다리고 있었다는 것을 발견하곤 너무도 당황했다. 피곤하거나 방심하고 있을 때, 나는 모든 사람들에게서 약점을 하나씩 쉽게 찾아냈으며, 잡지를 읽거나, TV 나 라디오로 기독교 관련 방송을 보고 들으며 뭔가 꼭 흠을 들추어냈다.

모든 상황에 있어 부정적인 것을 강조하려는, 이념이나 주의(主義)상의 차이점을 찾아내려는, 인물의 약점만을 보려는, 프로그램의 결점 파악에만 급급하려는 경향은 나로 하여금 내가 요구받은 내 일을 잘 해나가기 위해서 필요로 하는 긍정적인 에너지를 생성하지 못하게 방해했다.

나는 선교단의 한 사람으로 가 있었던 다른 나라의 큰 도시를 방문했던 생생한 기억을 가지고 있다. 그곳에 있는 동안 나는 두 가지 사실을 통감하게 되었다. 첫 번째는 그들의 공동 작업이 비교적 쓸모 없었다는 것이고, 두 번째는 동료 선교사들이 서로에게 가했던 비난 가득한 평가였다. 내가 그 사람들과 나눈 어떤 대화든지 모조리 다른 이들의 철학이나 전략에 대한 비난으로 낙인찍힌 듯이 보였다. 그 분위기가 너무도 독해 보여서 나는 내가 탄 비행기의 바퀴가 땅을 벗어나 이륙하여 떠나게 될 때까지 시간을 재고 있는 나 자신을 발견하게 되었다.

어쩌면 내게 문제가 있었던 것일지도 모르지만, 성경에 있는 대로 그들에게 목회를 하려는 시도 중에 나는 그들에게 도움이 되는 것들을 주려고 할 때면 숨이 가빠지고 무기력함을 느꼈다. 마치 그들은 각각 보이지 않는 벽에 의해 분리되어 있는 것 같았다. 그들은 함께 찬양하고 기도했지만, 떨어져서는 비난하고 서로를 낮추었다.

세상의 이런 부분에 있는 선교와 교회 가꿈을 통하여 그리스도 왕국의 확장에 있어 큰 개인적인 희생을 한 좋은 사람들은 모두 사라져버렸다. 처음에 그들이 도착했을 때는 얼마나 흥분되고 자극을 느꼈겠는가! 처음으로 베트남 해안에 도착했던 미군들처럼 말이다.

그러나 지금 그들의 에너지 등급은 생기가 다 빠져나간 상태라고 되어 있다. 또다시 가장 친근한 적 때문인 것이다. 영적인 전쟁이 일어나고 있는 최전방에 집중해야 할 주의가 동료 병사들에게로 쏠려 있었다. 돌아보면 나는 내가 경험했던 것이 그들과 내 안에 있어야 했던 영적인 열정의 부재(不在)라는 것을 깨닫는다. **에너지가 비난하려는 마음으로 인해 소멸되었던 것이다.**

3. 자만심 (The Vain Spirit)

영적인 열정을 파괴시키는 세 번째 독기서린 마음은 우리가 사람들에게 그들로 하여금 우리를 좋아하도록 하기 위해서 깊은 인상을 주고 싶다는, 만족할 줄 모르는 요구를 마음에 품을 때 그 존재를 드러내 보인다. 이것은 개인적인 불안감에서 솟아오르는 내적인 요구이다. 우리는 사람들이 우리를 어떻게 생각할까 하는 것에 기초를 두고 말과 행동에 무게를 두려고 하고 있다. **다른 이들에게 좋은 인상을 주려는데 급급한 열의는** 그리스도를 향하려는 열정을 곧 이기게 된다.

어떤 지도자도 이것을 가볍게 건너뛰어서는 안될 것이다. 대부분의 '자칭' 지도자라 하는 이들이, 성도들이 자신을 어떻게 생각할까 하는데에 매우 민감해져서 깊은 불안감에 빠지게 되는 것을 나는 관찰했다.

좋은 인상을 주고자 하는 필요성을 표출하는데는 수많은 방법이 있다. 우리의 실적에 대한 적절한 대가를 바람으로써, 우리의 직함과 특권에 모아지는 관심으로써, 대화 중에 우리가 말할 때 주어지는 집중의 양으로써 등등.

"당신 자신에게 귀기울여요." 우리가 한 무리의 사람들과 만나기 전에 게일은 종종 이렇게 말해준다. "당신이 알고 있는 것을 사람들에게 모조리 말해야 한다는 생각에 젖지 마세요. 그들이 받아들이는 방식대로 그냥 듣게만 내버려둬요. 당신은 오늘 하루 충분히 관심을 받아 왔어요. 게다가 난 당신에게 감명을 받았지요. 당신은 그것만으로 충분해요!"

남에게 우리의 깊은 인상만 심어주려고 노력하면 할수록, 우리는 인간의 아첨이라는 벽에 둘러싸이게 된다. 그럴수록 우리는 하나님의 선물이나 안위를 제공받지 못하게 되는 것이다. 우리가 다른 사람들의 갈채를 받는 인생을 추구할수록, 하늘에 계신 아버지의 인정하심을 추구하려는 열정에는 그리 신경쓰지 않게 되어버릴 것이다.

위대한 신학자 제임스 드니(James Denny)는 언젠가 이렇게 썼다. "어느 누구도 그리스도와 자기 자신을 동시에 증거할 수는 없다. 어느 누구도, 자신이 똑똑하다는 인상과 그리스도가 구원의 주님이라는 것을 같이 말할 수는 없는 것이다."

4. 적의 (The Adversarial Spirit)

우리의 영적인 열정은 우리가 적대 관계를 어떻게 다루느냐에 의해서도 영향을 받는다. 나는 친근하거나 그렇지 못한 우리 주위의 비평가들을 생각해본다. 그리고 우리에게 적대적이거나 기대를 저버리는 이들, 우리가 원한을 느끼는 사람들을 생각해본다.

적의도 독기서린 마음이며, 우리가 가지고 있는 영적인 열정을 모조리 파괴해버릴 만한 쓰라린 힘을 생성하는 것이다.

A.B.브루스(A.B.Bruce)는 소크라테스의 제자였다가 후에 그의 적이 된 알키비아데스에 대하여 썼다. 알키비아데스는 스승에 대한 원한과 그러면서도 어쩔 수 없는 존경의 감정을 기록해두고 있다.

나는 이 사람 앞에서만큼은 수치심을 경험한다. 나를 아는 사람이라면 내가 그런 감정을 가지고 있는지조차 몰랐을 것이다. 나는 그를 부정할 만한 능력도, 그가 내게 명령하는 것을 거절할 능력도 없음을 알고 있기 때문이다. 그를 떠날 때 나는 유명해지고픈 욕망으로 인해 회복되는 나 자신을 느낀다. 그러므로 나는 그에게서 도망치고 피한다. 그러나 그를 볼 때면 나는 내 고백이 부끄러워지고, 종종 그가 죽었으면 좋겠다고 생각하곤 한다. 그러나 그런 일이 생긴다면 나는 내가 더 슬퍼해야 할 것임을 알고 있다.18)

나는 미움이란 말의 의미를 조금은 알 것도 같다. 그 때는 부정하려고 했지만 돌아보면 나는 내가 느끼기에 내게 해를 끼치려고 했던 한두 사람을 향해서 심각한 원한의 감정을 잠시 가지고는 때때로 그것에 대해 죄의식을 느껴 왔던 것을 이제서야 알겠다. 적어도 그것은 내 쪽에서 이해한 것이었다. 이런 경우에 나는 적의의 감정에 너무도 휘말려서 내가 잘못했을지도 모른다는 생각은 할 겨를도 없었다. 그것이 중대한 잘못이었다.

내면 깊숙이 불타고 있는 기억 하나는 목회에 있어 대단히 중요한 결정을 하기 위한 모임에 참석하려고 비행기를 타고 있을 때였다. 지혜를 제공해주고 하나님의 목적에 순종하게 만들어줄 영적인 열정이 바로 내게 간설히 필요한 것이라는 것을 나는 알고 있었다. 그러나 내가 한 동료를 향한 분노에 푹 잠겨 있었기에 그 열정은 사라지고 말았다.

여러 날 동안 나는 그 사람을 향한 앙심들을 제거하려고 온갖 노력을 다 해 왔다. 그러나 노력할수록, 나는 밤에도 자다가 일어나 그에게 교묘하게 앙갚음할 수 있는 방법이 없을까 생각하곤 했다. 나는 그가 자신이 해놓은 일에 대해 당황하게 만들고 싶었고, 동료들 앞에서 그의 신용을 망쳐놓고 싶었다. 그 분노가 나를 지배하기 시작하여 그 비행기 안에서 나는 정말

---

18) Bruce, *The Training of the Twelve*. p.371

지금이 얼마나 지독한 상황인가를 깨닫게 되었다. 나는 기도도 할 수 없었고, 앞일에 대해 명확히 생각도 하지 못했다.

비행기가 착륙할 때가 되었을 때 나는 나를 용서하시고 독기서린 마음으로부터 해방을 주신 하나님의 권능 앞에서 조용히 울고 있는 나 자신을 발견했다. 갑자기 보이지 않는 칼이 내 가슴을 벤 것 같았고, 실제로 내 내면으로부터 묵직한 것이 스며나오는 것을 느꼈다. 몇 분이 지나고, 나는 날아오를 것만 같았다. 나는 부정적인 내면의 생각을 내버렸다. 내버릴 필요가 있었던 것이었으며, 나는 자유로와졌다. 나는 비행기에서 뛰어내렸으며, 곧 사실상 내 생활의 방향을 확 바꾸어놓은 그 모임에 참석했다. 나는 그때 내 마음을 채우고 있던 과도한 미움을 그대로 가지고 들어갔더라면 어떻게 되었을까 곰곰이 생각해보곤 한다. 그 당시의 내 개인적인 상황에 꼭 붙들려 고정되어서 그리스도의 영이 이끄는 대로 전진하지 못했을 것이 아닌가?

영적인 열정은 분노와 공존할 수 없다. 우리는 마땅하다고 주장할 수 있을지 몰라도 성경에 적힌 태도는 명백하다. 용서 못하는 정신은 그리스도인의 성장과 영향력을 일으키는 에너지와 같이 있을 수 없는 것이다.

우리를 좋아하는 사람이든 그렇지 못한 사람이든, 다른 사람들의 모질거나 부드러운 비평을 받아들이는 법을 배우는 것 또한 어려운 훈련이다. "모든 비평에는 핵심적인 진실이 들어 있다." 나는 스승에게서 이렇게 배웠다. "그걸 잘 찾아보면, 넌 좀더 나은 사람이 될 거야."

과거에는, 보통 나는 잘 찾아보지 않았었다. 자기 방어를 하느라 너무 바빠서 그랬다고 생각된다. 그러나 내가 비평을 고맙게 생각할 수 있게 되었을 때, 나의 영적인 열정은 증가되었다.

이제 나는, 사실상 내가 배운 가치 있는 모든 것들이 비평가들 - 날 좋아하는 사람이든 적의를 품은 사람들이든간에 - 의 입에서 나온 것이라는 사실에 감명을 받는다. 그 진실의 핵심을 잘 찾아낼 때, 우리는 영적 성장과 유효함 그리고 영적인 열정을 위한 여지를 발견할 수 있을 것이다.

가장 친근한 적의 총격은 쏘건, 맞건간에 심각한 문제임엔 틀림이 없다. 그것은 보통 좋은 사람들을 망가뜨리고, 인생의 진짜 전쟁에 대항할 만한 능력을 빼앗아버리는 것이다. **열정을 가진 군인이 전쟁에 나간 뒤 아군에 의해서 상처를 입고 낙담하여 돌아오는 것만큼 슬픈 일이 또 있겠는가?** 전장에 나갈 때 가지고 갔던 열정이 그가 돌아왔을 때는 상실되었다. 우리는 이 상황을 심각한 태도로 깊이 생각해볼 필요가 있다. 그것은 왜 우리들이 하나님의 일을 하면서 기쁨이 없이 살아가는가의 대답을 해줄 것이다.

토론 문제

1. 베트남 전쟁(109쪽 참조)과 삼손의 이야기(110~111쪽 참조)에서 볼 수 있는 저자의 관점을 당신의 생각으로 바꾸어 재진술해보자.

2. 영적인 열정을 유지하거나 회복하기 위해 필요한 것은 무엇인가 (111쪽 참조)?

3. 영적인 열정을 파괴하는 네 가지 영(靈)을 적어보자(8장의 부제). 혹시 덧붙일 것은 없는가?

4. 요한3서 9장에서, 다른 동역자들과의 관계를 두고 디오드레베가 선택한 것은 무엇인가(113~114쪽 참조)? 그 결과는 어떻게 되었는가?

5. 저자에 의하면 경쟁심 때문에 열정이 가라앉아 버린다고 한다

(113~117쪽 참조). 저자가 묘사한 다섯 부류의 경험들 중 두 개를 열거하고 당신의 경우를 하나 추가해보라.

6. 저자는 '에너지가 비난하려는 마음으로 인해 소멸되어 버렸다'라는 것을 설명하기 위해 다른 선교사들과 함께 했던 경험에 대해 말하고 있다(118~119쪽 참조). 이 경우에 또 다른 차원을 덧붙여 볼 수 있겠는가? 성경을 인용하여 그 선교사들의 행동을 지지하거나 합리화시켜 줄 수 있겠는가?

7. 최근에 사람들과의 만남을 체크해보라. 그들에게 좋은 인상을 주려고 시도한 적이 있으면 적어 보자(119쪽 참조). 그 시도가 당신의 평소 행동 양식을 가리키는 것은 아닌가 숙고해보라.

8. 어떻게 하면 자만심을 쫓아버릴 수 있을까(119~120쪽 참조)?

9. '영적인 열정은 분노와 공존할 수 없다'(122쪽 참조)는 저자의 말을 뒷받침해주는 성경 구절들을 몇 개 찾아보자.

10. 낙담한 병사의 이미지를 묵상해보자(123쪽 참조). 혹 당신 자신과 닮은 점은 없는가? 당신의 내면에서 발견되는 해로운 영들을 다루기 위한 계획을 세워보라.

9

그분은 내가 다루지 못할 것을 아셨지요!

He Knew I Couldn't Handle It!

칠흑 같고 신비로운 영혼의 세계가 우리의 내면에 놓여 있고, 그 내면의 공간은 외부 세계만큼이나 광범위하며 또 미탐사 지역으로 남아 있다. 그리고 이 낯설고 무서운 심연 안에 정의내리거나 예측하기도 어려운 많은 동기와 가치, 응답 등이 존재하고 있는 것이다.

만약 우리가 그 내면의 공간을 하나님의 통제 하에 드리는데 주의한다면, 그 속에 그분께서 거하실 수 있을 것이다. 그러나 그것을 무시한다면, 우리는 무의식적으로 그 공간을 파괴적이고 불성실한 힘에 내주게 되는 것이다. 성경 기자(記者)들은 그것을 죄라고 불렀으며, 그것의 세력에 대해 반복하여 경고하고 있다.

피로는 그런 세력에 의해 끊임없이 습격당함으로써 생긴 결과이다. 만일 우리가 외부에서 오는 상태에 의해 영의 피곤을 경험했다면 그리고 우리와 접촉하는 사람들의 부류에 의해 기진맥진해졌다면, 이제 그 영을 지치게 만드는 세 번째 원인을 알아보는 것이 중요해진다. 인간의 영혼 깊숙한 곳에서 시작되고 있는 영적인 전쟁이 그것이다.

예수께서는 경고하시기를,

> 속에서 곧 사람의 마음에서 나오는 것은 악한 생각 곧 음란과 도적질과 살
> 인과 간음과 탐욕과 악독과 속임과 음탕과 흘기는 눈과 훼방과 교만과 광패
> (狂悖)니 이 모든 악한 것이 다 속에서 나와서 사람을 더럽게 하느니라(막
> 7:21-23)

가히 듣기 좋은 묘사는 아니지만 정말 정확한 말씀임에는 틀림없지 않
은가. 우리가 규칙적으로 그 어둠에 무엇이 잠복하고 있나 발견하기 위해
빛을 쬐면서 잘 감시하지 않으면 그 공격이 가혹할 것이고 영혼은 곧 쇠약
해질 것임이 분명하다.

캐서린 드링커 보웬(Catherine Drinker Bowen)은 프랜시스 베
이컨 경에 대한 훌륭한 전기를 남겼다. 그는 명예와 치욕의 높고 낮음을
뼈저리게 경험한 17세기 영국인이다. 권력과 명예에 대한 욕망이 대단했
던 재능가 베이컨 경은 성공하기 위해, 왕궁의 중요한 위치를 얻기 위해서
내면의 욕망에 의해 움직여졌다. 열심히 일하고 재치를 발휘하여 그는 대
법관의 자리에까지 올라갔다. 그 후 최고 전성기에 그는 그만 공직에 있으
면서 뇌물을 수수한 죄로 국회로부터 탄핵을 받게 되었다. 유죄 판결을 받
고 그는 변호사 자격을 박탈당했으며, 런던에서 추방되었다. 베이컨은 몹
시 지친, 영적으로 고갈된 사람이 되었으리라.

보웬은 그 쫓겨난 대법관이 자신의 인생의 낭비에 대해 고백하며 쓴 기
도를 기록해두고 있다. 그 고백에서 베이컨은 그 세계에서 자신을 파멸시
킬 수 있는 세력 - 내면에 매복하고 있던 악(惡)이 도사리고 있는 한 장소
를 무시해 왔다는 것을 깨닫고 있음이 명백하다. 그는 이렇게 쓰고 있다.
"진정으로 말하건대, 나의 영혼은 나의 순례 행로에 있어 줄곧 이방인이었
다."

베이컨은 내면의 영역에 불을 밝히지 못함으로써 우리의 영이 우리가 가장 꿰뚫어보기 힘든 한 장소로부터 나오는 공격을 받게 된다고 말하고 있다.

프랑소와 페넬롱(François Fénelon)은 우리가 베이컨과 같은 희생물이 되지 않기 위해서 내면 세계의 빛을 유지하는 것의 중요성에 대해서 썼다. 그러나 내면 세계의 빛을 비추는 것은 어쩌면 몹시 겁나는 경험이 될 수도 있다. 우리가 그렇게 할 때 기분 나쁜 놀라움이 있을 수 있기 때문이다.

> 그 빛이 증가함에 따라 우리는 생각했던 것보다 훨씬 고약해진 우리 자신을 보게 된다. 우리는 우리 마음 깊은 곳에서, 컴컴한 동굴에서 기어 다니고 있는 더러운 파충류 같은 수치스러운 것들을 보게 됨에 따라 우리가 그 동안 눈멀어 있던 것을 놀라워하게 된다. 우리는 우리가 그런 것들을 숨겨주고 있었다는 것을 결코 믿을 수 없을 것이다. 그러므로 그것들이 점점 나타나는 것을 보고 대경실색할 것이다. 그러나 우리는 놀라거나 낙담해서는 안된다. 우리는 그 전보다는 더럽지 않으나, 대조적으로 더 나은 것도 아니다.[19]

페넬롱이 그의 17세기적 묘사로 그려준 우리의 내면 세계는 분명히 그리 예쁜 그림은 아니지 않은가! 그러나 우리가 영적인 열정의 개발과 싸우면서 그 힘을 진압할 방도를 찾고 있는 그 내면의 '파충류'에 대해 생각해 보기 시작할 때는 그 이미지가 도움이 될 것이다.

---

19) Fénelon, *Spiritual Letters to Women*, pp.21 22

영적인 열정에 반대되는 내면의 두 가지 전쟁

우리는 내면 세계에서 일어나고 있는 수많은 전쟁들을 모두 열거할 수는 없다. 우리가 할 수 있는 가장 최선의 일은 영적 지도자들이 직면하게 됨직한 한정된 문제 몇 가지에만 집중하여 보는 것이다. 그렇게 함으로써 우리는, 만약 그냥 놔둔다면 우리가 가장 약해져 있는 시기에 스며나와서 영적인 열정을 성장시키려는 우리의 노력을 헛되게 만드는 것들에 대해 더 큰 경계를 할 수 있을 것이다.

■ 야망의 전쟁 (The Battle of Ambition)

야망이라는 놀라운 힘을 보라. 야망이란 앞장서 가려는, 자기 자신을 강하고도 안전하게 확립시키려는 충동을 말한다. 바로 이것이 베이컨 경의 몰락을 가져온 열쇠였다.

사람들은 영적 지도자들을 보통 야망과는 관계가 없는 이들이라고 여긴다. 어쨌든 우리는 교구 안에서, **평신도들이 적어도 뻔뻔스럽게 드러내지만 않는다면, 야심 있게 활동하고 헌신해도 괜찮다고 생각하는 체제를 받아들여 왔다.** 어떤 사람이 더 발전하려고, 봉급을 올리기 위해서 직장을 찾고 바꾸는 것이 조금도 나쁠 건 없다. 그 사람이 도덕적으로 바르게 살고, 관계에 있어 헌신적이고, 윤리적으로 깨끗한 한은 우리는 그것을 합당하게 생각하고 불안해하지 않아도 된다.

이제, 크리스천 목사나 선교사들도 똑같은 이유에 적용된다면 우리는 충격을 받게 될 것이다. 집사나 나이든 성도들 중 어느 누구도 목사가 이렇게 말하는 것을 반가워하진 않을 것이다. "더 크고 봉급도 좋은 교회에서 내게 자리를 하나 마련해 놓았다기에 난 이제 이 교회를 떠나야겠네." **성직에 봉사하는 사람들은 그런 식으로 말하는 것이(생각하는 것조차) 그**

저 허락되지 않을 뿐이다. 그게 아니라면?

야망은 얽어매두기가 어려운 정신적인 적이다. 야망은 자신을 못된 방법으로 숨기고, "주님께서 나를 부르사 · · · " 또는 "나는 ○○을 위하여 이 일을 하게 되었습니다 · · · " 또는 "그 문은 ○○에게 열려 있었고 · · · " 같은 문구들을 사용하면서 슬그머니 나타나는 것이다.

야망은 한 개인의 "짐"이나 " · · · 를 향한 관심" 속에 은신하고 있으며, 맞지 않는 신학 이론들을 고집한다는 것 때문에 라이벌을 쫓아내거나 자리를 박탈하려는 시도 뒤에 숨을 수도 있다.

그러나 야망이 마음의 갈라진 틈에 자리잡고, 명예나 보상이 있는 자리로 나아갈 만한 가능성이 있는 상황으로 기울어지게끔 사람을 유혹하게 되면 가장 위험해진다.

개인적인 야망과 그리스도의 왕국으로 향하고자 하는 영적인 열망 사이에는 대단히 유사한 점이 있긴 하다. 때때로, 처음에는 이 둘 사이의 차이점을 말하기 어려울 정도이다.

마술사 시몬은 그리스도교로 개종 후 초기에는 겸손한, 회개하는 자로 보여졌으나, 베드로와 그의 동료들이 마을에 와서 성령이 놀라운 능력을 나타내자 마음이 바뀌었다.

> 시몬이 사도들의 안수함으로 성령 받는 것을 보고 돈을 드려 가로되 이 권능을 내게도 주어 누구든지 내가 안수하는 사람은 성령을 받게 하여 주소서 하니(행 8:18-19)

여러 해 동안 사람들을 현혹시켜 오던 늙은 마술사가 여전히 무리들의 애정을 얻고 싶어하는 원초적인 야망을 가지고 있었음을 우리는 알아야 하겠다. 야망은 항상 거기 도사리고 있었으며, 터져나오기를 기다리고 있었을 뿐이다. **그는 내면에 빛을 비추지 못해 공격할 틈을 노리고 있던 적을 발견**

하지 못했던 것이 분명하다. 그래서 베드로가 사마리아로 왔을 때 그 공격이 시작되었던 것이다.

베드로는 시몬의 드러난 야망을 다루는데 특별히 수단을 쓰지는 않았다. "하나님 앞에서 네 마음이 바르지 못하니 그러므로 너의 이 악함을 회개하고 주께 기도하라 혹 마음에 품은 것을 사하여 주시리라"(행 8:21,22).

그 마음의 의도가 바로 페넬롱이 말한 숨어 있던 파충류이다. 이 경우에는 야망이라는 파충류라고 할 수 있겠다. 시몬이 그 자신의 내면에 빛을 비추지 못했기 때문에 베드로가 그를 위하여 대신 해주었다.

목사로서 그리고 평신도로서 기독교도의 봉사에 참여한 우리들 대부분이 야망을 잘 알고 있다. 처음 시작할 때 우리는 야망을 갖게 된다. 우리는 전진하고 싶어하고, 우리 자신과 재능을 증명할 수 있는 기회를 잡고 싶어한다.

우리는 그리스도를 섬기는 일에 있어 마구 꼬인 동기들을 가지고 있어 가려내기조차 힘들다. 우리는 여호와의 영광이 우리의 노력 안에서 보여지기를 기도하지만, 군중의 승인도 그에 못지 않게 중요하다는 것을 너무도 잘 자각하고 있는 것이다.

우리는 하나님의 목적하신 바나 계획을 앞지르고 싶지 않다고 주장하고 있지만, 우리는 내면 속에 우리의 꿈과 신념을 진보시킬 수 있다면 닥치는 대로 모든 상황을 이용하려는 의도가 있음을 발견하게 된다. 우리는 기회를 노리고, 상당히 높은 자리로 우리 자신을 올려놓고 싶은 유혹에 빠지게 된다. 우리는 저명 인사들의 주목받기를 열망하고, 능력이 더 높은 명성을 제공해주는 자리라면 어디든 참여하려고 초대를 받아 달려가는 것이다.

내가 맡았던 최초의 교구는 캔자스 서부의 사랑스러운 농부들의 작은 모임이었다. 오늘날까지도 나는 그들이 가졌던 하나님과 서로를 향한 신뢰와 충성 때문에 가장 높은 경의를 표하며 그들을 생각하곤 한다. 그 교구는 주일 아침에 거의 40명도 되지 않았고, 비가 오거나 추수철이 되면 그나마

반으로 줄었다. 교회 건물과 길 건너편의 교구 목사관은 가장 가까운 도로에서 7마일 북쪽에 있었고, 가장 가까운 마을도 - 번화가였는지는 잘 모르겠지만 - 거의 20마일이나 떨어져 있었다.

우리는 그 연수 기간 동안 이 교구를 섬기면서 정말로 행복했었다. 그러나 그 행복이 내 미숙한 야망, 언젠가는 하나님께서 "더 큰"곳으로 나를 올려주실 것이라는 희망을 붕괴시키지는 못했던 것이다.

어느 뜨거운 7월의 일요일 오후, 나는 언젠가는 하나님께서 나를 더 큰 곳으로 보내주실 것이라는 가능성을 생각하면서 목사관으로 가는 구획 보도를 가로질러 걷고 있었다.

내가 감히 이것을 '구획 보도의 계시' 같은 것이라고 선언해도 좋을까? 왜냐하면 마치 하나님께서 비종교적인 어투로 내게 크게 소리치신 것을 들은 것 같기 때문이다. 그것은 나의 내면에서 들려온 목소리였을까, 아니면? 나는 잘 모르겠다. 그러나 메시지만은 분명했다. 고든, 네가 조그만 그룹을 진심으로 섬기게 되기 전까지는, 나는 절대로 큰 그룹(더 큰 곳)을 허락하지 않겠다. 이런 내용이었다.

하나님께서는 나의 내면 깊숙이 있는 불을 켜주셨고, 야망을, 내가 있었던 곳과 내가 하고 있었던 일에 대한 불만족을 드러내 보여주셨다. 그것은 투쟁의 순간이었고, 나는 그곳에 멈춰서서 드러난 것을 인정을 했다. 나는 그 날이 다 가기 전에, 내 남은 일생 동안 그 교구를 섬기며 남아 있기로 운명지어진 것처럼 살겠다고 맹세를 했다.

어쩌면 어떤 이는 대부분의 목사들이 하는 것처럼 나도 더 큰 것들을 향해 나아가고 있었다고 말할지 모른다. 이상하게도 요즈음 나는 시골에서 그 신도들과 했었던 일들보다 더 크고 중요한 일을 하고 있다는 생각이 들질 않는다. 사실 나와 게일은 그 고요한 농장으로 돌아가게 된다면 어떻게 될 것인가 궁금해하곤 한다. 야망이 되살아날 것이다!

영적인 열정과 야망은 한 공간에 함께 있을 수 없다. 젊은이들은 그것을 고통스럽게 배운다. 그런 것을 전혀 배우지 않은 노인들은, 지금 그들이 가지고 있는 것만 가지고는 결코 만족하지 못하기 때문에 고통받고 있는 것이다.

야망은 사람을 지치게 만든다. 이것은 영적인 열정을 누르고, 한 개인을 "해보면 어떨까"라는 생각으로 끊임없는 정신적인 게임을 시키고, 곧 "할 수만 있다면"이라는 생각으로 가게 만든다. 자신이 있는 곳, 하고 있는 일에 만족하지 못할 때 오는 결과가 피로이다. 우리는 왜 좀더 좋은 게 없을까 궁금해하는데, 그 궁금증 속에서 우리는 지금 있는 것으로 잘 해보려는 열망을 몰수당하고 있는 것이다.

내면에 숨어 있는 야망을 드러내 보이기 위해서는 성령의 불을 비추는 일이 정말 필요하다.

■ 교만의 전쟁 (The Battle of Pride)

성공을 다룰 능력이 없는 교만이 야망의 친척이라 할 수 있다. 우리 기독교 세계는 야망의 세력을 통하지 않고도 하나님의 목적을 향한 신실한 의무로써 영적 지도자의 위치에서 시작하는 목사나 평신도 쪽의 사람들을 포함하고 있다. 그러나 그 뒤를 따르는 것이 있다. 그들은 성공에 도취하게 된다는 것이다.

이스라엘 왕 웃시야는 우리 모두에게 있어 경종이 되는 인물이다. "하나님의 묵시를 밝히 아는 스가랴의 사는 날에 하나님을 구하였고 저가 여호와를 구할 동안에는 하나님이 형통케 하셨더라"(대하 26:5). 웃시야는 전성기를 누렸다. 그는 하는 일마다 형통하였다. 예루살렘의 변방을 새롭게 하고, 군대를 재조직하였으며 무기를 주조하고, 열악했던 경제에 활력을 불어넣었다. 왕의 마음속 깊은 곳의 어둠 외에는 잘못되어 나갈 것이 하나도 없었다. "저가 강성하여지매 그 마음이 교만하여 악을 행하여"(대하 26:16).

그 때부터 몰락이 이어졌다. 웃시야는 하나님의 심판 아래 불명예스럽게도 문둥이가 되어 죽었던 것이다.

몇 년 전 나는 결코 잊을 수 없는 대화를 하게 되었다. 그는 성경을 가르치는 재능이 뛰어나 내가 깊이 존경하고 있던 사람이었다. 그와 접촉하게 되는 사람들은 모두 그의 능력에 감명을 받았다. 그러나 그는 사는 동안, 다른 이들이라면 정말로 탐낼 만한 큰 목회로 갈 생각을 하지 않았다. 나는 더 큰 일을 하고 있는 다른 사람들과 비교해볼 때 그가 훨씬 월등한 재능을 갖고 있다고 확신하고 있었기 때문에 그의 행동이 당혹스러웠다.

더 큰 기회가 오지 않는다는 사실에 화가 난 적은 없었느냐고 물었을 때, 그의 대답에 나는 무척 감명을 받았다. "하나님께서 내게 그런 일들을 허락하지 않으실 거라는 것을 알고 있습니다. 그분은 내가 그것들을 감당하지 못할 것을 아시거든요." 그는 교만에 대한 유혹을 말하고 있는 것이었다. 나는 그의 솔직함과 자기 인식을 보고 그를 존경했다. 그리고 교만이 노출되지 않고 숨어서 한 인간을 지배하게 된다면 그는 얼마나 구속받는 인간으로 전락할 것인가를 깨달으면서 돌아왔다.

우리는 기독교 사회 안에서 대중에 의해 예전에는 생각조차 못했던 지위로까지 밀어올려지는 영적 지도자들의 붕괴를 너무도 자주 보게 된다. 갈채와 아첨은 유혹이며 분별을 잃게 만든다. 그들은 아주 조심스런 교만함을 만들어내며, 그 교만은 영적인 열정을 성공적으로 억누르고 그 자리를 쇼맨십과 카리스마로 대치해놓는 것이다.

우리가 진정 영적인 열정을 가진 성도들이 되고자 한다면 교만과 야망은 거듭 엄하게 다루어야 한다. 그것들은 무조건 항복하지는 않는다. 그것들은 내면 세계의 깊은 정글에 숨어 있다가 아무도 의심하지 않을 때, 자신들의 존재를 드러낼 아무런 빛도 비추지 않을 때 슬그머니 어둠 속에서 나온다.

"주님께선 내가 그걸 감당치 못할 것을 알고 계셨죠." 내 친구가 한 말이다. 나는 그의 솔직함 때문에 그를 사랑한다. 그것에 정말로 경탄하고 있다.

토론 문제

1. 원죄의 개념(125쪽 참조)과 그것이 한 개인의 생에 미치는 세력은 결코 기분좋은 토론거리가 아니다. 성경을 인용하여, '피로는 그런 세력에 의해 끊임없이 습격당함으로써 생긴 결과이다'라는 저자의 관점을 뒷받침해주는 간단한 논거를 제시해보라.

2. 보웬과 페넬롱이 경험했던(126~127쪽 참조), 영혼을 지치게 만드는 세 번째 원인은 바로 한 개인의 내면 세계에서 일어나는 전쟁이다. 내면에서 일어난 투쟁의 순간이었다고 생각되는 경험이 있으면 하나 예를 들어보라.

3. 대부분의 직장이나 일터에서는 '쉽게 받아들여지는' 야망의 예를 들어보라. 반대로, 교회 지도자에 있어서는 '절대 받아들여지지 않는' 야망의 예도 몇 개 들어보라(128~129쪽 참조).

4. 내면 세계에 빛을 비추어보라(129~130쪽 참조). 야망이 도사리고 있다면 그 야망은 어떻게 자신을 드러내는가?

5. 개인적인 야망과 예수께 더 가까이 가고자 하는 영적인 열망은 대단히 유사하다고 저자는 언급하고 있다(129쪽 참조). 이 둘 사이의 차이점은 어떻게 식별할 수 있는가? 더 나아가, 야망을 추구하다 지쳐버린 영혼을 치유할 방법은 무엇이겠는가?

6. 야망의 쌍둥이 누이인 자만심은 성경 교사들이 처하게 되는 문제에서 드러나고 있다(132쪽 참조). 자만심과 야망을 다루기 위해 저자가 제시하는 방법은 무엇인가(133쪽 참조)?

10

중요한 것은 내면에 있다

It's What's Inside That Counts

몇 년 전 우리 나라는 이상한 비행기 사고 소식을 접해 충격을 받았다. 유명한 대학 축구팀 코치 한 사람이 중서부에서 동부 해안으로 전용 제트기를 타고 가고 있었다. 실제의 상세한 내용과는 조금 맞지 않는 것도 있었지만, 비행 도중에 관제탑 사람들은 조종사가 타전된 비행 계획에 따르지 않고 있다는 것을 알게 되었고, 그와 통신하려는 뒤이은 노력은 실패하고 말았다.

곧, 조종사와 승객 둘 다 산소 결핍이나 다른 어떤 기능 장애 때문에 의식을 잃었다는 것이 분명해졌다. 결국 그 비행기는 바다로 향했고, 자동 조종 장치로만 움직여지고 있었다. 연료가 다 떨어졌을 때 그 제트기는 추락하고 말았다.

땅에 서서 눈을 들어 동쪽을 향해 날아가고 있는 그 조그만 비행기를 보았다고 해도 우리는 그 안에서 뭐가 잘못되고 있는지 알 도리가 없었을 것이다. 그렇게 높이 날아가고 있는 비행기를 보았다고 가정해보면, 나는 아마 이렇게 말했을 것이다. "저 날씬한 제트기좀 봐. 확실히 높이, 빨리 나는 걸." 그럼 여러분은 이렇게 말했을는지도 모른다. "저렇게 비싼 비행기를 타고 돌아다니는 저 사람이 얼마나 중요한 사람일지 상상이 가나?"

우리가 가졌던 인상은 그 비행기의 연료가 고갈되기 시작해 비극으로 치닫기 전까지는 매우 긍정적이었을 것 같다. 그 후엔 그 비행기 안에서 일어나고 있었던 일을 너무나 몰랐다는 것을 깨달았을 것이다.

항공 역사의 연보에서 볼 때는 비행기 사고가 극히 드문 일이었다 해도, 사람들의 생활에서 나타나는 유사한 패턴을 보면 그렇지만은 않은 것 같다. 기독교 사회에서 보면 그 제트기처럼 높이 그리고 빨리 나는 것처럼 보이는 사람들이 있다. 모든 외부 신호는 똑바로 예정된 코스를 나타내고 있는 것처럼 보인다. 일종의 '내면의 연료'라 할 수 있는 것을 다 써버리고, 그 고갈의 상태를 드러낼 때서야 우리는 뭔가 잘못되고 있었구나 하는 것을 깨닫게 되는 것이다.

지쳐버린 사람들. 열정이 없는 행동. 실체는 없는 말씀. 아마도 우리는 오늘날 우리 나라의 수많은 사람들이 신앙을 가지고 있으면서도 세상 사람들과 아무 차이도 없이 행동하고 있는 여러 이유 가운데 하나를 건드려본 것일지도 모른다.

열정이 없는 생활은 파경에 이른 결혼과 산산조각난 가족 관계의 숫자에서 잘 보여진다. 갈라지고 쪼개지게 되는 원인들을 이겨낼 수 있는 에너지가 더 이상 존재하지 않기 때문이다. 한때 신선하고 능동적이었던 곳이 이제는 진부하고 지겨운 곳, 갇힌 듯한 느낌만 가득한, 도망치고 싶은 욕망으로 가득 찬 곳이 되어버렸다.

신실한 그리스도인들은 자신들이 찾은 믿음이 있는 신앙이란 그리스도를 주로 모신 가운데 생활의 모든 부분들을 잘 통합시킨다는 의미를 지니게 하라는 의무를 다해 왔다. 그러나 몇 년 후에는, 그 결과가 내면의 크게 갈라진 공간을 다 채워주고 있는 것 같지 않기 때문에 그들은 의무를 포기하고 싶은 유혹에 빠져들지도 모른다. 그들은 말에, 지켜지지 않은 약속에, 결코 이루어지지 않을 기대로 인해 지쳐 있다.

나는 이 대부분의 교회와 기독교 모임 안의 비교적 작은 사람들의 무리를 끊임없이 인식해 왔다. 그 사람들은 단지 와서 열매만을 즐기고 가는 (나는 이들을 VNP라고 불렀다) 많은 이들을 위해서 굉장한 대가를 치르며 봉사해 왔다. 이들은 종종 지치고, 불평하지 않으려고 힘들게 노력하면서 점점 자신을 조절하기 힘들어진다. 그리고 한 명씩, 그만두고 싶은, 다른 사람에게 일을 맡겨 버리고픈 간절한 기대와 씨름하게 된다. 자신의 일을 다 마치지 못한 사람들로 보고 그들을 내버려둔다면 우리는 그들을 부당하게 다룬 셈이 되는 것이다.

나는 나와 나이가 같은 한 목회자와 같이 앉아서 중년의 활동력에 대해 이야기를 나누었다. "난 이 일을 18년 동안 해오고 있어. 난 언제나 하나님께서 내게 목사의 직분을 주신 것이라고 믿어 왔지. 그러나 그 말에 지치고, 변화는 거의 없는 반면에 난 똑같은 옛날 일들을 되풀이해서 말하고 행하는 게 지겨울 때가 있네."

"이제 좀 다른 일들을 할 때가 아닌가?" 내가 물었다.

"그럴 수가 없어. 이제 너무 판에 박혀버린 데다가 무엇을 해야 할지도 전혀 모르고 있단 말이야. 하지만 더 나쁜 건, 이 일을 얼마나 더 해나갈 수 있을지 모르겠다는 걸세."

이런 종류의 말이나 문제가 새롭거나 조금 다르게 다가오는가? 많은 이들이 아니라고 대답할 것이고, 단지 재정비의 문제일 뿐이라고 말하는 이도 있을 것이다. 조금은 유행이 지난 부흥의 필요성을 생각하는 사람들도 있을 것이다. 나는 그것에 알맞을 것 같은, 자신의 카리스마적인 경험을 성실하게 말해줄 좋은 친구들도 가지고 있다.

그러나 나는 정말로 새로운 것이 진행되고 있다는 생각을 말할 준비가 되어 있다. **우리가 예전에는 결코 볼 수 없었던 피로와 권태가 만연한 세상에 살고 있다는 것을 나는 믿고 있으며,** 이 책의 앞쪽에서 이미 현재의 영적인 고갈상태에 이르게 하는 것들을 개략적으로 말했다.

기독교인들은 항상 열심히 일해 왔다. 그들은 진정한 피로라는 것이 수고와 봉사의 결과라는 것을 항상 알고 있었다.

그러나 요즘은 그것이 조금 달라진 것이다. 믿는 사람들의 사회가 이렇게 바빴던 적이, 귀기울여야 할 목소리들, 결정해야 할 선택들, 응답하는 방법들, 모두가 이렇게 많았던 적이 없었다. 바로 이것이 우리가 왜 영혼의 대규모의 고갈의 가능성에 직면하고 있는지 설명해주고 있다고 나는 믿는다. 이 독특한 현상을 무시하는 것은 영적인 재난을 불러들이는 것이다.

나는 인생의 절반을 영적인 것에 대한 통제력과 능력을 얻는 방법에 대한 설명을 듣는 것으로 보냈다. 많은 경우에 있어 나는 한두 사람의 설명을 듣고는 마침내 대답을 찾았다고 믿으며 돌아오곤 했다. 그러나 내 열의는 보통 그 초기의 경험에서 얻은 감정의 높이에서 내려오는 즉시 꺾여버리고 말았다.

단지 몇 개의 기대가 부서지는 것만으로 한 개인은 노력을 포기하고 싶은 유혹에 빠지게 된다. 그러나 주님을 따르는 것은 바람직한 일이며, 예수 그리스도의 복음, 성경의 복음에 기초한, 의심할 수 없는 것이다. 신학적 일탈로의 여행도 아니다.

우리는 그리스도께서 십자가 상에서 행하신 일에 압도당하게 된다. 우리는 예수를 죽은 자들 가운데서 이끌어낸 힘이 하늘의 모든 별을 합친 힘보다 더 강력하다는 것을 물론 긍정하고 있다. 우리는 초기 사도들과 성도들의 이야기에 기뻐하고 그리고 우리 마음 가장 깊은 곳에서 그와 같은 열렬함과 의무감을, 물론 강력한 결과까지 간절히 바라고 있다.

그러나 대개 대부분의 사람들에게 있어 그 열렬함이 없는 것이다! 또 그것을 가지게 되는 경우에는 우리는 너무 빨리 사라져버릴까봐 두려워하고 또 자주 그렇게 되어버린다.

나를 가장 실망시키는 것들 중 하나는 많은 그리스도인들이 자신을 주님의 활기찬 제자로 만들어줄 무언가가 그들의 인생에 나타나주기를 너무도 많이 희망하고 있다는 것이다. 그러나 이 희망들이 산산조각날 때는 그들은 곧 흥미를 잃고 다른 것들을 자신들이 흥미를 느끼게 될 주요한 목표로 삼게 된다. 그리고 설교자의 약속이나 조직 체계, 경험을 받아들이지 않게 되는 것이다.

우리가 현재의 이 모든 종교적 혹은 비종교적인 소음 가운데서 전혀 이해하지 못하고 있는 것은, 역사를 통해 내려져온 성도들의 생활을 구성했던 요소가 무엇이었나 하는 단순한 사실이다.

은밀히 그들의 인생을 들여다보라. **체제와 정의 같은 것들을 상관하지 않는, 한 움큼의 조그만 것들을 발견하게 될 것이다. 몇 개의 원칙들이 지켜질 때 영적인 열정은 성장하고, 유지되며 또한 회복되는 것이다.**

토론 문제

1. 탈진 상태의 그리스도인에 대해 당신이 관찰한 바를 묘사해보라 (136~137쪽 참조). 저자가 성도들 사이에 대규모로 일어나는 피로를 두고 비교적 새로운 현상이라고 말하는 이유는 무엇인가?

2. 본문에 묘사된 만연한 피로의 증상을 두고 많은 사람들이 처방하는 치료약들에는 어떤 것이 있는가(137쪽 참조)?

3. 오늘날에도 '영혼의 대규모의 고갈'이 존재하는 이유는 무엇인가 (137~138쪽 참조)?

4. 영적인 열정을 회복하기 위한 비밀을 발견하기 위해 저자가 언급하고 있는 통찰력은 무엇인가(139쪽 참조)?

5. 더 나아가기 전에, 영적인 열정의 회복을 위해 당신이 제안하고자 하는 것이 있으면 써보라.

11

생활을 정돈하라!

Rack 'Em Up!

마지막으로 상당한 양의 여가 시간을 가질 수 있었던 때는 아마 대학 시절이 아니었나 싶다. 한 학생의 단순한 생활 습관을 구성하는 것은 일, 공부, 아니면 노는 것이었는데 그 중에서 나는 노는 것을 곧잘 택했었다. 한가한 시간을 나는 친구들과 학생 회관 지하에서 보내곤 했는데, 그곳에는 많은 당구대가 있었다. 긱 테이블마다 진지한 표정의 젊은이들이 당구채를 쥐고, 공을 하나라도 더 포켓에 집어넣으려 방법을 모색하고 있었다.

나는 친구들과 어울려 한 두 게임 하려고 이곳을 많이 찾았다. 먼저 쳤던 사람들이 테이블을 어지럽혀놓고 갔고, 어떤 공은 포켓에, 어떤 공은 테이블 위에 흐트러져 있었다. 다시 시작하려면 그것들 모두를 다 테이블 끝으로 모아서, 꽉 죄는 삼각대 안에 담고 재정비를 해야만 했다.

그렇게 하려고 한 사람이 랙(rack)이라고 하는 단순하게 생긴 삼각형 나무틀을 벽에서 벗겨 왔다. 모든 공들은 틀 안에 모아졌고, 그 틀은 야무지고 단단해 보이는 공들을 감싸고 있었다. 까만 여덟 개의 공들이 중간에 가지런히 모아졌다. 다시 한번 모아진 공들은 단정하게 질서가 잡혔고, 틀을 벗겨낸 후 사람들은 시작할 준비를 했다. "자네가 칠 차례야." 누군가가 파트너나 상대방을 가리키며 말했을 것이다. 치다(break)라는 단어는 다음에 일어날 일을 잘 설명하고 있었다.

지명된 선수는 테이블로 다가가 하얀 큐볼(cue ball)을 세게 쳐서 모아진 공들을 각 방향으로 분산시켰고, 그 공들은 공격을 받고 대번에 흐트러졌다. 그리고 그 게임의 나머지는 안 들어간 공을 하나씩 쳐서 포켓으로 집어넣는 것으로 마무리된다.

이렇게, 완벽하게 삼각형의 형태를 띠고 시작했던 당구공들이 규칙적으로 흐트러지는 과정을 곰곰이 생각해볼 때마다, 나는 한 분주한 사람이 거의 매일 겪는 전형적인 주기(週期)를 보는 것 같다. 실제 생활에서, 그 주기는 꿈을 구체화하고 영적인 열정을 모으는 것으로 시작되어, 명확한 목표와 공식적, 혹은 비공식적인 착수 계획이 정해지고, 그것에 맞는 적절한 능력과 힘을 준비한 후 행동이 시작되는 것이다.

그러나 시간이 지남에 따라 내가 일찍이 묘사했던 피로와 권태가 생기기 시작한다. 이것은 다양한 환경에 의한 조건들, 이를테면 사람들(특히 VNP들과 VDP들)이나, 마치 큐볼처럼 우리의 생활을 계획적으로 조각조각 흩트리려고 위협하는 영적으로 우리의 통제를 벗어난 문제들 때문이라고 할 수 있다. 우리가 주의를 기울이지 않으면 영적인 열정은 고갈되기 시작한다. 우리는 처음 시작할 때의 크고 작은 꿈들이 이제는 기껏해야 흐릿하고 실체가 없어져버렸고, 최악의 상태에서 완전 소실되었다는 것을 깨닫게 된다.

나는 열정의 개발에서 열정의 소실까지의 이 주기가 내 생활과 아주 친숙한 것이었음을 기꺼이 인정하고 싶다. 내가 성인기에 접어들어 그리스도인으로서 의무를 받은 초기에는, 이 주기가 모든 이들에게 흔한 것이라고 말해준 분들이 아무도 없었기 때문에 이런 경험은 나를 종종 혼란에 빠뜨렸다. 가정에서, 교회에서, 다양한 조직에서 지휘하는 권리가 주어진 사람으로서, 나는 꿈이나 비전을 더 이상 돌볼 수 없는 지점까지 오는 것이 어떤 것인지를 알고 있다. 그런 때가 바로 큐볼이 내게로 굴러오고, 내 생활의 조각들이 당구대 위의 공들처럼 흐트러진 것 같은 순간이다.

그러나 그 똑같은 당구대에서도 우리는 피로가 득세하기 시작하는 이 분주한 순간에 대한 귀중한 교훈을 얻을 수 있을 것이다. 배움의 순간은 경기자가 새로 게임을 시작하기 위해 랙을 가져오는 데서 시작된다. 흐트러졌던 공들은 랙 안에 다시 모아지고, 완벽한 삼각형이 다시 형태를 잡는 것이다.

다시 형태를 잡는 과정은 영적인 열정을 유지하거나, 필요하다면 회복시키기를 원하는 우리의 내면에서 정규적으로 그리고 조직적으로 일어나야 하는 경험의 화상이다.

우리는 왜 그런 영적인 사실의 규칙을 완전히 깨닫지 못하는 것일까? 우리는 선택에 의해서든 환경에 의해서든, 개인의 역사 안에서 큐볼의 희생물이 되어 왔다. 때때로 어떤 괴물이 우리를 겨냥하고는 '쳐라!' 라고 소리치면, 우리는 사방에서 공격당하는 느낌이 드는 것이다. 부서지고, 쪼개지고, 가고 싶지 않은 방향으로 굴러가면서, 우리는 다시는 원형을 찾지 못하리라 확신하는 순간까지 이르게 된다.

이런 권태와 열정 없음에 대한 모든 토의를 끝낸 후에, 긍정적으로 말할 수 있는 것이 과연 있는가? 우리가 게임을 시작할 때 당구공을 재정비하듯, 똑같은 방법으로 한 개인으로 하여금 내면 생활 - 외면 생활까지도 - 을 재정비하게 해주는 원칙과 원리가 있는가 말이다.

나는 광신자들이 내놓았던 것 같은 속임수나 간단한 처방을 묻고 있는 것이 아니며, 어떤 사람들에게는 소용이 있으나 다른 사람들에게는 아무 소용없는 방법을 요구하는 것도 아니다. 개인적으로 해답을 찾기 위한 나의 탐구는 세대와 문화에 상관없이 하나님의 백성이 되기 위한 길과 관계가 있는 간단한 원초적 비밀을 찾아낸 듯이 보이는 과거 사람들에게로 옮겨갔다.

초기 신비주의자들은 이 방법을 **재수집 활동(the act of recollection)
라고 불렀다. 단어 '모으다(collect)'**는 접두사 '다시(re-)'와 합쳐져서, 너
무도 자주 일어나는 공격에 대항하여 '모으는' 활동이 반복하여 일어나야
함을 말해준다.

다시 모으기(Re-collection), 내면의 영혼의 규율에 정통한 그 사람
들은 이 말을 영적인 열정의 회복이 필요할 때 해야 하는 일로 받아들여
왔다. 그 말을 들으면 나는 당구대에서 벌어지는 상황이 생각나며, 마음속
에서 일어나는 조용하지만 꼭 필요한 행동을 다시 한번 생각해본다. '나'라
는 조각을 다시 모음으로써 다시 한 번 나의 내면이 하나님의 목소리를 듣
고 그의 자녀답게 행동할 수 있게 해주는 영적인 열정, 에너지의 저장고가
되게 하는 것이다.

마이클 쿼스트(Michael Quoist)는 쓰기를 "난 '다시 모으는 행위를 하
다'라는 용어를 '자신을 진정시키다'라고 보는 걸 싫어했었다. 지치고 추하
게 생각되어서였다. 그것은 피사의 사탑보다도 더 불안정한, 말라빠진 목
을 쭉 빼고 있는 딱딱하고 우중충한 얼굴을 생각나게 했기 때문이다. 그러
나 나는 그 용어를 재발견하게 되었고, 이제는 너무나 놀라운 단어라고 생
각한다."

> 자신을 다시 모으는 것은 생각과 마음과 몸의 모든 흐트러진 에너지를
> 회복시키는 것이다. 그것은 과거와 안개에 가린 미래에 던져진 자신의 조
> 각들, 우리의 소망의 주변에 붙어 있는 조각들을 다시 모으기 위한 것이
> 라고 할 수 있다.[20]

우리들 대부분이 이 바쁜 생활 가운데서 '다시 모으기'를 위한 시간이나

---

20) Quoist, *With Open Heart*, p.245

장소를 갖지 못하고 있다. 그래서 고갈 상태가 오는 것이다. 다시 모으기는 우리가 열정이 없는 생활을 아주 많이 경험해본 후에야 우선 순위를 차지하게 된다.

어느 날 저녁을 회상해본다. 전화벨이 울리고, 나는 자동차 사고로 한 사람이 죽었다는 전갈을 받았다. 그 소식이 알려졌을 때 나는 재빨리 아내와 자식들과 있기 위해 집으로 돌아왔던 것이다.

"나는 준비가 되어 있지 않아." 나는 집으로 차를 몰며 이렇게 생각했던 게 기억난다. "내 마음은 비어 있어, 아무것도 줄 게 없단 말이야." 내가 왜 그렇게 생각했던가를 검토해보니, 지난 며칠간 나는 나를 '다시 모으는 작업'에 실패했기 때문이라는 것이 분명해졌다. 그래서 진정한 영적인 열정이 끓어오를 때 나는 준비를 했다. 내가 그날 저녁을 어떻게 보냈는지 정말 모르겠고, 아마도 나는 어떤 숨겨진 힘에 의해 끌렸는지도 모르겠지만, 나는 다시는 그런 식으로 준비되지 않은 상황에 처하진 않겠다고 결심했던 것을 기억하고 있다.

내면의 재정렬과 재정비에 관한 셀 수도 없이 많은 책들이 쓰여져 왔다. 어떤 책들은 간단한 해답을, 어떤 책들은 대단히 복잡하고 신비스러운 해답들을 내놓았다.

나는 다시 모으는 작업이 꼭 일어나리라고 믿는 세 가지 주요 소제(小題)에 중점을 두고자 한다. 세 가지는 모두 우리가 역할을 선택하도록 요구하고 있다. 시간을 들여라, 친교를 구하라, 우선 순위를 정하라. 이것들을 규칙적으로 해나가는 중에 영적인 열정은 피로를 극복하고, 하나님 나라의 생활 방식을 추구하는 데 필요한 결심을 제공해줄 수 있다.

그 세 가지 주제는 다음과 같은 질문들을 싸고돌고 있다.

질문 : 어떤 곳에서 다시 모으기 작업이 일어날 수 있겠는가? 나의 생활

속에 내가 하나님을 향한 시야를 정립하고 넓힐 수 있는, 사물의 진짜 크기와 중요성을 발견할 수 있는 그런, "하나님께 바쳐진" 공간이 있는가?

대답 : 내면의 영혼을 부패시키는 분열 상태와 방해로부터 자유로울 수 있는 안전한 장소를 만들라.

질문 : 어떤 시간에 개인적인 다시 모으기 작업을 행할 수 있겠는가? 내가 어디에 있는지, 어디로 가고 있는지를 엄격히 살필 시간이 사적인 스케줄에 들어 있는가?

대답 : 생활 속의 고요한 안식의 시간을 떼어두라.

질문 : 나의 다시 모으는 작업의 경험과 그 이득을 강화시켜줄 사람들은 누구이며, 그 관계는 무엇인가?

대답 : 내가 내 생활 속에서 특별한 친구들이라 부르는 사람들이 있다.

질문 : 다시 모으는 작업의 결과로서 일어나는 일은 무엇인가? 안전한 장소와 고요한 시간과 특별한 친구들이 하루의 핵심을 형성하고 있는 사람이 기대할 수 있는 결과는 무엇인가?

대답 : 신실한 마음이 돌아오고, 천국의 신호가 도착하며, 영적인 열정이 회복된다.

"쳐서 깨뜨려!" 하루의 사건들이 닥치는 대로, 때로는 무자비하게 이렇게 소리친다. 형태를 잡고 재정렬되기 전까지는, 내 생활의 부분들이 다시 모아져 하나님의 영이 이끄는 손을 잡고 그분이 속삭이는 소리를 듣기 전까지는 나는 계속 소리칠 것이다. "칠 테면 쳐봐라. 순간적으로는 깨진 것처럼 보이겠지만, 곧 제 형태를 찾을 것이다."

토론 문제

1. 꿈이 커 나가다가 좌절된 경우를 보여주는 예를 성경 안에서 한 가지 정도 생각해보라.

2. 회복을 위해 저자가 제시한 핵심 단어를 뽑아 보라(144쪽 참조). 그 단어를 당신에게 더욱 의미 있는 다른 단어로 바꾸어보라.

3. 다시 모으기 작업을 일어나게 하는 세 가지 주요 소제(小題)는 무엇인가(145쪽 참조)?

4. 저자는 다시 모으기 작업과 관련된 질문을 하고 또 그 대답도 제공해 주고 있다(145~146쪽 참조). 당신이 생각하는 대답은 어떤 것인지 적어보자.

5. 4번의 대답이 10장의 5번 대답과 이렇게 비교되는가?

12

안전한 장소들

Safe Places

나의 아내 게일과 내가 어느 날 이웃의 수많은 집들의 외양과 구조에 대해 말하면서 동네를 걷고 있을 때, 나는 어떤 창문에 붙어 있는 조그맣지만 밝은 포스터를 보게 되었다. 그것은 열려진 손을 나타내는 그림이었다. 그 포스터는 누구라도 - 어린이들조차도 - 그냥 못 보고 지나치지 않도록 눈에 띄는 곳에 명확하게 자리잡고 있었다. 그 간단한 싱징이 진실로 어린 아이들을 위한 것이라는 것을 배운 것이 바로 그 때였다.

"저 포스터는 안전한 장소라는 것을 나타내는 표지예요." 게일이 내게 말했다. 그것은 겁먹거나 아픈 아이들에게 이곳이 보호와 도움이 있는 집이라는 것을 알려주는 신호였던 것이다. 그저 문만 두드리더라도, 그곳은 곤란으로부터 지켜주는 안식이 기다리고 있는 곳이었다.

나는 즉시, 그런 종류의 안전한 장소가 정말 반가운 광경이 된 적이 있었던 어린 시절의 사건을 하나 떠올렸다. 나는 친구를 위해서 대신 신문 배달의 책임을 맡게 되었고, 전혀 낯선 동네로까지 오게 되었다. 오후가 되자 갑자기 날씨가 추워졌는데, 그때 나는 그런 일기의 변화를 맞기엔 옷을 너무 얇게 입고 있었다. 나는 집에 전화를 걸 돈도 없었고, 부모님도 내가 어디 있는지 알 길이 없으셨을 것이다. 하지만 그 신문들은 배달이 되어야 했던 것이다.

뼛속까지 얼 것 같은 냉랭한 가운데, 신문의 무게로 인해 걸음도 느려지고, 엉망으로 적어준 약도와 주소 쪽지 때문에 혼란스러워져서, 나는 완전한 좌절 상태까지 오게 되었다. 나는 도움이 필요했고, 어디서 그걸 얻어야 할지 몰랐다. 나는 정말로 의지할 곳 없는 나를 느꼈다. 그 때 저렇게 손이 있는 포스터를 발견할 수 있었다면 얼마나 좋았을까! 나는 안전하고 따뜻한 곳, 나 자신을 끌어 모으고, 축 처진 정신을 회생시킬 곳이 필요했었다.

우리는 우리 세계 안에 안전한 장소들을 필요로 한다. 곤경에 처해 있을 때뿐만이 아니라, 우리가 조금 쉬면서 영적인 열정을 다시 얻고, 끊임없이 우리에게 굴러오는 큐볼의 공격에 침착할 필요가 있을 때도 그곳은 필요하다.

성경 인물들 가운데 이스라엘의 다윗 왕만큼 이것을 잘 이해했던 사람이 또 있을까. 그는 어린 시절부터 분명히 곤경과 압력을 잘 알고 있었다. 그러나 또한 대처하는 방법도 잘 알고 있었는데, 아마도 그가 안전한 장소들에 대한 원칙을 잘 이해했기 때문일 것이다.

다윗이 어렸을 때, 아버지 이새는 다윗에게 양을 지키라는 책임을 맡겼다. 그의 임무는 가족들의 양떼를 돌보고 보호하는 것이었다. 그것은 양떼를 고요한 물가나 적절한 초목들, 보호받으며 쉴 수 있는 곳으로 이끄는 것을 의미했으며, 다윗은 그 무리의 보호자가 되어 필요할 때는 양떼와 그 적들 사이에 서서 싸워야 한다는 것을 의미했다. 간단히 말해서 목자로서의 다윗은 안전한 장소를 찾아주고 보장하는 사람이었다.

후에 소년은 군인이 되어 들짐승들이나 적합치 못한 피난처 때문이 아닌, 인간이라는 적들과 싸우게 되었다. 그리하여 안전한 장소들에 대한 문제가 새로운 의미로 다가온 것이다.

다윗이 안전한 장소들과 어린 시절부터 해왔던 목자의 보호에 대해서 쓸 때, 그는 여러 가지 상황의 위험을 숙고해보고 있었다.

그는 썼다. "여호와는 나의 목자시니 · · · 그가 나를 푸른 초장에 누이시며 쉴 만한 물가로 인도하시는도다 내 영혼을 소생시키시고 · · ·"(시 23:1,2). 여기서 그는 하나님을 양떼를 생명과 안식의 장소로 인도하는 목자로서 인식하고 있다. 그 결과로서, 피로에서 들어올려져 영혼과 영적인 열정의 회복을 경험하게 된다.

목자의 이미지는 창조주의 부드럽고도 가장 자극이 되는 모습이다. 그것은 우리의 허둥대는 삶의 관점으로는 적절히 숙고하거나 감상할 수 없는 그런 그림인 것이다. 안전한 장소의 중요성을 이해한 사람들만이 다윗이 말하고 있는 것을 완전히 이해할 수 있을 것이다.

자신의 죄가 가져온 결과와 판단의 잘못 때문에 공격당하기가 쉬웠을 때, 안전한 장소는 다윗에게 중요했다.

> 무수한 재앙이 나를 둘러싸고 나의 죄악이 내게 미치므로 우러러볼 수도 있으며 죄가 나의 머리털보다 많으므로 내 마음이 사라졌음이니이다 여호와여 은총을 베푸사 나를 구원하소서 여호와여 속히 나를 도우소서(시 40:12-13)

이것은 안전한 장소를 나타내는 손이 있는 창문을 찾았어야 할 한 인간을 그려주고 있다.

다윗 역시 사울 때문에 사정없는 대립 관계 속에서 살았다. 왕이 된 후에 다윗은 해마다 침입했던 이스라엘의 적들에 의해 저질러진 수많은 전쟁에 말려들곤 했다. 그 후에 그가 아버지로서 내린 어리석은 결정들의 결과로서 많은, 심각한 가족 문제가 생겼다.

이 모든 상황 속에서, 다윗은 도망한다는 것이 어떤 것일지 알고 있었고, 힘을 모으고 자신의 운을 회복할 때까지 안전한 장소를 찾았다. 이런 시기의 다윗의 회상을 읽어보면, **그가 처음엔 보호를, 두 번째는 영혼을 회복할 수 있는 힘을, 세 번째로 다시 일어설 기회를 찾고 있는 것을 발견할 수 있다.** 이런 과정은 그가 적에게 패하고 하나님을 찾을 수 있었던 광야로 그를 인도하곤 했다.

다윗의 여행을 나타내는 지도에는 거의 모든 장소가 안전한 장소들로서 언급되고 있다. 산꼭대기나 동굴, 오아시스, 작은 잡목숲 등등. 적들의 공격 앞에 있거나 자신의 피로를 돌볼 필요가 있을 때는 그게 얼마나 길어지든 상관 않고 그는 곧 그런 장소들로 피했다.

더 크게 생각해서, 하나님의 백성들은 항상 안전한 장소들에 대한 원칙을 지켜 왔다. **에덴 동산은 최상의 안전한 장소였다.** 그곳에서는 아무런 혼란도 없고, 오직 질서만 있었다. 에덴은 하나님의 영광과 웅장함을 볼 수 있고 충분히 인식할 수 있는 장소였다. 우리는 아담과 이브가 하나님과 말로 형용할 수 없는 친밀함 속에서 정규적으로 교통했다는 것을 알고 있다. 그것은 그곳이 우리가 알게 되었듯이 영육으로 피곤이 없는 곳이라는 것을 상상하게 해준다.

그러나 아담과 하와는 에덴 동산 같은 안전한 장소에 있을 수 있는 권리를 박탈당했으며, 머지 않아 그들은 적개심으로 가득한 세상에서 전혀 다른 종류의 일을 하고 있는 자신들을 발견하게 되었다. 이제 그들이 지구상에서 하는 노동은 에덴에서의 풍요의 파편만을 생산해냈다. 이제는 안전한 장소란 거의 없어진 것이다.

대대로 내려오는 세대들은 의도적으로 빠른 시간에 하나님과의 관계를 회복할 수 있는 한정된 장소인 제단의 형태로 안전한 장소들을 만들어야 했다. 그 제단에서 특별한 사건이나 경험들이 많이 일어났다. 피흘림과, 하나님과 사람 사이의 중보하는 행위들의 필요가 반영된 희생이 있었다.

필경 그 제단을 떠난 사람은 새로운 기운이 나고, 앞날에 대한 안내를 받고 있는 느낌에 젖었을 것이다.

아브라함은 위대한 안전한 장소의 건립자였다. 그의 여행 지도는 그가 하나님을 만나고, 확신의 목소리를 듣고, 이후의 위험에 대비한 지침과 지혜를 제공받을 수 있는 약속의 땅 전체에 걸쳐 많은 제단들을 보여주었다.

모세가 80세가 되었을 때, 하나님께서는 그를 우리에게 불타는 떨기나무로 알려져 있는 사막 안의 안전한 장소로 부르셨다. "너의 선 곳은 거룩한 땅이니 네 발에서 신을 벗으라"(출 3:5) 그 안전한 장소로부터 모세를 애굽의 바로왕과 대적하게 하려 보내는 하나님의 말씀이 계셨던 것이다. 이후에 모세는 또 다른 안전한 장소인 시내산으로 올라가서, 율법이 되고 새로운 생활의 방법을 알려주는 지시 사항이 된 대화들을 들었다.

곧 **히브리인**들은 또 다른 종류의 안전한 장소, 주어진 지시에 따라 정성 들여 지어진 성막(tabernacle)을 가지게 되었다. 이 안전한 장소의 특징은 하나님과 그분의 약속에 대한 모든 종류의 진실을 반영하고 있다는 것이었다. 하나님께서 그의 백성과 하신 약속과 관련된 무언가를 떠올리지 않고는 여러분은 분명히 그 막사에 가까이 갈 수 없었을 것이다, 이 막사는 언제나 그 무리의 중심에 위치해 있었다. 그곳은 개인적인, 영적인 동요가 있거나 하나님과의 화해가 필요할 때 갈 수 있는 곳이라는 것을 모든 사람들이 알고 있었다. 목사가 그곳에 있어서 여러분이나 가족을 맞아주었을 것이다. 여러분은 언제나 창문의 포스터에 그려진 그 손을 볼 수 있었을 것이다.

그 민족이 가나안을 가로지르기 전에, 그들은 길갈이라는 또 다른 안전한 장소에 이르렀다. 세 가지 일이 길갈에서 일어난 것 같다. 첫째로, 요단강을 건널 때 하나님이 보여주신 기적을 기리기 위해서 비석이 세워졌다. 여호수아는 그 비석이 영원한 기억의 장소, 하나님께서 어떻게 그들을 새 땅으로 인도하셨는가를 떠올리게 하는 장소가 될 것이라고 말했다.

두 번째로, 길갈은 하나님께서 히브리인들과 나누셨던 특별한 관계를 재확인하는 장소였다. 백성들은 할례를 받았다. 그것은 아브라함 이래로 하나님의 부름에 기꺼이 따르려는 의지를 나타내는 몸의 표식이었다. 세 번째로, 길갈에 있을 때 여호수아와 백성들은 여리고성을 함락시키는 방법에 대한 지시를 받았다. 그 지시는 생소했음에도 불구하고 효과적인 전쟁 계획이었다. 길갈은 휴식과 기억, 재확인, 재지시가 있던 대표적인 안전한 장소였다.

그 성전은 몇 세대가 지난 후에도 안전한 장소로 남게 되었다. 예수께서 나중에 말씀하셨듯이 그곳은 백성들에게 있어 기도하는 장소였다. 그분께서 이 안전한 장소가 "강도(强盜)의 굴혈(窟穴)" - 시끄럽고 착취가 행해지는 곳, 도시 이쪽에서 저쪽까지 이르는 혼잡한 곳이 된 것을 보셨을 때 그렇게 화를 내신 이유가 여기에 있는 것이다(마태복음 21:13 참조). 덧붙인다면, 성전은 피곤한 여행자가 특별한 제물이나 희생 제물로 쓸 동물을 사려고 돈을 교환하려고 할 때면 종종 사기를 쳐버리는 악독한 시장이 되어버렸다. 안전한 장소가 가장 위험한 장소가 되어버린 것이다.

오늘날 안전한 장소에 가장 가깝다고 할 만하여 머리에 떠오르는 것은 우리가 매주 예배를 드리는 교회 건물일 것이다. 그리고 그건 맞는 말이다.

헨리 노웬(Henri Nouwen)은 그런 생각을 가지고 다음을 말하고 있다.

로마 시내를 내려다보고, 거리를 걸으며, 또는 버스를 타거나 할 때면, 당신은 이곳이 집들과, 사람과, 자동차와, 고양이들까지 - 그런 것들로 북적대는 도시라는 것을 재빨리 깨닫게 된다. 수많은 남녀가 사방에서 왔다 갔다하고, 당신은 거리의 너무도 다양한 소리들과 뒤섞여 들리는 신나는 혹은 화난 목소리들을 듣는다. 여러 가지 냄새도 -특히 카푸치노 커피 - 맡고, 친구를 얻거나 돈을 잃거나 하는 상황에 둘러싸인 이탈리아인이 된 것처럼 느낄 것이다. 이곳은 생활 자체가 난폭하고 시끄러운 격렬함을 나타내는, 바쁘고 혼잡한 도시이다.

그러나 이 활기차고 화려하게 꽉 들어찬 집들과 사람들, 자동차들로 북적이는 한가운데에, 신성한 장소를 위해 남겨진 장소를 가리키며 로마 교황청이 자리잡고 있다. 그 교황청은 모든 인간의 생활에서 조용하게 중심을 차지하고 계시는 분을 증거하는 듯한 빈 공간을 둘러싸고 있는 아름다운 액자 같은 모습이다. 그곳은 유용하지도 않고 실제적이지도, 즉각적인 행동이나 빠른 응답을 요구하지도 않는다. 그곳은 조용하며, 대부분의 시간이 이상할 정도로 비어 있다. 그곳에서는 그곳을 둘러싸고 있는 세상과 분리된 다른 언어로 말한다. 그곳은 박물관이 되기를 원하는 것이 아니며, 우리를 조용한 곳으로, 앉거나 무릎을 꿇고, 귀를 기울이며, 우리의 육신을 쉬게 하기 위해서 우리를 초대하고 싶어하는 것이다.

조심스레 보호되는, 한 개인이 말씀이 자라날 수 있는 침묵을 느낄 수 있고, 행동하느라 피곤해진 몸을 쉴 수 있는 고요함이 있는 그런 빈 공간이 없는 도시는 그 진정한 특질을 잃을 위험에 처하게 된다.[21]

영적인 열정은 이런 곳에서 회복될 수 있다. 노웬이 지칭했듯이, 이 고요한 빈 공간이 우리를 보호아, 휴식과, 방향잡기로 초대하는 창문의 손이 있는 우리의 집이 될 수 있는 것이다. 그러나 슬프게도 그 장소들은 대개 그런 종류의 장소가 아니다. 그럴 수 있고 그래야 하는 데도 그렇지 않은 것이다.

헨리 노웬이 "모든 것들이 자라날 수 있는" 침묵과 고요함의 장소로서 묘사한 것은 내가 안전한 장소에 대해 말하고 있는 의미와 정확하게 일치한다. 그러나 그 성당이나 교회가 우리를 저버릴 때, 또 다른 안전한 장소들이 그것들만큼 유용하고 효과적일 수 있다.

---

21) Nouwen, *Clowning in Rome*, pp.37-38

달성된 안전한 장소는 천국과 같다. 사도 요한은 환상을 통하여 그 문을 엿볼 수 있도록 허락받았으며, 우리는 그것을 계시록 4장과 5장에서 볼 수 있다. 감동한 것들을 기록하기 위해 열심으로 하며, 그는 하나님의 왕좌를 둘러싼 하늘에 있는 이들의 활동에 대해 쓰고 있다.

첫 번째로, 하나님을 경외하는 행위가 있다. "거룩하다 거룩하다 거룩하다"(계 4:8). 그들은 주 하나님을 찬양하며 노래불렀고, 그런 다음에는 하나님의 하신 일을 기억하는 찬양이 나왔다. "주께서 만물을 지으신지라"(계 4:11).

거기서부터 그들은 하나님께서 그리스도에게 하신 속죄의 일을 숙고하게 되었다. "누가 책을 펴며 그 인(印)을 떼기에 합당하냐"(계 5:2). 그리고 요한은 "내가 또 보니 어린양이 섰는데"(계 5:6)라고 쓰고, 이 모든 진리를 보게 됨에 따라 그는 눈물을 흘렸다. 마침내, 천국 사람들은 하나님께서 하신 일과 그 승리를 보며 "저희로 우리 하나님 앞에서 나라와 제사장을 삼으셨으니"(계 5:10)하며 기뻐하였다. 이것이야말로 안전한 장소에서 일어나는 행위의 놀라운 표시가 아니겠는가. 어쩌면 이것은, 우리가 안전한 장소들로 들어갈 때 일어나야 하는 일들을 그려놓은 가장 이상적인 그림을 의미하는 것일지도 모르는 것이다.

고대의 기독교 신비주의자들(그리고 몇몇 현대 신비주의자들도)은 생각하기를, 가치가 있는 안전한 장소들은 외진 곳에 만들어져야만 한다고 생각했다. 그래서 그들은 사막이나 산꼭대기, 또는 숲 속에 수도원이나 은둔지를 세웠다. 하나님을 만나고 경배할 수 있는 적절한 장소를 찾기를 바라며, 때때로 그들은 문명 - 시끄러운 거리, 성난 사람들의 외침, 일하고 있거나 노는 사람들의 재잘거리는 소리들 - 까지도 포기했다.

그러나 마이클 퀴스트(Michael Quoist)가 지적하고 있듯이, 그들에게나 우리에게나 가능했다 해도 그건 꼭 필요한 모험은 아니었을지도 모르는 것이다.

나는 언제나 고독을, 숲속의 오두막이나 산중의 조그만 집 같은 곳에서 사는 은둔자의 삶을 꿈꿔 왔다. 언제나 사막이나 조용한 곳을 바랬던 것이다. 그러나 단 한번, 한 은둔자와 함께 암자에서 평안한 시간을 보냈을 때 그 꿈을 물리치게 되었다. 걸어서 네 시간이 걸리는 곳, 살아있는 모든 것에서 멀리 떨어진 곳이었고 그는 나를 보고 반가워했다. 우리는 많은 얘기를 했다.

그때 나는 내가 나의 은둔지를 내 주위에 가지고 있다는 것을, 나의 주님을 만나기 위해 그렇게 멀리 갈 필요가 없음을 깨닫게 되었다. 나는 종종, 그러나 아주 잠깐 동안만 나의 은신처로 들어갈 필요를 느낀다. 바로 그곳에 그리스도께서 기다리고 계신다.[22]

프랭크 로바크(Frank Laubach)는 그의 세계 안에 안전한 장소들이 필요하다는 것을 이해하게 되었다.[23] 일기에서 그는 회상한다.

당신은 자신을 위하여 신성한 궁전을 세우고 있는가? 분명히 나는 '장소'라고 쓰려고 의도했지만, 어느 집이든지 신성한 장소가 되는 곳은 모두 '궁전'이 될 수 있으므로, 그 단어를 그냥 둘 작정이다. 내 인생에서 가장 중요한 발견은, 한 개인이 조그만 오두막을 단지 하나님을 향한 생각으로 가득 넘치도록 만듦으로서 궁전으로 바꿀 수 있다는 것이었다. 한 사람이 그런 작은 집에서 매일 하나님에 대해 생각하며 몇 달을 보낼 때, 집에 들어올 때부터, 보이는 것마다 그는 흥분으로 들먹이는 마음과 넘쳐나는 생각과의 교제를 시작할 수 있는 것이다. 나는 가장 멋진 편지를 쓰거나 가장 풍부한 생각을 하기 위하여 내 집을 어디에 마련해야 할 것인가 하는 것에 생각이 미쳤다.

그래서 이런 점에서, 한 개인이 그 자신의 천국과 지옥을 세운다. 그가

---

22) Quoist, *With Open Heart*, p.155
23) Quoist, *With Open Heart*, p.155

어디에 있는가는 문제가 되지 않는다. 그런 신성한 장소에 있을 동안은 생각하는 것만으로 즉시 천국을 짓기 시작할 수 있는 것이다 · · · 나는 이렇게 - 어디에서든 - 천국을 만드는 비밀을 배웠다.24)

위의 두 사람이 배운 것은 무엇인가? 안전한 장소는 어디든지 가능하다는 것이다. 쿼스트는 "나는 멀리 갈 필요가 없다."라고 썼으며, 로바크는 하나님을 향한 생각으로 채움으로서 오두막을 궁전으로 바꾸어놓았다.

우리는 과연 단지 그렇게 선언하는 것만으로 적대적인 장소를 순간적인 안전한 장소로 바꿀 수 있을 것인가? 버스 좌석이 안전한 장소가 될 수 있을까? 러시 아워의 교통 체증 속에서 아예 멈춰버린 자동차, 약속에 치인 사무실, 엄마가 아픈 아이를 기다리고 있는 병실, 산책하고 있는 보도, 수업 시간 전의 간이식당 식탁이 과연 안전한 장소가 될 수 있을까? 우리는 어느 곳에서든 제단을 쌓을 수 있다고 배운 사람들이 아닌가? 거리에 쌓을 수 없다면, 마음속에 쌓는 것이다. 하루 전부가 아니더라도, 단 90초 정도만이라도 말이다.

정규적으로 안전한 장소를 창조하는 사람들은 피로에 대하여 걱정할 필요가 없다. 또는 피로가 몰려올 때는 안전한 장소로 한번 들어가는 것만으로 그것을 쫓을 수 있다. 끊임없이 피곤해하는 사람들은 자신들이 항상 쉼없이 앞으로 나갈 수 있다고, 그래서 안전한 장소에서 휴식을 취하지 않은 채 끊임없이 성취할 수 있다고 생각하는 사람들인 것이다.

얼마 전에 게일과 나는 복잡한 고속도로를 운전해가고 있었다. 차안에 우리와 함께 탔던 사람은 특별한 친구, 사람들이 잘 알고 있는 인물이었다. 그는 자신이 무척 지쳤으며 그 날 오후에 맡겨질 임무에 대해 무척 두려워하고 있다는 사실을 털어놓았다. 덧붙여서 그는 아내가 아파서 같이

---

24) Laubach, *Frank Laubach*, p.27

있을 수 없기 때문에 대단히 외롭다는 것도 인정했다.

그때는 러시 아워였고, 차는 체증으로 인해 가다서다를 반복하며 움직이고 있었다. 뒷자리에 앉아 있던 게일이 갑자기 말했다. "여보, 지금 당장 중보 기도를 하도록 합시다." 차안은 즉시 안전한 장소가 되었다. 예수께서 거기 계셨고, 우리는 수종들었다. 먼저 게일이 기도하고 다음에 내가 - 물론 눈은 뜬 채 - 기도했다.

후에 우리 친구는 다른 이들과 그 순간의 의미를 나누었고, 그에게 있어 회복할 수 있는 계기가 되었다. 러시 아워, 자동차, 분주한 스케줄 - 그러나 우리는 즉각적인 안전한 장소를 만들었던 것이다. 우리는 창문에 붙어 있던 손을 가진 것이었다.

우리가 시골을 운전해갈 때는, 다가오는 휴게소를 지도에 종종 표시해 놓는다. 지도안에는 우리가 갈 길을 죽 따라 여기저기 조그만 직사각형들이 생긴다. 지도의 기호는 그 표시들이 연료, 음식, 그리고 휴식이 있는 장소라는 것을 나타내고 있음을 알려주는 것이다. 여행자들은 휴게소라고 쓰인 곳에 도착할 때까지 몇 마일 남았는가를 계산한다. 그곳은 길가다 지친 여행지들을 위한 안전한 장소이다.

믿음이 깊은 사람들의 인생의 지도는 셀 수도 없는 직사각형들로 표시되어 있다. 바로 그리스도를 만남으로서 안전하게 만들어놓은 그런 장소들인 것이다. 아니면 이렇게 말하면 어떨까. 그들을 만남으로 그리스도께서 안전하게 만들어놓으신 장소라고 말이다. 그런 경우에 그들은 창문에 붙은 손을 보는 것이다. 그들의 안전한 장소는 아름다운 성당일 필요는 없다. 공공장소이거나, 심지어는 사자가 뛰어나오기를 기다리고 있는 원형 경기장이 될 수조차 있는 것이다. 군중들의 함성은 위험을 의미했지만, 정말 불가사의하게도, 하나님의 영은 안전을 의미했던 것이다.

토론 문제

1. 다윗이 안전한 장소 안에서 찾고 있던 것은 무엇인가(150~152쪽 참조)? 당신이 경험했던 푸른 초장, 혹은 안전한 장소를 떠올려보라.

2. 당신의 안전한 장소는 에덴 동산과 닮아 있는가(152쪽 참조)? 지친 순례자에게 당신의 에덴으로 초대하는 초대장을 쓰고, 그 차이점이나 비슷한 점을 설명해보라.

3. 구약 성경 안에 나타난 안전한 장소 세 곳을 간략히 적어보라 (152~154쪽 참조).

4. 성경에서 안전한 장소들을 찾는다면 다음과 같을 것이다.
   a. 성막 (출26-30장)
   b. 성전 (왕상5:3-8:21 ; 히9:1-10)
   c. 예루살렘 성전 (마17:24-27 ; 막11:15-19)
위와 같은 안전한 장소들에 대해 읽고 그 장소들이 보호와 휴식, 방향 재설정의 장소임을 주의하여보자.

5. 저자가 생각해낸 안전한 장소들의 목록을 넓혀보자. 저자는 성당, 교회, 은둔지(154~157쪽 참조)에서 시작하여 순간적인 안전한 장소(159쪽 참조)로까지 옮겨간다. 당신의 안전한 장소는 어디 있는가?

6. 만약 당신이 고갈 상태에 빠져 있고 쉽사리 몸을 맡길 수 있는 안전한 장소도 가지고 있지 않다는 것을 깨달았다고 하자. 어떻게 하면 '즉각적인' 안전한 장소를 만들 수 있겠는가(158~159쪽 참조)?

13

비밀한 장소

The Place of Secrets

윌리엄 오슬러 경(Sir William Osler)은 현대 의학사에서 가장 깊이 존경받는 의사 가운데 하나이다. 오슬러의 유명한 두 권짜리 자서전은 개업의로서의 그의 천재성뿐만 아니라 유달리 동정심이 많은 그의 천성을 잘 묘사한 이야기들로 가득 차 있다.

한 이야기를 보면, 어느 날 그는 런던 병원의 소아과 병실에 들어섰고, 방 안 구석에서 놀고 있는 어린아이들을 기쁜 마음으로 주목했다. 그런 다음 그의 시선은 팔에 인형을 안고 구석진 곳의 침대에 혼자 앉아 있는 한 조그만 소녀에게로 쏠렸다. 그 아이는 외로와하는 기색이 역력했다.

유모에게 물어보았더니, 그 아이는 다른 아이들에게 따돌림을 당한다는 것이었다. 아이의 어머니는 죽었고, 아버지가 단 한 번 방문해서는 아이가 지금 꽉 붙들고 있는 그 인형을 주고 갔다는 것이다. 그 한 번의 방문을 제외하곤 그 누구도 다시는 그녀를 보러오지 않았다. 그 결과로서, 다른 아이들은 그녀를 하찮게 여기고 멸시해온 것이다.

윌리엄 경은 그와 같은 순간에 그의 최선을 다해서, 즉시 그 아이의 침대로 갔다. "애야, 좀 앉아도 되겠니?" 그는 다른 아이들이 놀고 있는 곳까지 다 들리도록 충분히 큰 목소리로 물었다. "여기 오래 있을 수는 없지만, 난 정말로 널 만나보고 싶었단다." 그 책이 이 순간을 묘사하고 있는 것을 보면, 그 소녀의 눈은 기쁨으로 전기를 띤 것처럼 빛났다고 한다.

몇 분간을 그는 그 아이와 대화를 나누었다. 이제는 조용하게, 거의 비밀을 속삭이는 톤으로 말했다. 그는 아이가 가지고 있는 인형의 건강은 어떤가고 물었고, 청진기로 그 인형의 심장 박동을 조심스레 들어보았다. 그런 다음 그가 가려고 일어섰을 때, 그는 다시 목소리를 높여서 모든 사람들에게 들리게 했다. "우리 비밀을 꼭 잊지 마라, 알았니? 아무에게도 말하면 안된다." 오슬러는 방을 나온 후, 돌아서서 한때 무시당했던 소녀가 이제는 병실 안에 있는 모든 아이들의 관심의 대상이 된 것을 지켜보았다.

나는 그 현명한 의사가 잠깐 동안 그 아이에게 안전한 장소를 만들어주고, 한두 가지 비밀을 나누었으며, 삶을 향한 그 아이의 개인적인 열정을 회복시켜주었다고 생각하고 싶다. 그의 경청하는 마음과 친밀함은 그 아이나 다른 아이들의 눈에 특별하게 보였던 것이다.

오슬러와 그 아이의 부드러운 만남은 내게, 우리가 하나님과의 친밀한 접촉을 하는 생활에 대한 한 우화를 제공해준다. 우리는 경험 안에서 어느 정도는 모두 어린아이들이다. 어쩌면 항상 어린이들이면서 인정하고 싶어 하지 않는 것일지도 모른다. 때때로 우리는 혼자임을 느끼고, 또 성공하거나 우리의 운명을 향상시켜 보려는 헛된 시도로 인해 피곤해진다. 또 다른 경우에, 우리는 비평가나 경쟁자 앞에서 전적으로 공격당하기 쉬울 것 같은 느낌을 갖게 된다. 우리는 안전한 장소, 힘을 회복하고 나아갈 방향을 얻어 다시 시작할 수 있는 도피처를 갈망하게 되는 것이다.

시인 클랜드 맥커피(Cleland McAfee)는 "하나님의 심장 가까이 고요한 휴식의 장소가, 죄가 위협하지 못하는 곳이 있다." 라고 썼다. 바로 이곳이, 헬무트 티엘리크(Helmut Thielike)가 말한 기다리고 계신 아버지를 만날 수 있는 장소인 것이다. 이런 장소들 없이는 누구도 잘 살아갈 수가 없다. 그러나 많은 이들이 애쓰고 있는 것이다.

시편 63편은 안전한 장소들에 대해 쓰고 있다. 어떤 이들은 초기 교회에서 거의 모든 예배 때마다 이 시편의 말씀을 노래했다고 믿는다. 그들이 세상의 압력으로부터 멀어져, 신도들의 모임인 그 안전한 장소로 모일 때 했던 찬양이라는 것이다.

그 시편은 황폐해진 마음을 가지고 쓴 것이며, 기자(記者)가 위험한 적으로부터 도망쳐 광야에 있을 동안 쓰여진 듯 하다. 어떤 이들은 저자인 다윗이, 점점 미쳐서 어린 목동을 자신의 왕위를 노리는 경쟁자로 보았던 왕 사울로부터 도망칠 때 쓴 것이라고 믿는다. 나를 포함한, 다른 의견을 가진 이들은 이 시편이 다윗이 아들의 갑작스런 반역으로 인해 예루살렘에서 도망쳐 나왔을 때 지어진 것이라고 생각하고 있다.

시편 63편이 위의 두 가능성 중에 두 번째의 상황에서 쓰여진 것이라면, 나는 "왕과 그 함께 있는 백성들이 다 곤비하여 한 곳에 이르러 거기서 쉬니라"(삼하 16:14)라는 말씀을 더욱 잘 이해할 수 있겠다. 그 시편은 다윗이 어떻게 자신을 회복시켰는가 하는 것에 대한 강한 암시를 주고 있다.

그러면, 그는 어떻게 자신을 회복시켰는가? 그는 자신이 있는 광야를 안전한 장소라고 선언했던 것이다. 도망 중에 있는 젊은이가, 기다리고 계신 아버지와의 개인적 친밀함의 시간으로 들어온 것이다.

"하나님이여 주는 나의 하나님이시라 내가 간절히 주를 찾되 물이 없어 마르고 곤핍한 땅에서 내 영혼이 주를 갈망하여 내 육체가 주를 앙모하나이다"(시 63:1). 기자는 주위를 둘러보고 자신의 내면 상태와 주위 환경을 이어 맞추어보았다. 나의 내면 세계는 마치 광야 같아서, 갈증과 영혼의 가혹한 피로뿐이며, 영적인 열정도 없다.

모든 것을 빼앗기고, 다윗은 그의 내면 상태로 주의를 돌렸다. 그는 외부 세계, 공적인 세계에 쏟을 힘을 잃는 것은 그래도 괜찮다고 생각했으나, 자신의 내면 세계가 비어버린다면 더 이상 계속할 수 없다는 것을 알 만큼 영리했던 것이다.

기자가 어디 있었든지간에 그는 모든 것을 멈추었다. 도망치고, 싸우고, 당황하며 우왕좌왕하는 걸 그만두었다. 그는 안전한 세계로 들어가서 주님이 함께 계시기를 빌었다. 다윗의 광야는 현대의 사무실이나 거실, 피크닉 식탁이 될 수도 있었을 것이다. 이런 모든 생각은 그가 하나님과 만나려는 의지를 표명했다는 사실에서 중요한 것이다.

다윗이 특별한 상상력을 가지고 해낸 일은 매우 놀랍다. 그는 자신의 상상력을 자유로이 뛰놀게 하여 하나님과 교통하고 영적인 열정을 회복했던 과거의 순간들을 붙들 수 있었던 것이다.

영적인 열정을 회복시켜 주는 네 종류의 안전한 장소들

영혼의 에너지를 얻으려고 노력하는 중에, 적어도 네 가지의 각기 다른 경험들이 다윗의 마음에 떠올랐다. 그 각각이, 안전한 장소란 과연 무엇인가, 그리고 하나님이 그 장소들 안에서 비밀을 속삭이실 때는 어떤 종류의 애기를 하시겠는가 하는 것에 대한 통찰력을 제공해주었다.

1. 지성소 (The Sanctuary)

광야에 건물이, 신전이나 교회가 있을 리가 없다는 것은 분명한 사실이다. 그러므로 다윗이 예전에 성소에서 가졌던 순간들을 열망했다는 것도 명백한 것 같다. 그의 인생 전체를 통해 그는 성소의 의미를 이해하고 있었다. 우선, 그가 목동으로서 양떼를 위해 안전한 장소를 만들었을 때, 이

후에 군인으로서 성채나 높은 장소를 찾는 법을 배웠을 때 그랬다. 왕으로서 예루살렘에 있을 때, 막사의 성소는 영혼의 피난처, 경배하기 위해 모임에 참석할 수 있는 곳이 되었다.

그러나 예루살렘의 성소는 너무도 멀리 있지 않았는가. 단지 기억 속에서일 뿐이었다. 그러나 다윗은 과거에 그 곳을 수없이 많이 갔었음으로 그의 내면 세계에 상상의 성소를 만들 수가 있었던 것이다. **광야에서 그는 개인적인 회복의 가능성을 제공해줄 특별히 만들어진 성소로 똑바로 나아갈 수 있었다.** "내가 주의 권능과 영광을 보려 하여 이와 같이 성소에서 주를 바라보았나이다 주의 인자가 생명보다 나으므로 내 입술이 주를 찬양할 것이라"(시 63:2-3).

이 말들은 기자가 대단히 위험에 처해 있었다는 것을 상기해볼 때라야만 중요성을 가질 것이다. 그가 사울로부터 도망치는 중이었던, 압살롬으로부터 그랬던간에, 문제는 똑같은 것이다. 다윗은 자신보다 더 큰 인간 권력에 압도당해 왔다. 어떻게 그것과 싸워야 하는가? 성경 속의 모든 위대한 하나님의 사람들은 순간적인 패배나 위협의 문제와 어떻게 싸워 왔는가? 그들은 자신의 내면을 하나님의 능력과 영광 위에 두었으며, 그 능력은 이 세상의 어떤 것보다 위대한 것이었던 것이다. 그 둘의 대소가 이루어졌을 때, 세상 모든 것들은 실제 크기로 줄어들었다.

다윗은 과거에 진짜 성소에서 수없이 그랬던 것처럼 상상의 성소로 들어갔고, 그에게 가장 먼저 떠오른 것은 바로 하나님의 존엄과 영광이었다. 그가 경배하는 일을 끝냈을 때, 그의 공포는 사그라들었고, 그는 다시 한 번 현실과 접촉할 수 있었다.

이런 경험은 느부갓네살 왕의 죽음의 위협에 놓여 있던 다니엘에게도 해당된다. 그의 기도는 하나님을 향한 그의 열중을 잘 나타낸다. "그는 때와 기한을 변하시며 왕들을 폐하시고 왕들을 세우시며"(단 2:21). 그것은 진정한 권력과 진정한 존엄이 어디로 향해야 하는가를 재차 알리는 기도였던 것이다.

베드로와 요한이 예루살렘 지도자들의 선교정지 명령 위협으로부터 무사히 돌아왔을 때도 똑같은 일이 초기 교회에서 일어났다. 성소에서 그들이 한 기도는 무엇이었던가? "대주재(大主宰)여 천지와 바다와 그 가운데 만유를 지은 이시요 · · · 저희의 위협함을 하감(下鑑)하옵시고"(행 4:24,29).

두려움이나 패배로부터 오는 피로, 우리의 세계를 지배하려 시도하는 사람들에 의해 고갈됨으로 오는 권태, 영적인 전쟁의 싸움으로 오는 소모의 상태는 지고의 권력과 능력의 하나님 앞에 내놓을 필요가 있다. 그것이 바로 다윗이 그의 안전한 장소에서 했던 일이었으며, 곧 그곳은 천국을 바라볼 수 있는 성소가 되었다.

이 성소에서 다윗은 하나님의 위엄과 힘의 광대함을 인식할 수 있었을 뿐만 아니라, 주님의 변치 않는 사랑을 재확신함으로써 자신을 기운나게 할 수 있었다. "주의 인자가 생명보다 나으므로 내 입술이 주를 찬양할 것이라"(시 63:3).

만약 이 시편이 아들 압살롬과 관계된 비극에서 나온 것이라면, 다윗은 광야에서 충성이란 것의 의미 - 그의 가족뿐만 아니라 권력을 잃은 자신에게 등을 돌린 백성들이 가진 충성의 의미에 대해서 당연히 생각해보았을 것이다. 한때 그들은 전장에서 그를 격려했고, 왕으로서의 노력을 칭송했었다. 그러나 지금은 그 중 많은 사람들이 자신의 기대를 저버린 아들 압살롬의 설득 때문에 자신을 떠나버렸다.

이제 다윗은 무엇을 가졌는가? 이 광야의 지성소에서 자신을 향한 하나님의 사랑을 떠오르게 해주는 것은 '불변하는' 이란 단어였다. 이것은 후의 예언자 예레미야의 말에서도 떠올릴 수 있다. "여호와의 자비와 긍휼(矜恤)이 무궁하시므로 우리가 진멸되지 아니함이니이다 **이것이 아침마다 새로우니 주의 성실이 크도소이다**"(애 3:22,23).

지도자의 자리에 있는 사람들 중 어떤 배신의 기미나 끔찍한 외로움 없이 계속해나가는 사람은 없다. 그리고 그 지도자들이 사람들의 갈채나 충성만을 믿을 때에는 무서운 환멸감이 결과로서 나타나기 쉽다.

그런 사람들에게 있어서 다윗의 성소와 같은 안전한 장소가 결단코 중요해진다. 그곳에서 사물들은 규칙적으로 제 크기를 찾고, 그곳에 하나님의 불변하는 사랑이 있다. 그것이 하나님과 지성소를 찾는 사람 사이의 비밀이며, 그 안전한 장소 안에서만 들을 수가 있는 것이다. 안전한 장소 안에서 이 비밀을 반복하여 듣는 사람은, 종종 심각한 판단의 오류를 저지르며 지도자에게서 모든 것을 빼앗는 사람들의 충성이나 배신에 결코 당황하지 않는 것이다. 다윗은 그것을 알고 있었다.

2. 침실 (The Night Room)

다윗이 광야에서 외부 세계를 생각할 때, 안전한 장소의 두 번째 종류가 떠올랐다. 그곳 역시 과거에 하나님을 만날 수 있던 곳이었다. 그곳은 그가 쉬는 곳, 보통 잠자는 곳인 왕궁의 침실이었다. "내가 나의 침상에서 주를 기억하며 밤중에 주를 묵상할 때에 하오리니 주는 나의 도움이 되셨음이라"(시 63:6,7).

그의 숙소는 지리적으로는 예루살렘에 있었지만, 다윗은 안전의 말씀들이 자신을 둘러싸게 할 필요를 느낌에 따라 광야에 그 침실을 다시 세웠다.

이제 두 번째의 안전한 장소인 침실의 주제는 하나님의 도우심이다. 그 주제는 다윗의 전 생애에 걸친 영적인 생각의 뿌리였다. 하나님의 도우심이 정말 절실해졌을 때, 그의 영적인 열정은 회복되고, 무한해졌다. 우리들 대부분은 그런 순간들을 쓰라림을 키우고, 방어책을 세우고, 그 동안 잃었던 것을 찾는데 도움을 줄 만한 사람들을 모으고 자극을 주는데 쓰기를 좋아하는 것이다. 다윗은 그러지 않았다. 안전한 장소에서 회상하는 시간이었던 것이다.

다윗은 그가 거인 골리앗에 대해 의논 중이던 사울 앞에 섰을 때의 하나님의 도우심을 회상했다. 그는 골리앗을 물리치겠다고 자청했고, 사울은 어떤 해결책이든, 그것이 얼마나 우스운 방법이든간에 허락할 준비가 되어 있었던 것이다.

다윗은 어떻게 골리앗을 무찌를 생각을 감히 할 수 있었을까? 그 젊은이는 자신이 양치기였을 때, 양떼가 사자나 곰의 습격을 받았을 때에 대하여 말했다. 어떤 순간에서도 그는 그런 적들을 다루어냈다.

그는 어떻게 해치웠는가? "여호와께서 나를 사자의 발톱과 곰의 발톱에서 건져내셨은즉 나를 이 블레셋 사람의 손에서도 건져내시리이다 사울이 다윗에게 이르되 가라 여호와께서 너와 함께 계시기를 원하노라"(삼상 17:37).

그리고 여호와는 정말 다윗과 함께 하셨다. 역사는 이 이야기를, 거인의 죽음과 여호와께서 다윗과 함께 하셨음을 되풀이하여 얘기해 왔다.

그 저녁 시간의 고요함 속에서 다윗은 침상에 누워서 이런 기억들을 반복하여 생각했었다. 이 안전한 장소에서 반복하여 그는 하나님의 말씀을 들었다 : 내가 너를 도와주리라. 그리고 지금, 광야에서 그는 예루살렘의 침실처럼 그 때와 똑같은 약속을 들을 수 있는 안전한 장소를 만들 준비가 되어 있었던 것이었다.

우리 딸 크리스티가 다섯 살 때, 그 아이가 자는 방은 아이에게 있어 안전한 장소였는데, 다만 아이가 잠이 들기 전에 조심스레 정렬이 되어 있어야 했다. 저녁에 내가 방을 나가기 전에 아이가 진지하게 들려주던 지시사항이 기억난다. 인형과 속을 채운 동물 인형들은 그 아이가 밤마다 안고 자야 할 순서대로 벽에 나란히 기대어져야 했다. 창문의 블라인드는 너무 낮지도, 너무 높지도 않게 적당히 내려져야 했으며, 시트 위쪽은 담요 가장자리에서 접어놓아야 했다. 그리고 마지막으로 침실의 문을 조금 열어 놓아서 홀에 있는 철야등의 불빛이 아이가 잘 때 눈에 비치지 않을 정도로 적당하게 들어오게 했다.

내가 잘 자라는 인사를 할 때 하는 마지막 말은 언제나, "아빠, 어디 계실 거죠? 언제 주무실 거예요?" 그리고 내가 대답을 하고 나면, 그녀는 이렇게 일깨워주곤 했다. "내가 잠들기 전에는 절대로 주무시면 안돼요."

아이의 어린 시절, 그 모든 일과가 적절하게 진행이 되는 이상 침실은 아이의 안전한 장소였다. 그러면 아이는 모든 것이 제대로 되어 있고, 엄마 아빠가 필요하다면 보호해주려고 가까이 있다는 확신을 하며 편안하게 잠에 빠질 수 있었다.

나는 다윗이 똑같이 말하는 것을 듣는다. 그는 아마도 이렇게 말했을 것이다. 이 밤에 내가 쉴 때, 나는 "하나님께서 항상 나의 도움이 되셨음" 을 떠올립니다. 나는 당신이 어디 계시는지 알고 있으며, 주무시지 않을 거라는 것을 압니다.

하루의 사건과 경험들의 주기적인 조수 속에서 우리는 바쁘고, 또 그것에 열중한 수밖에 없지만, 반드시 쉬면서 다윗의 침실과 같은 안전한 장소를 만들어야 한다. 그리고 그 순간에 하나님께서 우리를 도와주실 것임을 숙고해야겠다. 우리는 그분께 물을 수도 있으리라. "어디 계실 겁니까?" 하고. 그러면 괴로운 마음을 가라앉히시고 잃어버린 열정을 회복시키시는 그분의 속삭임을 들을 수 있을 것이다. "내가 너와 함께 있을 것임이라 내가 너를 떠나지 아니하며 버리지 아니하리니"(수 1:5).

3. 보호하는 날개 (The Protective Wing)

광야에서 첫눈에 봐서는 살아있는 것들을 쉽게 볼 수 없다. 유심히 관찰하듯 봐야만 벌레나 파충류, 설치류, 그리고 작고 빠르게 움직이는 동물들을 볼 수 있을 것이다. 그러나 항상 볼 수 있는 것은 바로 새이다. 높이 날고, 공기의 흐름을 타고 나선으로 움직이며, 종종 땅 위의 먹이를 잡아채려고 땅으로 돌진하기도 한다. 그리고 자유로이 노래부른다.

새들은 안전한 장소들을 이해하고 있으며, 그것이 생존하는 방법인 것이다. 공기 중에서 만드는 안전한 장소는 위험의 위에 있으며, 적절한 곳에 지어진 둥지는 위험으로부터 떨어져 있고, 어버이 새의 보호하는 날개가까이 있으면 위험으로부터 감싸지거나 들어올려질 수 있는 것이다.

다윗이 세 번째로 생각해낸 안전한 장소는 바로 새의 날개였다.

곤란에 빠진 이들은 용기와 희망과 생활 전선으로 다시 돌아올 수 있는 욕망을 되돌릴 수 있는 안전한 장소를 찾는다. 안전한 장소 안에서 그들은 지금 자신들을 위협하고 있는 세력보다 더 큰, 더 높은 능력에 대해 생각하게 될 것이다. 그들은 결코 약해지거나 그들을 자극하지 않는, 사랑과 충성의 의미를 숙고해보게 될 것이며, 도움이 어디서 올 것인지를 생각하게 되리라.

그러나 조만간 그들은 보호에 대해 생각하게 된다. 바로 거기서 새들이 나타난다. 새들은 보호와 자유로이 기뻐하고, 웃고, 노래할 수 있는 보호받는 장소의 문제를 제기하는 것이다.

다윗은 자신이 자유로이 노래불렀던 마지막 때가 언제였나 궁금해했을 것이다. 아마도 이 질문을 하면서, 그는 날개를 쫙 펼친 어미새들이 새끼들을 보호하는 모습을 떠올리기 시작했을 것이다. 그리고는 이렇게 썼다. "내가 주의 날개 그늘에서 즐거이 부르리이다"(시 63:7).

어버이 새의 날개는 언제나 보호와 염려를 말하는 성경의 주제 중 하나이다. 다윗과 마찬가지로 모세도 새들의 행동을 보면서, 이스라엘 백성들을 하나님의 사람들로 만드는 과정에서 하나님의 보호에 대한 관심을 떠올리게 했다.

"마치 독수리가 그 날개를 펴서 새끼를 받으며 그 날개 위에 새끼를 업는 것 같이 여호와께서 홀로 그들-이스라엘 백성들-을 인도하셨고"(신 32:11).

모세는 어버이 독수리가 새끼들을 둥지에서 밀어내어 나는 법을 가르치는 것을 분명히 보았다. 그러나 조그만 새끼들은 날개를 적절히 사용해서 날기에 실패했고, 어버이 새는 떨어지는 새끼들 밑으로 급강하하여 활짝 펼친 날개로 받았다. 그 날개의 위쪽 부분은 떨어질 때의 보호를 의미했다.

시편 기자(記者)한 사람은 새의 날개를 주제로 이렇게 쓰고 있다. "저가 너를 그 깃으로 덮으시리니 네가 그 날개 아래 피하리로다 그의 진실함은 방패와 손방패가 되나니"(시 91:4).

어버이 새의 날개 밑은 땅이나 둥지 가까이의 적들로부터 새끼를 보호해준다. 예수께서도, 예루살렘 사람들에게 그분의 구원의 사랑의 목적을 열정적으로 말씀하실 때, 넌지시 새의 비유를 쓰셨다. "암탉이 그 새끼를 날개 아래 모음 같이 내가 네 자녀를 모으려 한 일이 몇 번이냐 그러나 너희가 원치 아니하였도다"(마 23:37). 우리 주님께서 말씀하신 날개란, 따뜻함과 자양분, 그리고 휴식 - 보호의 요소 - 의 말씀으로 나타난다

다윗 자신도 다른 상황에서 새의 날개를 생각하여 다음을 썼다. "주의 날개 그늘 아래서 이 재앙이 지나기까지 피하리이다"(시 57:1).

안전한 장소들에 대한 이 모든 암시는, 한 개인이 공격당하기 쉽고 그 공격에 대해 손을 쓸 수 없는 느낌을 가지고서 하루의 사건들의 소용돌이 가운데 잡혀버렸을 때 절실하게 다가올 것이다.

"난 하키 경기 중의 무방비 골키퍼가 된 느낌이 들 때가 있어." 라고 한 친구가 내게 말했다. "내가 다루기에 벅찬 작은 악마들이 점점 많이 내게 몰려들고 있지. 결정해야 할 것들, 대답해야 할 비판들, 풀어야 할 문제들, 해소해야 할 다툼… 위가 꼬여서 숨도 제대로 쉴 수가 없어. 솔직히 말해서, 난 그저 겁이 나. 겁이 난다는 것을 인정하면 안 되지만, 어쩔 수

가 없다구."

내 친구는 새의 날개처럼 잘 감싸줄 만한 안전한 장소를 필요로 했다. 문을 닫고, 수화기를 내려놓고, 그 공간을 안전한 장소라고 선언할 시간이다. 그 동안에 하나님의 보호하시는 날개가 내면에 확신을 가져다주시는 것이다. 하루 온 종일을 통한 이런 규칙적인 의식은 피로를 방지할 뿐만 아니라, 공포를 기쁨의 노래를 부를 수 있는 확신으로 바꾸어 줄 것이다.

4. 강한 손 (The Strong Hands)

우리가 이미 주목했듯이, 시편 63장은 수치스런 패배의 상황에서 쓰여진 것이다. 그러므로, 다윗의 상황에 있는 사람이라면 누구나 씨름하게 되는 문제 중의 하나는 개인적 자신감의 문제이다. 왜냐하면 이런 순간에는, 인간을 우선하는 자신감은 아마도 사라져버릴 것이기 때문이다.

자신감이란, 어제의 패배나 실패가 내일의 승리가 될 것이라는 확신을 가지고 활동할 수 있게 해주는 마음의 상태를 말한다. 진정한 자신감은 근거 없는 희망에 기초하여 만들어지는 심리적인 에너지만을 말하지는 않는다. 이것은 우리 자신을 능가하는 데서 오는 새로운 종류의 힘을 느끼는 것이라고 할 수 있다. 그것은 무한한 능력을 가진 그리스도인으로 판명되는, 또 그렇게 우리에게 도움이 되는 힘 - 괜찮다면 열정이라고 할 수도 있다 - 을 말하는 것이다.

우리는 잘못된 자신감을 세우려고 애쓰는 사람들의 많은 예를 보아 왔다. 시합을 하기도 전에 어리석은 선언을 하는 권투 선수, 상품에 대한 과장된 얘기를 늘어놓는 세일즈맨, 불안한 마음을 감추려고 허세를 부리려고 하는 말만 요란한 청소년 등등.

그러나 아버지의 강한 손에 이끌려 걷고 있는 무방비의 아이는 또 다르게 보아야 할 이야기이다. 이것은 자신의 힘이 그 아버지의 능력의 연장이라고 생각하는 한 사람을 보여주는 것이다. 두 손의 연결은 자신감과 두려움의 사이를 확실히 구분짓는 것이다.

"나의 영혼이 주를 가까이 따르니 주의 오른손이 나를 붙드시거니와"(시 63:8)라고 다윗은 썼다. 어디에선가 다윗은 또 한 가지의 안전한 장소를 생각해냈다. 내면의 힘과 방향을 불어넣어 주는 강력한 손의 붙드심을 생각했던 것이다.

나는 아버지와 함께 스키를 타던 날에 대한 특별한 기억을 가지고 있다. 나는 스키를 처음 타 보는 것이었고, 그래서 여느 초보자들처럼, 자신이 없고 서툴렀다. 우리는 함께 스키 토우(*ski tow* :스키를 신은 채로 로프를 잡은 스키어를 슬로프로 끌어올리는 장치:역주)에 올라타고 초심자 코스의 정상으로 올라갔다. 그리고 우리가 그 언덕의 꼭대기에 위치했을 때, 나는 다른 생각을 하기 시작했다. 나는 밑을 향해 미끄러질 염려는 고사하고, 잘 설 수조차 없었다.

그러나 아버지께서는 여러 해 동안 스키를 타셨다. 그는 자신감을 가지고 있었고 나는 믿음을 가지고 있었다. 아버지는 나를 그의 다리 사이에 밀어넣어 내 스키가 그의 것과 수평을 이루게 만드셨다. 그리고 나서 손을 내 조그만 어깨에 얹고 꽉 누르며 밀씀하셨다. "긴징을 풀어라. 내가 끝까지 내려갈테니 너는 내가 어떻게 몸을 움직이는지, 어떻게 이쪽 저쪽으로 움직일 수 있는지 잘 집중해 보렴."

처음엔 힘들었지만, 곧 나는 아버지의 손이 나를 원하는 어느 방향으로든 데려갈 수 있다는 것을 배웠다. 내가 해야 할 일은 아버지의 손안에서 긴장을 푸는 일 뿐이었다. 우리는 끝까지 넘어지지 않고 내려올 수 있었다. 신나는 첫 활주였다. 세 번째로 언덕을 내려올 때는 나는 거의 아버지께서 어디에 힘을 주는지, 어디서 몸을 돌리는지 예상할 수도 있게 되었다. 그러나 처음에 나는 내 어깨를 붙드신 아버지의 손이 점점 가벼워져서, 끝내는 그냥 손가락으로 대고 계실 뿐이라는 것을 알아채지 못했다.

갑자기 붙들고 있던 손이 더 이상 없었다. 아버지께서는 나를 놓으시고, 내가 비틀거릴 때만 손을 뻗어 잡아주면서 한두 걸음 정도 앞서가게 해주셨다. "계속 가거라, 애야." 그는 반쯤 내려왔을 때 말씀하셨다. "너 스스로 스키를 타고 있구나!" 나는 내 혼자 힘으로 계속 내려왔다. 금방이라도 자신감을 잃을 것 같은 순간이었지만, 내가 흔들릴 때 바로 아버지의 강한 손이 바로 뒤에 있다는 것을 느낄 수 있었기 때문에 그저 그런 자신감으로도 좋았다.

아버지의 강한 손안에 붙들려 있던 순간들은 내 어린 시절 추억들의 가장 소중한 것 중 하나이다. 그것들은 내가 안내와 방향을 필요로 하는 한 떠오르는 것들이었고, 곧 내가 나 혼자 힘으로 충분히 할 수 있게 되자마자 떨어져나갔다.

하나님의 손안은 다윗에게 있어 안전한 장소였다. 아무런 자신감도 없는 겁먹은 아이처럼, 그는 그의 영혼에서 나온 상상의 손을 하나님이 내미신 손을 향해 뻗었다. 다윗은 이런 행동을 너무도 눈에 보이듯이 나타내는 것일지도 모르겠는데, 이것은 그의 어린 시절의 위험한 순간에 아버지 이새의 손이 자신을 구해준 경험을 가지고 있었기 때문일 것이다. 그런 순간의 안전함의 느낌은 하나님의 손안에서 휴식할 때 더 커지게 되었다.

우리들은 자신이 없어도 자신 있는 듯이 행동하라고 배워 왔다. "사내처럼 행동해야지." 무릎이 깨진 조그만 남자아이가 듣는 말이다. 이것이 의미하는 것은 울지 마라, 마음이 아프다는 것, 무릎이 심하게 다쳤다는 것을 인정하지 말라는 것이다. "계집애 같이 굴지 마." 우리는 이 말을 몇 번이고 들었다. 이런 말들을 들으면서 우리는 공포는 진짜가 아니라는 것, 다쳤다는 것을 인정하면 안된다는 것, 실패는 피로의 신호라는 것을 가장해야 한다는 것을 배웠다.

이와 같은 불행한 방법으로 인해서 우리는 안전한 장소를 제대로 이해하지 못했다. 우리는 잘못된 의미의 자신감과 용맹을 만드는 법을 배운 것이다. 우리는 내면에서는 울고 있을지라도 외면으로는 행복한 체 하는 것에 통달했다. 우리는 불안감을 감추는 기술, 자랑스럽게 말하기, 따뜻하게 웃기, 위험을 감수하기 등의 기술만을 개발시켰다. 그러나 종종, 그 때나 지금이나, 젊었거나 늙었거나, 우리는 전에도 그리고 지금도, 아무에게도 우리의 진짜 심정을 이해시키지 못하게 하는 상처받은 어린아이들일 뿐인 것이다. 우리에게 필요한 것은, "내 자신감은 바로 네 것이란다. 긴장하지 말고 내게 기대렴." 하고 말씀하시는 아버지 - 이제는 하나님 아버지의 강한 손, 바로 그것이다.

우리는 왜 뼈마디까지 쑤실 정도로 힘들었던 하루 일과를 끝내고 안전한 장소라고 이름붙일 만한 그런 장소를 찾지 못하는 것일까? 그런 조용한 순간, 또는 시간에 우리는 어린아이가 손을 내밀듯 내면의 영혼을 뻗치고, 성령의 붙드심에서 오는 자신감에 취한다. 이런 순간들을 자주 만들때, **"참으로 나의 의로운 오른손으로 너를 붙들리라"**(사 41:10)라고 말씀하시는 하나님 아버지의 약속은 굳건해지는 것이다.

이 약속의 말씀은 스키 코스에서의 나의 아버지의 목소리를 떠오르게 한다. "계속 가거라, 애야." 나는 내가 다시 힘센 지지대를 필요로 할 때 아버지의 상한 손이 바로 내 뒤에 있나는 것을 확신하기 때문에 그렇게 할 수 있는 것이다.

하나님께서 우리의 내면에 대고 속삭이시는 비밀을 듣는 곳이 바로 이런 안전한 장소에서이다. 엘리야가 고갈된 상태의 피로를 떨치고 일어난 광야는 그의 안전한 장소가 되었다. 거기서 그는, 다윗이 그의 침실에서 잘 시간에 들었을 것이 틀림없는, 하나님의 고요하고도 조그마한 속삭임을 들었다. 예수께서 이른 아침에 지친 제자들을 위하여 조반을 지으신 그 해변가는, 이제 다시는 기회가 없을까 궁금해했을 것이 틀림없는, 패배한 시몬 베드로에게 있어 안전한 장소가 되었다.

여러분과 나의 안전한 장소는 과연 어디인가? 윌리엄 오슬러 경은 한 외로운 어린아이를 만나서 그 아이에게 '자신감을 키우는' 비밀을 나눌 안전한 장소를 세워주었다. 하나님께서 우리를 만나 그분의 비밀을 나누어주실 그 곳은 과연 어디일까?

나는 하나님의 능력과 영광의 비밀, 그분의 변함이 없는 사랑에 대한 긍정, 우리가 당황해 어쩔 줄을 모를 때 도와주시겠다는 약속, 어버이 같은 보호, 안정과 길잡이 역할을 하는 그분의 강한 손에 대해 말하고 있는 것이다.

내 생활에 분주함과 책임이 증가함에 따라, 나는 앞에서 말한 확신들을 다시 새롭게 할 개인적이며 통일된 안전한 장소를 만드는 것의 절박함이 중대하게 증가했다는 것을 알게 되었다. 이런 활동을 이해하지 못하고서는, 마비된 것 같은 피로의 엄습과 영적인 열정의 상실이 있게 될 뿐이다.

그래서 나는 집에 매일 아침 하나님과의 만남을 실행할 그런 장소를 만들었다. 내 경우에는 **서재**인데, 다른 이들에게는 침실이나 부엌, 지하실의 구석도 될 수 있겠다. 그 곳은 가능한 한 다른 이들로부터, 그리고 다양한 방해물들로부터 떨어져 있는 곳이어야 한다.

안전한 장소에 대한 다른 견해들도 한번 생각해보자. 어떤 이들은 **직장**이나, 하룻길 거리의 짧은 여행의 범위 안에서 그런 곳을 발견할 수 있을 것이다.

종종 우리는 기독교 사회가 제쳐놓은, 누구나 사용하라고 만들어놓은 안전한 장소들에 들어갈 필요가 있다. 조금 더 자유로운 프로테스탄트 전통 안에서 살아온 우리들은, 성스러운 장소들의 가치를 적절하게 배우지 못해 왔다. 그 장소는 경배와 영혼의 경청을 위해 전적으로 예약되어 있는 곳이다. 종교적인 건축물에 과도한 강조를 두는 위험스런 것만을 듣고 있다가는 우리는 제단이나 교회, 예배당의 평화스런 분위기에 응하지 못하게 될 것이다. 이런 것들에 대한 관심의 이유가 이치에 맞는다고 해도, 불충분한 생각 때문에 그 장소들은 선택적인 곳들이 되어버린 것이다.

안전한 장소가 우리의 모든 생각들이 천국으로 올라가, 기다리고 계신 아버지의 앞으로 나아가는데 몰두하게 되는 곳이 될 수 있음을 이해하는 것은 매우 중요한 일이다. 안전한 장소는 내면의 귀로만 들을 수 있는 침묵의 장소이며, 눈이 색깔과 형태, 그리고 질서(하나님의 존재와 행동의 상징들이라 하겠다)를 받아들일 수 있는 아름다움의 장소이며, 내면의 존재가 성령이 말하는 것을 들으러 하늘에 닿음에 따라 몸이 쉴 수 있는 평화의 장소이다.

세상은 오락과 감금, 폭력, 그리고 물질적인 소비의 장소들을 만들어낸다. 왜 우리는 평화의 약속과 영적인 에너지의 회복이 있는 안전한 장소들을 만들 때는 부지런하지 못한 것인가?

비범한 재능은 우리 생활의 지도안에 오직 영적인 열정의 회복을 위해서 남겨놓은 장소에 끼어든다는 것을 알아야 한다. 우리는 다른 일을 위해 사용되는 공간들에서 우리의 열정을 회복하려고 애쓰느라 얼마나 잃어버리는지를 이해하지 못한다. 가능할 때라도, 지성소는 공공 회관 정도로 취급당해서는 안되겠다. 예배당도 우발적인 결혼식을 위한 장소로보다는 조금 아껴놓아야 한다.

몇 년 선 나는 두 주 동안 남미 인디언 부락에서 지냈는데, 그들에게는 그리스도의 복음이 비교적 새로운 경험이었다. 처음에 그들은 예배 장소로 그 종족의 모든 거래와 대화들이 오가는 공동 오두막을 골랐다.

그러나 어느 날 선교사들은, 역시 목사였던 원주민 추장의 방문을 받고 놀랐다. "우리는 그 공동 오두막에서는 하나님께 경배하는 것을 즐거워할 수가 없소. 우리는 오직 그 목적에 맞게 지어진 특별한 오두막에서 하나님을 만나야 한다고 생각하오."

나는 그 인디언들이 현재의 그리스도인들이 이해하지 못하는 어떤 것을 알고 있었다고 생각한다. 교회를 시장 안으로 가지고 오려는 필사적인 욕망 속에서, 어떤 사람들은 공동의 예배를 드리는 안전한 장소와 세상의 행위를 하는 실용적인 장소를 결합시키는 것이 현명한 방법이라고 생각한다. 필요할 때는 받아들여질 만 하지만, 결코 이상적이지는 못하다. 하나님의 비밀을 나눌 수 있는 고요한 장소를 갖는 것은 절대 필요한 것은 아니라 해도, 매우 도움이 되는 것임엔 틀림없다.

배실 페닝턴(Basil Pennington)은 쓰기를,

> 우리 서부 사람들은 초자연적 감응이라는 것에 대해 잘 모르지만, 그것들은 반드시 우리에게 종을 쳐 알리고 있다. 대단히 바쁜 활동이 있었거나, 크고 시끄러운 음악들 때문에 아직도 귀가 먹먹한 한 방을 우리가 명상할 장소로 선택할 때, 그 감응을 아주 잘 느낄 수 있다.

필요하다면 우리는 성소를 안전한 장소로 만들어, 주님을 따르는 사람들이 보호하시는 날개나 강한 손이 필요할 때 자유롭게 와서 무릎을 꿇고 기도할 수 있는 곳이 될 수 있게, 교회들을 재촉하여 더 큰 배려를 하도록 해야 하겠다.

내가 목사로서 재직했던 한 교구가 새 교회를 세웠을 때, 우리들 중 많은 사람들이 그곳에서 처음 예배를 드린 후에는 그곳을 싫어하고 있는 자신들을 발견하게 되었다. 왜 그랬을까? 의견들이 모두 달랐다. 사람들은 예배드리는 동안 각기 다른 곳에 앉았다. 낯설음이 온통 퍼져 있는 듯 했다. 하나님의 존재하심에 대한 느낌이 전에 예배보던 장소에서보다 덜 강했다. 예배를 이끄는 사람으로서, 나도 내가 일요일 아침 후마다 공허함을 느끼고 있음을 알았다.

우리는 무슨 일이 일어난 것인가 의아해했다. 우리가 어마어마한 실수를 저지른 것일까? 그 때 우리는, **건축물과 그 구조는 안전한 장소로서의 성소의 한 부분일 뿐이라는 것, 그 나머지는 하나님과 함께 한 기억과 경험들로 채워져야 한다는 것을 깨달았다.** 우리의 새 교회는, 우리가 하나님과 만

났을 때의 특별한 시간에 대한 기억을 저장할 시간이 필요했던 것이다.

내 아내 게일은 맛있는 팬케이크를 굽고 싶을 때면 오래된 검은 프라이 팬을 사용한다. 그녀는 "이 팬의 비밀은 말이죠. 사용하고 난 후에 지방을 비축(buildup)해두기 때문이예요." 라고 했다. 그녀는 비축이라고 했다.

특별하게 안전한 장소들은 바로 이 비축 덕분에 더욱 나아지는 것이다. 새 교회는 기억의 비축을 필요로 했다. 우리가 슬퍼할 때 하나님이 주신 안식, 누군가가 결혼할 때 그분이 내리신 축복, 우리가 경배하면서 뜻깊은 경험을 할 때 보았던 그분의 위엄, 다양한 개체들의 대화 속에서 그리스도 를 발견할 때 그분이 확신시키신 구원의 자비, 사람들이 영혼의 냉정함을 떨쳐버리고 그리스도를 좇기로 다시 결심할 때 주신 용서 등, 그런 것들의 비축이 필요했던 것이다. 그런 후에야 새 회당은 성소가, 우리가 모두 찾 아오기 좋아하는 안전한 장소가 되었다.

우리는 집이나 성소에서뿐만 아니라, 영적인 훈련이나 활동을 격려할 수 있는 다른 장소에서도 종종 안전한 장소를 만들 수 있다.

전국에 걸친 칩거 운동이 대단한 속도로 퍼지고 있는데, 이것은 분주한 사람들이 현대 사회의 무자비한 소유과 침입으로부터 피할 수 있는 안전한 장소를 찾고 있기 때문이다.

로마 카톨릭교 형제들은 이 사실을 몇 세기 전부터 깨닫고 있었다. 좋은 소식은, 많은 프로테스탄트 교회와 조직들이 상처입고 당황하거나 영적으 로 교육받지 못한 사람들이 단시간에 평화와 회복을 찾을 수 있는 그런 장 소를 유지하는 것의 가치를 깨닫고 있다는 사실이다. 그러나 개선의 목적 의 대상은 그 사람들만은 아니다. 우리들도 혼란과 소모 상태를 피하여 후 퇴할 곳을 잘 생각해보아야 한다.

하루 전부를 통해서 우리는 순간적인 안전한 장소를 만들기를 주저하지 말자. 책상에서, 차안에서, 대중 교통을 이용하는 중에, 대기실 안도 좋다. 가장 좋은 장소들은 아니지만, 효과는 있을 것이다.

이런 성소에서의 순간은 아브라함이 시골을 지나다 여행을 멈추고 하나님을 위한 제단을 만들었을 때 했던 일의 축소판이 될 수 있다. "이곳은 안전한 장소이다." 그는 제단을 세움으로써 이렇게 선언했다. 그곳에 하나님이 오셔서 그와 교통하셨다. 우리도 역시, 다윗이 광야에 그의 지성소를 세웠듯이 우리의 마음에 제단을 지어야 한다.

기독교 역사에 기록된 최초의 순교자는 스데반이다. 동족인 유대인들 앞에서 대담하게 주를 증거했다는 것 때문에, 그는 도시 성벽 너머 처형장으로 끌려갔다. 돌이 그의 몸을 치기 시작했고, 곧 그는 죽게 되었다. 끔찍한 돌세례가 자신을 부스러뜨리는 것을 느끼면서 쓰러진 스데반이 과연 어떤 행동을 했는가에 주목해보는 것이 중요하다. 그는 안전한 장소를 만들고는 소리쳤던 것이다. "주 예수여 내 영혼을 받으시옵소서 하고 무릎을 꿇고 크게 불러 가로되 주여 이 죄를 저들에게 돌리지 마옵소서"(행 7:59,60).

기자(記者)인 누가는 계속한다. "이 말을 하고 자니라"(행 7:60). 스데반이 선언한 안전한 장소는 휴식의 장소가 되었다. 그의 인생의 지도에 나타난 그 보기 흉한 지점은, 그의 박해자들에게는 폭력의 장소였지만, 스데반에게는 안식의 장소였다. 내 인생에서 그런 지도가 있다면, 내가 세운 안전한 장소들은 과연 어디 있을 것인가? 너무도 신랄한 질문이 아닌가!

토론 문제

1. 다윗이 시편 63편에서 드러내고 있는 하나님의 품성은 무엇인가
(163~164쪽 참조)?

2. 다윗이 시편 63편에서 표현한 간절함이나 스트레스를 느껴보았던
적이 있으면 말해보라.

3. 성소에 있으면서 다윗의 두려움은 말소되었다(165쪽 참조). 그런
장소에서 일어날 수 있는 일을 생각해보자.

4. 다니엘 2:20-23에는 다니엘이 자신의 성소에서 하나님께 올리는 말
이 있고(166쪽 참조) 사도행전 4:24-26에는 베드로와 요한의 경우가
나와 있다(165~166쪽 참조). 그들의 말이 우리와 어떤 관련성이 있는
가?

5. 예레미야애가 3:23을 암기하라(166쪽 참조). 다윗의 비밀의 일부
분을 알 수 있는 실마리가 보이는가?

6. 살아오면서 '침실'에서의 도움(168~169쪽 참조)을 갈망하고 또 받
았던 경우가 있는가?

7. 당신에게 날개(169~171쪽 참조)라는 것이 상징하는 바는 무엇인
가? 당신이 사용하는 보호의 상징은 무엇인가?

8. 당신은 인생에서 시편 18:35 ; 63:8 ; 73:23에 묘사된 것 같은 강

한 손(172~174쪽 참조)을 느낀 적이 있었는가? 당신의 경험을 써보라. 그런 강한 손에 대한 체험이 없었다면, 하나님의 손을 붙들기 위해 손을 내뻗는 자신을 상상해보라(175쪽 참조).

9. 가정과 직장에 가지고 있는 사적인 안전한 장소의 이름을 대보라(176쪽 참조). 그런 장소들을 아직 만들지 못했다면, 이번 주에 시험삼아 한번 마련해보라.

10. 가정과 직장에 가지고 있는 안전한 장소 안을 어떤 환경(색깔, 물품, 구조)으로 꾸미는 것이 좋겠는가(178쪽 참조)? 그 이유는 무엇인가?

11. 안전함을 강화시키기 위해서 성소 안에 덧붙여야 할 것이 있다면 무엇이 있겠는가?

14

고요한 시간들

The Still Times

　우리 뉴 햄프셔의 기도원인 피스 레지(Peace Ledge)로 가는 마지막 몇 마일에 깔려 있는 아스팔트 도로는 가을에는 매우 아름답다. 그러나 초봄이 되면 그 도로는 큰 재난이라도 만난 것 같은 상태가 되어버린다. 3월 말에 내거는 '결빙으로 인한 지층 전위(轉位)'라는 표지판은 운전자들에게, 따뜻해짐에 따라 땅이 녹기 시작한다는 것을 알려주는 것이다.

　날마다 그 도로는 점점 더 휘어서, 마침내는 빨래판처럼 되어 버린다. 여기저기 구멍에서는 물이 스며나오고, 밤이 되면 찬 기운에 얼어버린다. 자동차의 타이어가 길 표면을 짓이기고, 얼마 안 가서 쉐이커 도로 전체가 엉망이 되는 것이다.

　어느 날 난 이런 생각이 떠올랐다. 쉐이커 도로가 초봄에 그 지경이 되는 반면에 주(州) 도로 연결선인 106번 도로는 그렇지 않았던 것이다. 사실 그 도로는 유리처럼 매끈했고, 봄이든 가을이든 운전하기가 즐거웠다. 도대체 이 둘의 차이점은 무엇 때문이었을까?

　어느 날 도로 수리 인부가 간단하게 설명을 해주었다. 106번 도로를 건

설할 때, 인부들은 물이 충분히 빠지도록 노반(路盤) 밑에 두꺼운 자갈층을 신경써서 깔았던 것이다. 그 노반은 충분히 깊어서 땅으로 찬 기운이 스며들지 않고, 결빙 현상이 나타나지도 않았다.

쉐이커 도로는 그렇게 하지 않았다고 그는 말했다. 맨 바닥을 그저 평탄히 고르게 하고 두꺼운 아스팔트만 덮었던 것이다. "성급하고 더러운 작업이었어요."하고 누구는 말했다.

적절치 못한 지반을 깔았기 때문에, 도로는 땅밑의 습기로 인해 봄마다 갈가리 찢기고 금이 가서, 마음놓고 다닐 수도 없는 길이 되어버렸다. 나머지는 자동차와 트럭의 타이어들이 뭉개버렸다.

두 종류의 도로를 비교해볼 때, 내 공적인 생활이 쉐이커 도로 건설의 점수를 받지 않는다는 것을 확신하는 것은 얼마나 중요한가! 표면 바로 밑을 잘 살피지 않는다면, 아주 미세한 표면 변화나 압력이 발생했을 때 재빨리 깨진 틈과 손상된 곳이 드러나게 될 것이다.

내게 있어서 표면 바로 밑, 나의 내면의 영혼을 조심스레 살펴서, 충분히 튼튼하고 적절히 유지되고 있기 때문에 바깥 세상의 압력을 지탱해낼 수 있다는 것을 확신하는 것이 정말 중요한 것이다.

내가 생활 속의 휴식의 구성 요소에 대해 생각하기 시작한 때가 바로 그때였다. 적절한 휴식 속에서 나는 매일의 삶이라는 도로가 놓이는 표면을 잘 돌볼 수 있기 때문이다. 나는 '적절한 휴식'을 강조하겠는데, 왜냐하면 오늘날 우리가 휴식이라고 부르는 것들 대부분이, 피로를 순간적으로만 덮어버리는 오락이나 레저일뿐이기 때문이다. 그것은 도로공사 인부들이 쉐이커 도로의 구멍과 이랑에 임시로 때우는 조각들과 똑같은 것이다. 그 작업 후 약 3일 동안은 매끈하게 달릴 수 있지만, 그 다음에는 다시 빨래판 같은 상태로 돌아와버린다.

"빨래판 같은" 길에 대한 단 한 가지 해답은, 그걸 모두 뜯어내고 배수 시설을 두껍게 깔기 위한 노반을 놓는 것밖에 없다. **기진맥진한, 열정 없**

는 생활에 대한 단 한 가지 해답은, 내면의 상태를 잘 체크해보는 것이다. 바로 안식일, 평온한 시간이 필요한 때이다.

내가 '내면 세계의 질서와 영적 성장(Ordering Your Private World)'이라는 책에서 안식일에 대한 것을 썼을 때, 나는 그 주제에 관하여 호기심과 열의를 가지고 내게 편지를 보내온 수많은 이들에게 깊은 인상을 받았다. 그들은 커져만 가는 스케줄에 대한 당황스러움, 조절할 수 없을 것처럼 보이는 사건들과 의무들, 해야 할 일로 북적거리는 달력에 대해 이야기를 했다. 많은 이들이 내게 묻기를, 그 안식일의 규율이 많은 문제나 고갈 상태를 막는 해답이 된다는 것을 정말 믿고 있느냐는 것이었다. 많은 경우에 있어, 그렇다고 나는 대답했다. 완전한 대답은 아니었을지 몰라도, 올바른 방향을 잡기 위한 큰 일보(一步)였음은 분명하다.

이 장(章)을 쓰고 있을 때 나는 브라질에 있었고, 그곳에서 나는 선교사들과 잇단 대화들을 가졌다. 바로 그 날, 그들 중 한 사람이 그의 동료들에 대해서 나와 얘기하기 위해 찾아왔다. "그들은 해야 할 일이 너무 많아요. 그래서 있는 대로 모조리 힘을 쓰죠. 이 작업에서 저 작업으로 넘어갈 때면 거의 멍해져 있는 것도 봐요. 그들이 하는 일에는 기쁨이란 것이 없지요. 많은 이들이 무서운, 극도의 피로 상태에 있는 게 참 걱정돼요."

내가 언제 일을 멈추느냐고 물어보았을 때 그의 대답은 이러했다. "사실 전혀 쉬지를 않아요. 우리는 서로를 쿡쿡 찌르고 있는 셈이죠. 알다시피, 다른 선교사들이 업무상 들러서 우리가 그리 중요하지 않은 일을 하고 있는 걸 볼 때, 놀거나 쉬고 있다는 건 그리 좋아 보이지 않을 게 아니겠어요? 우리들 중 누군가가 낮잠자고 있는 것을 볼 때, 꼭 그 사람을 초라하게 만드는 방법을 가지고 있는 것 같아 걱정됩니다. 우리가 말 한 마디 안 해도 그 사람은 자기가 들켰구나 하는 걸 알아요. 좀 일을 쉬려면 아무도 모르게 살그머니 쉬지요. 다시 말하면, 우리는 쉬는 걸 부끄러워하고 있다는 뜻이예요."

휴식이 '중요한' 일로 여겨지지 않는단 말인가요? 나는 큰 소리로 의아해했다. 우리는 일을 하지 않는 시간을 낭비라고, 2급의 시간이라고 생각한다는 말인가? 그것은 분명 성경적인 관점을 반영하지 않고 있는 것이다.

안식일은 일 중독에 대한 하나님의 해독제이다. 그것은 **자신들의 개인적 가치가, 자신이 누구인가보다는 자신이 하는 일에 의해 만들어진다고 믿는 덫에 걸린 사람들**의 생각을 바꿔주는 해독제인 것이다. 나는 이 안식일이란 단어를 좋아한다. 이것은 휴식과 평화라는 단어와도 상통한다. 크게 본다면 이것은 적절히 질서가 잡힌 사물들, 당구대 위의 랙 안에 가지런히 들어간 공들 같은 개념을 가지는 것이다.

나는 내 달력 속의 특별한 순간인, 평온한 시간으로서의 안식일에 대해 말하고 싶다. 내 생활의 지도에 안전한 장소가 표시되어 있다면, 생활의 달력에는 안식일, 즉 평온의 시간이 표시되어야 하는 것이다. 이 순간들이야말로, 제자들의 생명을 위협하는 폭풍을 향해서 예수께서 말씀하신 "잠잠하라 고요하라"(막 4:39)라는 명령처럼, 우리가 스케줄의 소란함과 소동에다 대고 그렇게 명령할 때인 것이다. 주님께서 말씀하셨을 때, 즉시 사납게 날뛰던 호수가 평온한 시간 속의 안전한 장소가 되었다.

영적인 열정을 회복시켜 주는 평온한 시간의 일곱 가지 규율

내가 어떤 장소를 마련하고 "이곳은 안전한 장소이다." 라고 정규적으로 정한 것처럼, 이제는 내 시간의 조절 권한을 쥐고 이렇게 말해야겠다. "지금은 평온의 시간이다. 그러므로 내 달력에 평화와 안식이라고 적어넣는다."

▪ 역할 모델 (The Role-Model Principle)

하나님은 수많은 방법으로 우리에게 평온한 시간에 대한 특별한 규율을 가르쳐주셨다. 하나님께서는 몸소 보여주심으로 모델을 만드셔서 우리에게 가르치셨다.

하나님께서는 창조하신 날의 마지막에 평온의 시간을 언급하셨다. "하나님이 가라사대 ··· 라 칭하시고" 라는 말씀은 하나님께서 그분 자신에게 주신 일에 대해 말하고 있다. "하나님의 보시기에 좋았더라"(창 1:18)는 스스로 하신 일에 가치를 두시고 종결하신 후, 하루 일의 마지막에의 안식의 순간을 언급하고 계시는 것이다.

창조주 하나님은, 앞 단계의 일을 "안식의" 시간, 창조된 일에 대하여 가치를 부여하는 평온의 시간으로서 결론지으시기 전에는, 결코 다음 단계의 일로 넘어가지 않으신 것으로 보여진다.

한 주, 여섯 날의 모든 창조의 일이 끝났을 때, 모든 작업을 검토하고 평가해보는 가장 큰 안식의 시간이 있었다.

"상사에게 검사받지 않은 업무는 가치가 없지." 친하고 본받을 만한 나의 한 친구는 책인 경영 훈련에 대해 얘기하면서 이런 말을 했다. 그런데 하나님 외에 그 누가 그분의 일을 검사할 수 있었겠는가? 성경에 기록된, 하나님께서 자신의 일을 평가하시고 하나하나에 가치를 두셨다고 하는 사실은 매우 중요하다. 왜 이 문제를 언급하는가? 우리에게 있어 선례이자 본보기가 되기 때문인 것이다.

▪ 리듬 (The Rhythm Principle)

하나님의 지으시던 일이 일곱째 날이 이를 때에 마치니 그 지으시던 일이 다하므로 일곱째 날에 안식(安息)하시니라 하나님이 일곱째 날을 복주사 거

록하게 하셨으니 이는 하나님이 그 창조하시며 만드시던 모든 일을 마치시고
이날에 안식하셨음이더라(창 2:2,3)

하나님의 일에 나타난 뛰어난 리듬감을 가볍게 보아서는 안된다.
우리는 자연 속의 거의 모든 것들이 휴식의 리듬을 가지고 있다는
것을 알 수 있으며, 그 리듬은 우리에게 단지 몸의 휴식뿐만 아닌 영
혼의 참된 휴식의 중요성에 대한 놀라운 교훈을 제공해준다. 사람의
근육 중에서 가장 질기고 탄력 있는 심장은, 박동과 박동 사이가 잠
잠하도록 설계되었다. 가장 빠르게 자라나고 있는 것들도 매년마다
휴지(休止)의 기간을 가진다. 모든 주기는 정지의 시점에서 완료되
는 것이다.

어느 유명한 작곡가의 얘기를 하나 해보자. 그는 반항적인 아들이 하나
있었는데 그 아들은 부모님이 잠자리에 들고 난 후 밤늦게 돌아오곤 했다.
그리고는 방에 올라가기 전에 아버지의 피아노 앞으로 가서 천천히, 할 수
있는 한 꽝꽝대며, 간단한 악보를 하나 쳤는데 늘 마지막 음정만은 놔두곤
했다. 악보를 그렇게 미완성으로 놔둔 채 그는 방으로 사라졌다. 그 동안,
끝 음정이 빠진 악보를 듣고 있던 그 작곡자는 침대에서 몸을 뒤척였다.
그는 악보가 끝나지 않아 맘이 편하지 않았던 것이다. 결국 그는 대경실색
하여 계단을 구르듯이 내려가 마지막 음정을 쳤다. 그때서야 그는 다시 편
히 잠들 수 있었다.

하나님의 사업은 그 악보의 마지막 음정처럼, 결론을 짓는 고요한 순간,
뒤를 돌아보고 완성과 가치를 선언하는 멈춤의 순간이 있기 전에는 결코
완성될 것 같지 않다.

창조에 얽힌 하나님의 안식의 시간 이후에, 우리는 출애굽기 16장에서
다시 안식일의 원칙에 대한 얘기를 접할 수 있게 된다. 선택받은 백성이
애굽에서 나와 시내산으로 향하는 도중, 양식이 문제가 되었다. 무엇을 먹

는단 말인가? 어디서 음식을 얻을 수 있을까?

"여호와께서 준비하신다"라고 모세는 회중에게 일렀다. 매일 아침 밖으로 나가 보면, 만나(이상한 자양물의 일종인)가 땅에 떨어져 있는 것을 보게 될 것이다. 너는 너와 네 가족에게 충분할 만큼 얻을 수 있을 것이며, 그것보다 많이 감춘다면 썩어 못 먹게 되리라.

이런 식으로 이스라엘의 하나님은 백성들에게 노동에 대한 새롭고도 더 건강한 개념을 가르치셨다. 그들이 거의 400년 동안이나 노예 생활을 했기 때문에 그들의 노동은 언제나 지배자의 명령에 의해 이루어졌다는 것을 염두에 둘 필요가 있다. 그들이 자신들의 시간을 조절하는 방법을 모르고, 노예라는 속박에서 벗어난 지금 주어진 하루의 일과를 어떻게 쪼개어 쓸 것인가에 대한 개념이 전혀 없었음을 알 것도 같다.

하나님이 내려주신 양식인 만나는 다른 사람들보다 빨리 줍는 사람들이 저장해두거나 재산으로 바꿀 수 없는 것이었다. 또한, 쉽게 없어지지 않는 노예 근성이 남은 탓으로 해서 한 가족을 위해서 다른 사람들이 대신 주워 주어야 하는 그럴 시간도 없었다. 그러나 여기에서도 역시 휴식이라는 법칙이 적용된다.

> 무리가 아침마다 각기 식량대로 거두었고 해가 뜨겁게 쪼이면 그것이 스러졌더라 제 육일에는 각 사람이 갑절의 식물 곧 하나에 두 오멜씩 거둔지라 회중의 모든 두목이 와서 모세에게 고하매 모세가 그들에게 이르되 여호와께서 이같이 말씀하셨느니라 내일은 휴식이니 여호와께 거룩한 안식일이라 너희가 구울 것은 굽고 삶을 것은 삶고 그 나머지는 다 너희를 위하여 아침까지 간수하라(출 16:21-23)

어떤 사람들은 좀 어려운 방법을 통해 이 법칙을 배운 듯 하다. 처음부터 모세에게 거역하고 주간에 그들에게 필요한 양보다 많이 모아둔 이들은 다음날 아침, 숨겨둔 음식에 인 구더기를 보고 놀랐다. 그러나 안식일 전에 모아둔 양식에서는 구더기가 일지 않았던 것이다.

■ 휴식 (The Rest Principle)

아마도 어려운 방법을 통해 배운 또 다른 교훈이 있었던 듯 하다. 안식일 전날에 두 배의 몫을 주워야 한다는 것의 중요성을 깨닫지 못한 이들은, 곧 허기를 느껴야 한다는 것을 잘 배웠을 것이다. 아무것도 실리(實利)로 만들 수는 없었다. 저번에 그들은 구더기가 인 양식 때문에 먹지 못했고 이제는, 하나님의 말씀이 안식일에는 일하지 말라는 것이었으므로 양식을 모을 수 있는 시기를 놓쳤기 때문에 먹을 수 없었다.

모세의 하나님이 이런 기본적인, 그럼에도 아주 효과적인 방법들을 통해 회중에게 가르치신 것은 휴식에 관한 것이었다. 만약 하나님께서 좀 지나친 방법을 사용하여 가르치신 것처럼 보인다면, 다음과 같은 사실을 기억해야 할 것이다. 이 안식일의 개념은 실제로는 어린아이들, 몇 세기에 걸쳐 휴식의 의미나 개인적인 규율을 모르고 자라온 그들을 가르치기 위한 것이었다. 네가 어디선가 시작해야 하고, 다음은 하나님께서 이루신다. 결과와 보상이 극단적으로 실제적인 객관적 교훈이었다.

그러므로 후에 모세가 십계명 - 하나님과 함께하는 생활의 핵심이 되는 원칙들이 된, 더 이상 축소할 수 없는 행동지침인 - 을 가지고 회중 앞에 나타난 것도 그리 놀랄 일은 아니다. 생각해보라! 겨우 열 개이다! 그리고 그 계명들 사이에 안식의 시간에 대한 문제에 대한 명령이 있다.

안식일을 기억하여 거룩히 지키라 엿새 동안은 힘써 네 모든 일을 행할 것이나 제 칠일은 너의 하나님 여호와의 안식일인즉 너나 네 아들이나 네 딸이나 네 남종이나 네 여종이나 네 육축이나 네 문안에 유하는 객이라도 아무 일도 하지 말라 이는 엿새 동안에 나 여호와가 하늘과 땅과 바다와 그 가운데 모든 것을 만들고 제 칠일에 쉬었음이라 그러므로 나 여호와가 안식일(安息日)을 복되게 하여 그날을 거룩하게 하였느니라 (출 20:8-11)

이것은 하나님께서 선택받은 백성들의 생활 방식이라는 왕국 둘레에 치신 많은 울타리 가운데 가장 첫 번째의 것이다. 그 울타리 - 또는 규율 - 은 무엇보다도, 하나님의 통치하심에 동의하는 이 사람들에게 다른 이들과 뚜렷이 구분되는 징표를 제공했기 때문에 중요했다. 안식일의 경우를 보면, 시간을 할당하는 방법인 독특한 생활 방식이 분명히 보여졌다.

추가로 나는 안식일이, 우리가 나중에 일 중독이라고 부르게 된 현상을 막기 위해서도 꼭 필요한 규율이라는 것을 확신한다. 일 중독이란, 좀더 균형잡히고 영적으로 적응된 생활을 희생시켜 가면서까지 개인의 재산을 쌓기 위하여 시간을 엉터리로 쓰는 경향을 말한다. 지나친 삶을 향한 그런 경향을 체크해주는 규율이 단지 여기에만 적용되지는 않을 것이다.

만약 안식일이 일 중독에 대한, 주노동일 중에 휴지(休止)를 주는 울타리라면, 십일조(개인이 생산한 것 중에서 처음의, 가장 좋은 것을 바치는 것)는 물질주의에 대한 차단봉이라고 할 수 있을 것이다. **십일조가 규율로써 자리잡힐 때, 개인이 물질적인 재산을 과도하게 축적하는 것은 사실상 불가능하다.** 이런 곳만이 과도한 노동 규율 - 일 중독과 물질주의 - 을 향하는 생활을 능가하여 사람들을 균형잡히지 못한 삶으로 인한 자기 파괴로부터 막아줄 수 있을 듯 하다.

안식일, 즉 평온의 시간은 일종의 율법으로 시작했다. 그 법이 나중에는 시간 배분의 규율이 되었다는 사실을 나는 확신하고 있다. 율법에 의해서라기보다는 규율에 의해서, 나는 안식일이 1주일에 한 번이라든가 하는 율법에 입각해서보다는 휴식의 규율이 되어서, 영적으로 성숙한 사람에 의해서 많은 경우에, 어쩌면 하루에 몇 번이고까지 지켜져야 한다는 것을 제안하고자 한다.

정통파 유대교에 있는 친구들과 안식일 재림 교단의 전통대로 사는 사람들은 안식일이 특별히 정해진 시간에 대한 율법의 관점 외로는 절대 보아서는 안 된다고 믿으면서, 이런 생각을 강하게 부정한다. 나는 그들에게 감탄하고 경의를 표한다.

그러나 한 어린아이(히브리인의 첫 세대)의 생활에 율법으로서 자리잡은 것은, 성인(몇 세기에 걸친 가르침과 경험을 상속받은 우리들)이 되어서의 생활에는 규율이 되는 것이다. 안식일의 규율은, 우리가 이것의 목적을 이해하고 자주 관찰하게 된다면 안식일의 율법보다 더 건강한 전망을 보여줄 수 있을 것이다.

■ 기억 (The Remembrance Principle)

하나님이 이스라엘 백성에게 가르친 법적인 안식일을 구성하는 요소들은 무엇이었나? 첫째로, 기억하라는 것이었다! 히브리 사람들에게 있어 기억하는 것은 매우 역동적인 행동이었다. 그 노력은 이전의 사건 전부가 다시 일어나는 것처럼 다시 한번 완전히 경험하려는 시도를 말하는 것이었다.

이런 경우에 그 사건은 특히 하나님께서 휴식하신 일곱 번째 날이 될 것이다. 그러므로 기억한다는 것은 하나님께서 쉬셨듯이 우리도 쉬는 것을 말한다. 하나님께서 하신 일을 평가하셨듯이, 우리도 한 일들을 돌아보고 평가하라는 의미인 것이다.

그 날을 거룩하게 지키라는 것은, 주중의 어떤 시간과도 구별되어 다르게 취급되어야 한다는 의미이다. 이 평온의 시간은 다른 시간과 비교해 절대적으로 유일한 시간이다. 행동거지도 다르고, 생각하는 종류도 다르다.

■ 자제 (The Renunciation Principle)

모세가 처음으로 안식일의 개념을 율법의 한 부분으로 정했을 때, 그가 말한 것 중의 한 가지 중요한 요소는 자제의 개념과 관련이 있다. 노동의 자제라는 것은 그것이 나쁜 것이라서가 아니라, 만약 자제하지 않으면 곧 통제가 힘들어지고 일하는 사람의 애정을 붙잡아서, 일하는 것의 의미를 잃게 만들고 경배나 휴식을 위한 시간을 전혀 남겨두지 않기 때문이다. 모세는 좋은 것은 단념할 필요가 있으며, 더 좋은 것이 짧은 시간에 우위를 차지하게 될 것이기 때문이라는 것을 백성들에게 말했다.

그 율법은 또한 이 자제가 의미하는 바를 강하게 나타내준다. **모든 집안 사람들이 일을 자제해야 했다.** 집주인은 하인들이나 고용인들에게 정기적인 표준 작업량만 보내면 자신은 아무 일도 안해도 되었다. 그러면 그는 자신이 아무 일도 하지 않고 일의 결과를 즐길 수 있었을 것이다. 안된다! 전체 사회가 모두 일을 멈추고 평온의 시간으로 들어가야 했던 것이다.

■ 원기 회복 (The Refreshment Principle)

안식일에 대한 나중의 부연 설명에 있어서, 모세는 더욱 명쾌하게 계통을 세운다. 예를 들어 출애굽기 31장을 보면, 그는 백성들에게 이 안식일이 하나님에게만 성일(聖日)이 아니라 그들에게도 성일이 됨을 말했다. 모든 이들이 이런 휴식의 리듬으로부터 이익을 얻을 것이라고 모세가 백성들에게 말하는 것이 들리는 듯 하다. 어떤 목적을 위해서인가?

첫째, 이것은 그 민족과 주님간의 특별한 관계를 나타내는 표시였다. 그러나 두 번째로, 이것은 일종의 원기 회복에 대한 의미도 지니고 있었던 것이다. 17절에 그대로 나타나 있다. "나 여호와가 쉬어 평안하였음이니라"

하나님께서는 그 자신이 결코 기진하지 않으심에도 원기 회복을 필요로 하신 까닭이 무엇일까? 하나님께서 스스로를 보이시고 원기를 회복하셨다면, 그것은 우리 자신을 회복시키는 일의 중요성을 지적하고 싶으셨기 때문이라는 대답 정도만 할 수 있을 것 같다.

그 사실은 오늘날의 많은 그리스도인들에게 잘 받아들여지는 것 같지 않다. 그것은 그들이 진짜 휴식이란 무엇인가 알려고 허덕이고 있기 때문이거나, 그들의 생활을 너무도 많은 할 일들로 채워놓아서 안식일의 휴식을 아예 없애버리거나 자유재량으로 그저 제쳐두었기 때문일 것이다. 물론 그런 행동들은 안식일의 휴식이 거의 없다는 것을 의미하는 것이다.

위에서 말한, 진짜 휴식을 알려는 투쟁 중의 첫 번째는 참 중요한 것인데, 왜냐하면 **레저와 오락이 우리의 '진짜 휴식'의 개념을 완전히 장악해왔기 때문이다.** 레저와 오락의 대부분의 형태가 어떤 해방의 느낌이나 기분 전환을 동반하기는 하지만, 나는 영혼에 정말로 깊이 뿌리박힌 고갈의 상태는 거의 건드리지도 못한다고 말하고 싶다.

물론 사람들과의 관계를 만들고, 몸을 단련하며, 생각을 자극하는 현대의 놀이들은 좋다. 그러나 그런 놀이들은 우리의 내면이 영적인 전쟁을 치르고 있는 진짜 피로의 가장 낮은 층까지는 도달하지 못하는 것이다.

우리의 정신을 휴식시키는 것에 관심을 둘 필요가 있다는 것에 대한 인식은 거의 무시당하고 있는 듯 하다. 초기 성인들이 영혼의 다시 모으기 작업을 위한 안식일의 전통 속에서 날마다 시간을 나누는 것에 있어서 잘 알고 있었던 것은, 현대에 와서 "경건의 시간(Quiet Time)"이라는 것으로 바뀌었다. 그것은 대부분의 사람들에게 등한시되고, 많은 이들에 의해 지나치게 조직화되었다. 경건의 시간이 보통 너무도 중요하지 않게 느껴지기 때문에 등한시되고, 모든 것들은 어떤 '방법'으로 만들어지는 것이 최고라고 생각하는 사람들의 희생물이 되기 때문에 지나치게 조직화되는 것이다. 그 방법이 자발적인 행위를 파괴하고, 아이러니컬하게도, 우리에게 말씀하시는 하나님의 능력을 파괴시킨다 해도 말이다.

달력에서 완전히 벗어난, 붐비는 안식일 - 자유재량으로 선택하는 안식일에 대해 더 말할 필요가 있을까? 내가 종종 관찰한 바로는, 분주한 상태는 우리 모두에게(나를 포함하여) 너무도 쉽게 일어난다. 나는 행동하는 사람이다. 나는 정지하는 것보다는 움직이는 것을, 침묵보다는 소음을, 수동적인 것보다는 개시하는 것을 좋아한다. 그러므로, 시간을 잘 사용하는 방법이 무엇일까 하는 것을 즉각 결정해야 할 때가 되면, 분주함에 사로잡힌 우리는 조용하고 사색에 잠기는 행동보다는 분명히 생산적인 행동으로 결정하기가 쉽다. 그런 종류의 생각은 문화가 우리에게 준 "선물"이다.

내 친구 매거릿 젠슨(Margaret Jensen)은 친구 리나에 대해 적은 책에서, 그 두 사람이 휴식의 의미와 그것을 생활의 일부분으로 받아들이기 위한 우리의 투쟁에 대해 대화했던 순간에 대해 말하고 있다.

리나가 말했다.

> 하나님께서는 제 칠일에 쉬셨어. 그분은 만물의 창조를 막 끝내신 거지. 너와 나였다면, 우리는 아마 그 6일 동안 했던 일들을 정리하려고 들 있을 거야. 때때로 하나님은 이렇게 말씀하셔. "앉아라, 아이야. 네 발에 힘을 빼고, 네 마음을 믿기 시작해보렴."25)

그리스도를 따르기로 선택된 우리들 모두는 이 평온한 시간에 대한 규율을 심각하게 받아들여야 함을 나는 확신하고 있다. 이것을 행하지 않는 것은 이스라엘 백성이 배웠던 생활의 규율을 어기는 것이며, 우리 내면의 영혼을 가장 나쁜 종류의 피로인 무위(無爲)의 상태로까지 끌고가 교살하는 것이나 마찬가지이다.

---

25) Jensen, *Lena*, p.64

■ 순환 (The Recurrence Principle)

나는 또한, 영혼의 다시 모으기 작업인 안식은 우리 생활 속에서 단 하루로 끝나서는 안된다는 것도 확신하고 있다. 이것은 하루하루의 전부를 통하여 순환하는 일이다. 안전한 장소가 성소 이상이 될 수 있는 것처럼, 안식일도 주중의 하루 이상이 될 수 있는 것이다. 안식은 짧은 시간에 영혼의 다시 모으기 작업을 격발시킬 수 있다. 그것은 인디애나 폴리스의 자동차 경주자가 경주 도중 연료나 타이어, 원기 회복이 필요할 때 멈추는 도중정차지(pitstops)를 기억나게 한다.(그러나 물론, 나는 우리의 안식일이 인디애나 폴리스의 정차지 같은 정신없는 상태가 아니기를 바라고 있다.)

프랑소와 페넬롱(François Fénelon)은 영적인 지도에의 필요에서 한 친구에게 편지를 썼다.

너는 기회가 왔을 때 잘 이용하는 법을 배워야 한다. 사람을 기다릴 때, 여기서 저기로 갈 때, 잘 들어주는 사람만이 요구되는 그런 사회에 있게 될 때, 그런 때에 우리의 생각을 하나님께 드리는 것은 쉬운 일이며, 그럼으로써 남은 의무를 행할 신선한 힘을 얻게 된다. 시간이 없을수록 더 주의하여 이것을 해내야 하는데, 만약 네가 의무들을 수행할 자유롭고, 편리한 시기를 기다리게 되면, 너는 영원히 기다리고만 있을 수도 있는 위험을 무릅써야 한다. 특히 네 생활 같은 경우는 더. 안된다. 기회를 잘 이용해라.26)

젊은 어머니들 같은 바쁜 사람들은 페넬롱의 말을 친숙하게 느낄 텐데, 왜냐하면 그의 "(기회를) 빨리 잡아채기"는 그들이 수년간, 아이들은 어리

---

26) Fénelon, *Spiritual Letters to Women*, p.16

고, 잠을 못 잠으로써 오는 피곤이 규칙처럼 되어버렸을 때 해온 일이기 때문이다. 물론 그 방법은 무언가를 낚아채는 것이었다.

루스 그레이엄(Ruth Graham)의 경우를 보자. 그녀는 온 집안에 책들을 펼친 채 그대로 놓아두곤 했고, 그래서 기회가 생겨서 책을 읽거나 명상에 잠길 수 있는 순간이 오면 그녀는 가장 가까운 곳에 있는 책을 집어들 수 있었다. **"안식의 순간을 만드는 것"** - 정말로 짧은 순간이라도 - 은, 어머니든 사업가이든 학생이든간에 정말 중요하게 추구할 일이다. 그런 멈춤의 순간에 하는 생각이 앞으로의 시간을 어떻게 살 것인가 - 영적인 열정 안에서? 아니면 지겨운 일을 하면서? - 에 지대한 차이를 가져올 수가 있는 것이다.

하나님께서는, 침묵과 경배의 시간의 확장이 불가능해질 때 우리로 하여금 죄의식을 느끼게 하려는 의도는 없으시다. 그분께서는 아마, 그분의 회복시키시는 존재를 향한 영적인 향수병으로 인해 우리가 안식일을 향해 나아오게 됨을 더 좋아하시리라고 나는 믿는다. 이 두 가지의 자극하는 힘 사이에는 커다란 차이가 있다. 우리가 안식의 순간을 잡아채는 버릇을 들인다면, 하루에 몇 번이고 스위스 치즈 조각에 뚫린 구멍들 같이 하나님의 존재를 씩어둘 수 있을 것이나.

사생활에서의 결빙으로 인한 전위에 직면하여 반반하게 하는 것도 그렇다. 내면에 적절한 노반을 놓음으로써, 우리는 피로의 원인이 되는 대립 요소를 막을 수 있다. 그 일이 일어날 때라야만 안식일은 우리 생활의 달력에서 달마다, 주마다, 날마다, 시간마다 제 자리를 찾아나갈 것이다.

토론 문제

1. 저자의 '기진맥진한, 열정 없는 생활에 대한 단 한 가지 대답'(184~185
쪽 참조)을 다시 말해보고, 당신에게 더욱 알맞은 것으로 만들라.

2. '자신들의 개인적 가치가, 자신이 누구인가보다는 자신이 하는 일에 의해
만들어진다고 믿는'(186쪽 참조) 남녀들에게 조언을 준다면?

3. 하나님께서 당신의 일을 하나씩 마치실 때마다 검토하고 평가하실 수 있
는 고요한 시간을 가지셨다고 결론지을 만한 적절한 기반을 저자는 가지고
있는가? 저자의 관점을 적어보라(188~189쪽 참조).

4. 안식일을 지키는 것이 어떻게 일중독을 막을 수 있는가(191쪽 참조)? 그
런 경험을 한 적이 있는가? 있다면 무엇을 배웠는가?

5. 당신의 저자의 '십일조가 규율로써 자리잡힐 때, 개인이 물질적인 재산을
과도하게 축적하는 것은 사실상 불가능하다'(191쪽 참조)라는 주장에 동의
하는가 그렇지 않은가?

6. 다른 신앙 전통을 가지고 있는 친구와 안식일 성수에 대해 인터뷰를 해보
자(192쪽 참조). 고요한 시간의 원칙에 대하여 당신 나름대로 설명해주자.

7. 안식일에 모든 집안 사람들이 일을 자제해야 했다는 교훈이 있다면(193
쪽 참조), 이 교훈이 현대 교회에는 어떻게 적용될 수 있겠는가? 행동 방침에
대한 특별한 계획을 세워보자.

8. 레저와 오락이 우리의 '진짜 휴식'을 대체해 버린 경우를 몇 개 말해보라 (194쪽 참조).

9. 루스 그레이엄의 예를 보고(197쪽 참조), '안식의 순간을 만들기' 위해 당신이 할 수 있는 일은 무엇인가?

10. 인생의 결심을 하나 적어보자. 예를 들어, '인생의 지도에 안전한 장소들을 자주 그려넣을 것, 인생의 달력에 안식일 혹은 고요한 시간들을 체크해둘 것'.

15

특별한 친구들

Special Friends

조셉 헬러(Joseph Heller)의 소설 '일이 생겼어(Something Happened)' 안의 허구적인 내레이터인 밥 슬로컴은 자신이 거의 20년 간을 일해 온 회사 안의 동료들 사이에서의 인간 관계의 본질을 묘사하고 있다. 그 묘사는 피곤에 지치고 방향 감각조차 잃어버린 남녀들을 을씨년스럽게 표현하고 있으며, 이 관계들을 꼭 졸라매고 있는 지배적인 주제는 슬로컴이 지적하듯이 바로 공포이다. 그는 자기 동료들과 밑사람들에 대해 이렇게 말한다.

내 부서에 보면 여섯 명은 나를 두려워하고, 조그만 비서 하나는 우리 모두를 두려워한다. 그 누구도, 심지어 나까지도 두려워하지 않는 사람을 하나 데리고 있긴 하지만 · · ·

우편 배달부나 사무실의 남녀 사환, 심부름하는 아이들, 전보 배달인, 그리고 조수들, 종류와 나이를 막론한 그런 사람들이 다 틀림없이 회사 사람들 전부를 두려워하고 있다는 생각이 문득문득 든다.27)

밥 슬로컴은 그의 상사인 잭 그린과의 관계를 더 상세히 묘사하고 있다.

나는 종종 그가(잭 그린이) 늦거나 자기 일을 잊으면 보호하고 지켜준다. 그리고 나는 내 부서에서 나오는 괜찮은 일을, 그가 하기엔 과분한 일을 맡기기도 한다. 하지만 '그 일 내가 했어'하고 말하는 일도 없고 다른 사람이 잭 그린을 칭찬하는 말도 알려주지 않는다. 나는 그린이 불안해하는 모습을 보는 게 재미있다. 그가 날 불신하는 것이 즐겁다(자존심 문제이긴 하지만). 그를 안심시킬 필요가 있을 때만 그럴 뿐이다.
그러므로 이 회사 안에서 그린의 가장 친한 친구는 내가 된다. (pp.27)

슬로컴은 그곳의 지치게 만드는 작업 환경을 묘사한다. 그곳은, 사람들이 "같은 팀"이 정말 경쟁자인지 아닌지를 궁금해하며 시간을 다 써버렸기 때문에 생산성과 창의력이 모두 빠져나가 버린 이들만 있는 곳이다. 그런 환경에서 사람들은 피곤해지는 것이다.
나는 우리가 아는 많은 사람들이 이런 비슷한 상황 속에서 일하고 있다는 생각이 강하게 들었다. 아마 더 많은 사람들이, 만약 질문 받는다면, 그들의 가족 생활이 이런 불행한 종류의 대인 관계로 표시되어 있다는 것을 인정할지도 모른다. 교회 생활이 이런 비슷한 상황이라고 생각하는 또 다른 그룹도 있지 않을까?
여러분이 이런 방법으로 서로를 고갈시키는 한 무리의 사람들을 볼 때, 머릿속에서 세 사람이 페달을 밟아야 하는 탠덤 자전거를 떠올려볼 수 있다. 우리들 대부분이 보통 만화에 쓰이는, 맨 앞에 탄 사람만 고생스럽게 페달을 밟고, 그 동안 두 번째, 세번째 탄 사람들은 승객이 되어 그저 앉아서 경치 구경이나 하는 재미있는 광경을 보아 왔다. 앞에 탄 사람은 뒤에 탄 두 사람이 뭘 하고 있는지 돌아볼 수가 없다. 그는 그들도 자기처럼 열

---

27) Heller, *Something Happened*, p.12

심히 일하고 있을 것이라고 추측한다. 그러나 그렇지가 못하고, 한 사람이 세 사람 몫의 일을 하기 위해 남겨지는 것이다. 그는 자전거를 똑바로 유지시키기 위해, 어디로 가기보다는 그저 계속 움직이도록 하기 위해 자신의 에너지를 다 써버리고 만다. 그 결과, 피곤이 쌓이고, 계속 가려고 하는 욕망의 느린, 그러나 확실한 상실이 오는 것이다.

조셉 헬러의 소설에 나오는 공포로 가득 찬 사람들과 반대되는 모습은 출애굽기에 나오는, 산꼭대기에 선 모세의 모습일 것이다. 그와 이스라엘 백성들은 시내산으로 가는 도중에 길을 막고 못 가게 하는 아말렉 사람들과 조우(遭遇)하게 되었다. 그것은 백성들이 홍해를 건넌 후 처음으로 맞는 심각한 위협이었다.

모세는 전투를 맞이했을 때 '관계'에서 오는 힘을 잘 이용했기에 이길 수 있었다. 그의 전쟁 계획은 관계, 내가 결국 특별한 친구들이라고 부르게 될 그런 관계에 달려 있었다.

"모세가 여호수아에게 이르되 우리를 위하여 사람들을 택하여 나가서 아말렉과 싸우라 내일 내가 하나님의 지팡이를 손에 잡고 산꼭대기에 서리라"(출 17:9). 그래서 여호수아는 아말렉과 싸우기 위해 이스라엘 군대를 이끌고 골짜기로 내려갔고, 모세는 조력자들인 아론과 훌과 함께, 하나님의 능력과 권위를 상징하는 지팡이를 올리기 위해 산꼭대기로 올라갔다.

전투에서 밀고 밀리며 싸우고 있는 두 군사들에게 있어서는 참으로 흥미로운 날이었다. 성경에는 모세가 지팡이 든 팔을 올리고 있으면 이스라엘 군대가 아말렉을 이기기 시작했다고 기록되어 있다. 그러나 그가 팔을 내리면 상황은 반대가 되었다.

"모세의 팔이 피곤하매" 기자는 이렇게 적었다. 그것은 모세의 조력자들에게 있어서 행동하라는 지시였다. 돌을 가져다가 모세를 앉히고, 아론과 훌은 양편에 서서 그의 손을 받쳐 올렸다. 결과는 "그 손이 해가 지도록 내려오지 아니한지라"(12절)였다.

골짜기에서는, "여호수아가 칼날로 아말렉과 그 백성을 쳐서 파하니라"(13절). 희한한 사건이었으며, 비범한 전략이었다. 그러나 속에 숨은 뜻은 무한하다. '특별한 친구들' 이라고 부르고 싶은 그런 이들에게 둘러싸인 사람, 그리고 그들은 그들 중 혼자서는 아무도 이룰 수 없었던 일을 해낸 것이다.

만약 우리들 각자가, 우리 생활 속의 안전한 장소를 보여주는 지도와 평온한 시간을 보여주는 달력을 가지고 있다면, 이제는 우리의 특별한 친구들을 적어내려갈 주소록을 하나 마련해야 하겠다. 그들은 과연 누구일까?

특별한 친구들. 모세의 주소록에는, 양쪽에서 그의 팔을 하늘을 향하여 붙들어주어서 "그 손이 해가 지도록 내려오지 않게" 만든 아론과 훌이 있고, 그들과 대등한 노력으로 골짜기에서 싸운 여호수아가 포함될 것이다. 만약 모세가 승리를 가져온 특별한 친구들의 도움을 거절하고 혼자서 하기를 고집했다면, 몰려오는 피로가 일을 불가능하게 만들었을 것이다. 확실히 한 팀이었다.

특별한 친구들은 영적인 열정을 절약해주는 역할을 하며, 대부분의 경우에 있어서 필수 불가결한 역할을 한다. 우리 세계의 고갈된, 그리고 그저 좋은 사람들과는 다르게, 특별한 친구들은 서로의 영적인 열정을 찾아주고, 또 유지시키는데 도움을 줄 의무를 가지고 있다. 특별한 친구들의 모임의 멤버 각각이, 다른 사람의 성공에 같이 기뻐해주며, 실패하면 같이 울어주는 것이다. 그들은 누군가 승리했을 때 시샘하지 않으며, 실패를 만족해서 바라보고 있지 않는다.

최근에 우리 기독교 관계의 이해 부분에서 환영할 만한 혁명이 있어 왔다. 결혼과 가족, 그리고 상처받은 이들을 치료하는 것에 대한 참으로 많은 책들이 나왔다. 그리고 이 혁명은 우리가 튼튼한 개인적 관계들을 세우는 것에 대한 의식에 영향을 주어 왔다. 그러나, 아마도 관계상의, 순향(proactive)학습으로부터 오는 전망에 대한 책들은 그리 쓰여지지 않은 것 같다. 그것은 팀과 팀웍(공동 작업)에 지속적인 가치를 두는 것을 말한다. 나는 우리가 서로의 잠재력을 증진시키거나 약점을 막아주기 위하여, 서로 동료 의식 속으로 들어가는 방법에 대해 말하고 있는 것이다.

최근의 소설과 영화 중 한 편은, 팀웍의 개념에 대항해 투쟁하는 젊은 미 공군 전투기 조종사를 그리고 있다. 줄거리가 전개됨에 따라, 전투기 비행대에 있는 그의 동료들이 그가 공군에서 가장 뛰어난 조종사라는 데 쉽게 동의하고 있는 것이 확실해진다. 그러나 항상 덧붙이는 것은, 그에 못지 않게 위험 인물이라는 것이다. 그는 비행 규약의 기본적인 것들을 공공연히 어기는가 하면, 비행기를 압력에 견디는 극한까지 몰고가곤 한다. 그리고 비행 대회에 나가면 이기기 위해 사정없이 경쟁을 한다.

그가 최고라는 사실에도 불구하고, 그 누구도 그와 사귀려 하지 않는다. 왜 그런가? 동료들은 그가 자신 외에는 누구도 상관할 줄 모르는 사람이라는 것을 알았기 때문인 것이다. 그 조종사는 특별한 친구들 모임의 한 부분이 될 수 없는 사람이다.

줄거리는 그 조종사의 투쟁, 자신이 팀의 한 사람이 되지 않으면 절대 이룰 수 없는 임무를 앞에 둔 개인주의자의 투쟁에서 절정에 다다른다. 규율에 복종하지 않음으로써, 그는 위험한 공중선의 한가운데 있는 그의 동료 한 사람을 내버려두었고, 또 다른 조종사가 격추당했다. 본의 아니게 비행기를 압력의 한계까지 몰고가버려서, 비행기는 추락했고 그 때문에 그는 다치고, 같이 있던 조종사는 죽고 말았다. 그 때서야 자신의 영웅 놀이의 결과에 대한 공포가 그의 마음에 깊이 자리잡기 시작했다. 줄거리의 마지막에서 그 젊은이는, 서로를 격려해서 더 큰 개인적 성취까지 이루게 해주는 특별한 친구들의 의미를 이해하기 시작한다.

나는 '특별한 친구들'에 대해서이지, 결코 '아는 사람'에 대해서 말하고 있는 것은 아니라는 것을 강조하고 싶다. 왜냐하면 우리가 많이 가지고 있는 것은 후자이지 전자가 아니기 때문이다. 우리의 분주한 생활과 그 달력에는 특별한 친구들을 위한 여지(餘地)가 거의 없다. 그들을 가지기 위해서는, 그들을 양육하고 그것을 유지하는데에 중요한 시간, 다른 좋은 목표나 목적을 위해 쓰여져야 할 것일지도 모르는 시간을 투자해야 한다.

우리 중 대부분이 특별한 친구들을 양육하는 일은 우리가 하는 일과와는 다른, 따로 떼어 해야하는 것이라고 생각하는 것 같다. 그러나 나는 특별한 친구들을 키우는 것이 우리 일과의 한 부분이라는 것을 믿게 되었다.

사도 바울은 분명히, 특별한 친구들을 양육하도록 위임받은 사람이었다. 그는 그들이 어떤 사람들인지 알고 있었고, 자신의 영적인 열정에 공헌을 하는 것을 정규적으로 인식하고 있었다. 그의 친구들은 그가 확실히 의존할 수 있는, 그들 없이는 그가 생존할 수 없었을지도 모르는 힘의 원천이었던 것이다.

그의 주소록에는 그와 함께 일하고 함께 살았던 아굴라와 브리스길라(행 18:3 참조), 오네시보로("저가 나를 자주 유쾌케 하고"(딤후 1:16)), 빌레몬("내가 너의 사랑으로 많은 기쁨과 위로를 얻었노라"(몬 1:7)), 누가, 그리고 다른 많은 사람들이 있었다. 바울의 친구들은 나이와 배경을 막론했고, 그는 그들을 양육하는데 지대한 공을 들인 것으로 보인다.

바울은 자신의 피로를 묘사하면서 이렇게 썼다. "하나님이 디도의 옴으로 우리를 위로하셨으니"(고후 7:6). 로마로 가는 끔찍하고 지치는 여행에서, 교회의 형제들은 바울이 목적지에서 가까운 곳에 왔다고 들었을 때가 있었다.

> 거기 형제들이 우리 소식을 듣고 압비오 저자와 삼관까지 맞으러 오니 바울이 저희를 보고 하나님께 사례하고 담대한 마음을 얻으니라(행 28:15)

우리는 행동하는 특별한 친구들의 핵심에 대해 읽고 있는 것이고, 그들이 왔을 때, 그들은 바울의 영적인 열정, 여행으로 인한 피로 때문에 말라버렸을지 모를 열정의 회복 가능성을 가지고 왔다. 조셉 헬러의 소설 안의 사무실 분위기와는 아주 틀리지 않은가?

우리 주소록에 있는 동료들, 특별한 친구들이란 누구인가? 특별한 친구들이란 영적인 열정이란 주제가 중요한 문제가 되는 사람들이다. 나는 최근에 이 질문을 아주 심각하게 생각해보았다. 아마도 이 질문은 중년에 접어든 사람들(특히 남자들)에게 있어서 중요하게 다가올 것 같다.

최근에 나는 똑똑하고 아주 성공적인 기술자와 경영 간부들 그룹과 몇 시간을 함께 하면서, 내면의 개인적인 규율에 대해서 대화할 기회를 가졌었다. 그 그룹은 우리가 특별한 친구들에 대하여 이야기하며 시작했을 때보다, 지금 내가 하려고 하는 얘기에 금방 더 큰 관심을 보였다.

"중년의 나이가 된 남자들이 자신들이 대단히 외롭다는 것을 발견하게 되는 게 신기한 일은 아니죠." 라고 나는 말했었다. "그들에게 절친한 친구가 있느냐고 물어본다면, 대부분이 '난 그런 친구가 없는 것 같아요'라고 대답할 겁니다."

그 그룹은 왜 그래야 하는지에 대해서 얘기하고 싶어했다. 왜 그들은 그런 우정을 만들 능력을 상실해버렸는가? 왜 그들 대부분은, 가장 마지막으로 그런 종류의 친밀감을 가졌을 때를 대학 시설로 마감해야 하는가?

가능한 해답은? 나는 이렇게 제안하고자 한다. 중년의 나이가 된 남자들은 그들의 에너지를 직무상의 성공 경력을 쌓는데에 너무도 많이 써버려서, 미처 사람들과의 관계를 생각해볼 시간을 갖지 못했다고 말이다. 그리고서 칼 융(Carl Jung)이 언젠가 말했던 "인생의 정오(noon of life)"에 와서, 그들은 자신들이 배우자나, 이제는 사춘기를 지나고 있는 아이들과의 충분한 친밀감을 얻지 못했다는 것을 깨닫게 된다. 더구나, 그들은 학창 시절의 친밀했던 친구들과 거의 접촉을 않게 되고, 이제는 곁에 남는 것은 직장 동료들밖에 없는 것이다.

이런 얘기들을 해보니, 이 특별한 친구들에 대한 문제가 이들에게 있어 심각하게 받아들여지고 있다는 것이 확실해졌다. 그래서 우리는 특별한 친구들을 만드는데 필요한 힘을 얻는 방법에 대해 대화하면서 상당한 시간을 보냈다.

특별한 친구의 원천을 구성하는 성분은 무엇인가? 나는 우리가 필요로 하는 동료들의 종류를 생각 중이다. 우리들 중 늙은 사람들 몇몇은 옛날에 길모퉁이 부지에서 하던 야구 경기를 기억할 수 있을 것이다. 쓰레기통 뚜껑을 베이스 삼고, 허둥지둥 발로 땅에 선을 그려놓고 그 선을 넘으면 파울볼이라고 정했었다. 그리고 선수들은 두 명의 주장에 의해 나뉘어졌다. 그들은 누가 먼저 선수를 선택할 것인가를 결정하려고 배트를 앞뒤로 던졌다. 주장들의 교대로 하는 선택은 선수들이 어느 자리에서 뛸 것인가를 결정해주었다. 여러분이 주장이었다면, 중요한 것은 여러분 자신의 힘을 보충하기 위해 어떤 종류의 동료가 필요한지 아는 일인 것이다.

영적인 열정을 유지하는데 도움을 주는 여섯 부류의 사람들

영적인 열정을 선수 각자에게 제공해줄 수 있는 팀을 통해 이제 생각해보자. 목표를 위해서 어떤 부류의 선수와 자리가 필요한가? 괜찮다면, 여러 가지 자리가 있으며, 나는 한 사람이 모든 부분을 다 해낼 수 있다고 (또는 해내야 한다고) 생각하지는 않는다. 그러나 중요한 것은, 영적인 열정을 유지하고 발전시키고 싶어하는 사람들은 개인적인 인간 관계를 상세히 조사하여 특별한 친구들 모임의 동료가 있는지 보아야 한다. 그런 이들이 없다면, 우리는 탠덤 자전거 맨 앞에 앉아서, 우리가 해야 하는 것보다 더 많이 페달을 밟으며, 왜 많이 전진하지 못하는지 궁금해하는 우리 자신을 발견하게 될지도 모른다. 특별한 친구들 그룹에 있는 동료들 몇몇을 나열해보겠다.

1. 후원자 (The Sponsor)

드와이트 데이빗 아이젠하워(Dwight David Eisenhower)대통령의 생애를 연구하는 학생들은 보통 초기, 미 육군 안에서의 그의 군사 경력이 시원찮았고, 그리 인정받지도 못했다는 것에 동의한다. 그 후에 그는 파나마운하 지대로 전출되어가서 폭스 코너(Fox Conner)장군 휘하에서 몇 년 간 복무했다. 두 사람 사이의 특별한 관계는 발전했고, 곧 코너 장군은 아이젠하워의 후원자가 되었다. 결과는? 아이젠하워는 갑자기 지휘력과 조직력을 발휘하기 시작함으로서 궁극적으로는 조지 마셜 장군의 눈에 띄게 되었고, 장군은 2차 세계대전 때 유럽에 파송된 군대의 지휘권을 그에게 주었다. 폭스 코너와의 특별한 친구의 관계를 회상하면서 아이젠하워는 후에 이렇게 썼다.

> 코너 장군과의 생활은, 군대 업무와 인간성을 배우는 일종의 대학원에 다니는 기분이었다. 그는 사람과 그들을 지휘하는 것에 있어 풍부한 경험을 가진 사람이었으며, 나는 그로 인해 서서히 변화되었다. 나는 이 신사에게 어떻게 감사를 표해야 할지 정말 모르겠다. 위대하고 훌륭한 사람들과의 평생에 걸친 교제 속에서도, 그는 눈에 보이지 않게 내가 막대한 빚을 지고 있는 사람이다.28)

이 말들은 내가 폭스 코너를 후원자라고 부르는 이유를 보여주고 있다. 후원자란 물론 고문이나 선생의 또 다른 이름이다. 우리는 이미 다른 장에서 VRP, 우리의 에너지나 열정을 빼앗기보다는 부어주는 아주 생산적인 사람들에 대해서 생각해보면서 후원자의 역할을 보았다.

그러나 이제는 이 역할을 특별한 친구들의 그룹에서 다시 한번 보

---

28) Eisenhower, *At Ease*, p.136

도록 하자. 후원자는 우리를 기회와 가능성으로 안내하는 아주 생산적인 사람들(VRP)이라고 할 수 있다. 그, 혹은 그녀는 보통 가까이 있으며, 용기나 안내, 확신이 필요할 때 도움을 청할 수 있는 사람이어서, 선택한 길은 올바르다.

구약 성경의 모르드개와 에스더의 관계만큼 후원자의 관계를 가장 잘 나타내주는 것도 드물 것이다. 바벨론에 있던 유다인들은 왕의 가까운 의논 상대인 하만의 흉계로 인한 대학살의 위협에 시달리고 있었다. 잠시 동안은, 그 함축된 의미를 전혀 모르고 왕이 서명해버린 그 포고령을 파기할 방법이 아무것도 없는 것처럼 보였다(에 3:7-12 참조).

이 사건과 병행하여, 왕은 새 아내, 우리가 알고 있는 한 뛰어나게 아름다운 처녀였던 에스더를 궁전으로 데리고 왔다. 그 때의 관습에 의하면, 에스더는 부름을 받았을 때만 왕의 면전으로 나아갈 수 있었다(에 4:11 참조). 부름을 받지 않고서 나아가는 것은 죽음을 의미하는 것이었다.

에스더의 후원자는 바로 모르드개였으며, 가까운 친척으로서 그는 어릴 적부터 그녀를 키웠다. 학살이라는 위기의 순간에 처해서, 그는 사람을 보내어 그녀로 하여금 왕 앞에 나아가서 하만의 칙령과 유다인의 곤경을 호소할 것을 요구했다. 법률 때문에, 에스더가 그의 후원자에게 한 대답은 극히 부정적인 것이었으나, 그것에 대해 모르드개는 이렇게 응답했다.

> 너는 왕궁에 있으니 모든 유다인 중에 홀로 면하리라 생각지 말라 이때에 네가 만일 잠잠하여 말이 없으면 유다인은 다른 데로 말미암아 놓임과 구원을 얻으려니와 너와 네 아비 집은 멸망하리라 네가 왕후의 위를 얻은 것이 이때를 위함이 아닌지 누가 아느냐(에 4:13-14)

이런 식의 재촉에 의해, 에스더는 마음을 바꾸고 행동으로 옮기기 시작했다. 그리고 그 행동으로서 결국 그 나라 안의 모든 유다인들은 생명을 구하게 되었던 것이다.그러나 어떻게 이런 일이 생겼는가? 이 일을 해낸 것은 에스더 자신의 열정에 의해서였던가? 크게 상상해볼 필요도 없이, 혼자서는 그녀는 마비되어 움직이지도 못했을 것이다. 그 열정은 후원자의 행동을 통해 전해진 것이다. 에스더는 그 일이 책임이며 기회라는 것을 확신시켜주는, 재촉하는 특별한 친구를 가졌다고 말할 수 있다. 그는 문자 그대로 그녀에게 용기를 꽉 눌러 심어주었으며, 그는 종이 한 장에 적힌 메시지로서 그렇게 했던 것이다.

모르드개가 그 젊은 여인에게 준 영향은 그 정도였으나, 그것으로 족했으며, 그녀는 곧 왕궁의 어전으로 나아갔다(에 5:1 참조).

모르드개가 한 일은 무엇인가? 그는 궁 밖에서 그 문제와, 위험과, 가능성과, 천국의 견지에서 더 큰 전망을 전달받고, 그것을 해석하여 에스더에게 보내주었다. 에스더의 상황에서, 그녀는 제한된 관습과 개인적인 위험 밖에 볼 수 없었다. 혼자서, 그녀는 어떻게 해야 할지 조금도 생각이 떠오르질 않았다. 그러나 모르드개는 그녀의 위치가 가지는 잠재력을 인식하고, 그것에 주목하도록 요구했다. 그는 치어리더의 역할을 했던 것이다. "넌 할 수 있어!" 그녀는 그대로 행했다.

이것은 후원자나 고문이 하는 역할의 본보기이나, 그들이 역할을 다하면, 후원을 받은 사람에게 있어서는 아주 새로운 현실의 장이 열리게 되는 것이다. 후원자들은 영적인 열정과 비전의 생성에 도움을 준다. 그들은 종종 할 수 있다는 느낌을 전해준다. 하나님께서는 에스더를 활동시키기 위해서 후원자를 이용하셨다.

나는 우리가 중년을 잘 보낼 수 있게 될 때까지 후원자가 필요하다고 생각한다. 그 이후에 어쩌면 우리는 그 필요성을 느끼지 못할 수도 있다. 우리가 그들에게 매우 자주 도움을 청하지 않게 되더라도, 그들이 언제나 있어준다는 것, 그리고 우리가 에스더 같은 결정을 해야 할 때가 되면 언제나 그들로부터 좋은 해답을 끌어낼 수 있다는 것을 안다는 것은 매우 안심

되는 일이 아닌가?

젊은이들과 모여앉아 후원자나 고문에 대해서 대화할 기회를 가질 때마다 나는 필수적으로 다음과 같은 질문을 받는다. "목사님이 설명하셨던 그런 후원자를 과연 어디서 찾을 수 있을까요?" 내가 보통 하는 간단한 대답은 "나가서, 여러분들이 저렇게 되리라 원했던 소망을 만족시켜주는 생활방식이나 행동을 하는 사람을 찾아보세요."이다.

"난 가지고 있어요." 종종 이런 대답이 돌아온다. "하지만 그런 사람을 꼽아놓고 나선, 그 사람이 너무 바쁘다는 것을 알게 되는 걸요."

너무 바쁘다! 나는 그들이 맞다고 생각한다. 현대 생활은 할 일들이 너무 많아서, 후원자라는 관계는 너무나 자주, 자칭 후원자라고 하는 사람과 후원자 '같은' 사람에 의해 희생되고 있다. 후원자의 관계는, 대부분의 사람들이 진행되어야 할 프로그램이나 좀더 고양된 활동들에 쏟고 있는 시간보다 더 많은 시간이 걸린다. 결과는? 기독교 사회는 아마도 상당한 수의, 후원자 같은 특별한 친구의 도움을 필요로 하고 있는 잠재적인 지도자들을 잃게 될 것이다.

후원자는 꼭 친구일 필요는 없다. 그, 또는 그녀는 특별한 목적을 갖고 주어진 시간 안에 우리 생활에 들어온다. 거기에 보통 그 관계의 목표가 있다 : 어리거나 경험이 없는 사람을 어떤 중요한 사람으로 이끌어주기 위해서인 것이다. 그런 다음엔, **그리스도조차 제자들과 3년 동안 다니시고 마지막에 말씀하신 것처럼 "내가 떠나가는 것이 너희에게 유익이라"(요 16:7)의 순간이 오는 것이다.**

"나의 후원자들 중엔 죽은 사람들이 많아요." 나는 종종 아내 게일이 이렇게 말하는 것을 들었다. "하나님의 사람들의 숨겨진 비밀을 발견할 수 있는 위대한 자서전들 속에서 그들을 찾아냈어요. 완전히 일치하지는 않아도, 내가 영적으로 자랄 필요를 느끼는데 그걸 기꺼이 제공해줄 성숙한 경험많은 사람들이 없을 때, 많은 도움이 돼요."

그리스도의 왕국을 확장하기 위한 강하고 열정적인 사람들을 기르는데 있어서, 어린 그리스도인들이 모델과 치어리더를 필요로 할 때, 원숙한 성도들이 그들의 특별한 친구로서의 후원자가 되어주는 것만큼 효과적인 방법은 거의 없는 듯 하다.

오늘날 교회가 치르고 있는 감당키 어려운 문제는, 아이들을 다 양육한 후, 돈을 벌고 싶다거나 "인생에서의 의미와 정체성" 을 더 찾고 싶다는 등의 생각보다는, 그저 아무 이유 없이 시장에서 하던 일로 돌아가려는 나이든 여성들의 선택이다.

나는, 어떤 사람들은 경제적 이유 때문에 - 대학 수업료가 흔한 이유이다 - 그렇게 해야 한다는 것을 인정했지만, 나이든 사람들이 어린 사람들을 가르치거나 후원해주어야 한다는 성경에 나타난 권고를 알지 못하는 이들을 걱정스럽게 주목해본다. 다음 세대에 자기 자신을 기증하는 것만큼 사회에 대한 위대한 공헌이 또 있을까? 젊은이들, 특히 가족 관계에 문제가 있는 가정에서 온 이들은 더욱, 후원자를 소리쳐 부르고 있다.

특별한 친구들 그룹의 목록 중에서, 나는 다음으로 확언자의 위치에 주목해보고자 한다.

2. 확언자 (The Affirmer)

확언자는 특별한 친구들의 주소록 안의 두 번째 사람이 되어야 한다. 그, 또는 그녀는 우리 곁에서 같이 움직이며, 우리가 운명을 행동에 옮길 때 격려해주는 사람이다. 그는 후원자가 떠난 자리를 이어받으며, 우리가 하고 있는 일과 무엇이 될 것인가를 적어서 그것에 가치를 부여한다.

확언자의 역할이 예수님의 세례에 뒤따라 일어났던 순간처럼 아름답게 예시된 곳도 드물 것이다. 그 세례는 죄인들을, 공개적인 회개가 필요한 사람들을 위한 것이었다. 죄가 없으셨기 때문에 예수께 있어서 그런 세례는 필요치 않았지만, 어쨌든 그분은 예증으로서, 위해서 죽으실 그 백성들과 하나되시기 위해 세례를 받으셨다.

예수께서는 물을 나오실 때, 자신을 세례받게 하신 하늘에 계신 아버지의 계획에 어떤 의심을 품었을까? 과도한 공포를 일으킬 수 있는, 다가오는 십자가의 고뇌를 보여주는 어떤 느낌이라도 있었는가? 그분은 이 죄악한 인류와 동일시됨으로서 자신의 명예가 훼손된다는 생각의 유혹에 빠질 수도 있으셨을까?

그런 자기 의심의 유혹이 있었다면, 그것들은 재빨리 하나님 아버지의 확언, "너는 내 사랑하는 아들이라 내가 너를 기뻐하노라"(막 1:11)라는 말씀에 의해 일소되어야 했다. 단 한 마디 말로 인해 아버지와 아들의 관계의 굳건함이 확언되었고, 예수께서 이후에 하신 일들은 확실히 승인되었으며, 그분이 가지신 동기의 올바름이 역설되었다. 만약 그분의 영적인 열정이 정말 감소되었었다면, 그것도 회복될 수 있었으리라.

우리는 확언이란 것을 절대, 인간 관계에서 부주의하게 불쑥불쑥 튀어나오는 공허한 칭찬이나 열렬한 찬사로 오인하지 말아야 한다. **확언이란 상호간의 진정한 발견과 평가의 행위이다. 또한 충동적인 것도 아니며, 보답으로서의 호의를 바라고 해주는 것도 아니다. 확언이란 한 개인이 다른 사람에게 주는 도움을 말하며, 그것으로써 그, 또는 그녀가 활동과 삶 속에서 하나님의 생명을 볼 수 있도록 해주는 것이다.**

나는 하나님으로부터 영광을 도둑질하는 것이라는 이유 때문에 생각 없이 확언을 무시하는 전통 속에서 살아온 수많은 사람들과 목회에서 일해 왔다. 그것이 사실이라면, 바울이 데살로니가 교구를 "너희가 마게도냐와 아가야 모든 믿는 자의 본이 되었는지라"(살전 1:7)라고 확언했을 때, 빌레몬에게 "모든 성도에 대한 네 사랑과 믿음이 있음을 들음이니"(몬 1:5)라고 확언했을 때, 자신의 생명을 걸고서까지 에바브로디도가 바울에게 보여준 충실한 봉사에 대해 확언했을 때 그는 하나님에게서 영광을 도둑질

한 셈이 되는 것인가?

확언해주는 행위가 없을 때 - 특히 젊은 사람들 가운데서 - 사람들은 자신의 공헌이 충분한지, 차이가 있든지 없든지간에 궁금해하며 투쟁하게 된다. 결과로서 활력과 영적인 열정의 상실이 오는 것이다.

남들과 마찬가지로, 나도 확언자와 부정자(de-firmer) - 내가 새로 조합한 말이다 - 들과 같이 일한 경험을 가지고 있다.

부정자는 무감각하고, 무시하며, 무관심하게 일하고, (더 심하면) 명백하게, 전적으로 악의를 가지고 일한다. 그는 여러분이 정신적인, 감정적인, 육체적인 에너지를 소모하여 어떤 일을 끝냈을 때를 골라서, 여러분의 동기나 작업의 질, 성취하려고 시작한 일의 결과에 대해 의심을 품는다. 즉시 여러분은 상처받고, 그만두고 싶은 유혹을 느끼며, 화가 나서 싸우고 싶어지는 것이다. 열정을 써버리는 가운데, 여러분은 가장 가벼운 공격에도 상처받게 되며(엘리야를 기억해보라!), 부정자는 그걸 느끼고 그 순간을 이용해 여러분을 초라하게 만드는 것이다.

우리는 부정자가 우리에게 다가오는 것을 간파할 수 있어야 할 뿐만 아니라, 경우에 있어서 우리가 부정(de-firm-ation)의 죄를 저지르지는 않았는지 우리 자신에게 실문해볼 필요도 있다. 부정자가 되기는 쉽고, 늦이 버릴 때까지 알아채지 못하는 경우도 다반사이다.

그러나 물론 확언의 순간에 대한 경험도 있다. 최근에, 나는 중서부의 잘 알려진 교회에서 설교를 준비하고 있었다. 나는 피곤했고, 집에 있었으면 하고 바랐으며, 내가 직면하고 있는 이 책임을 어떻게 수행해야 할까 의심을 품고 있었다. 내가 하나님의 말씀을 가지고 그 모임을 만나는데 있어서 전혀 영적으로 열렬하지 않았던 것이다.

그때 한 안내원이 내 곁으로 와서 쪽지 하나를 건네주었다. 그 쪽지를 쓴 사람은 최근에 내가 한 일련의 이야기들, 그리고 내 이야기로 인해서 그와 그의 가족의 생활의 변화되었다는 일을 일깨워주었다. 그는 그 쪽지에, 하나님의 성령이 나를 다가오는 설교를 위해 써주시기를 요청하는 기도도 같이 써넣었던 것이다. 즉시 나는 새로운 용기와 소망을 갖게 되었다. 확언의 결과로서 온 열정이었다. 나는 그 쪽지를 쓴 사람 - 쪽지에 이름은 없었지만 - 이 하나님께서 내게 주신 선물이었다는 사실을 믿어 의심치 않는다.

후원자와 확언자는 훌륭한 동료들이다. 그들은 가까이 하기에 좋은 이들이며, 우리는 도움을 받기 위해 그들이 있기를 바란다. 그러나 우리가 이 사람들과 교제하는 것이 좋다면, 다른 사람들과의 관계에서도 우리가 그런 역할들을 다하고 있는지의 여부가 중요해지는 것이다. 왜냐하면 우리는, 우리 팀에서 그들을 필요로 할 뿐만 아니라, 다른 사람들의 팀에게도 봉사할 수 있는 우리 자신이 필요하기 때문이다.

약간의 후원자와 확언자들이 밥 슬로컴의 사무실 분위기를 바꿀 수 있었을 테지만, 그들은 아무데서도 찾을 수 없었다. 결과는? 사람들이 일을 열심히, 잘 하려는 추진력과 욕망을 잃어버린 피곤하고 지겨운 장소만이 남을 뿐이다. 열정 없는 곳. 그와 같은 장소에서는 모르드개 같은 이가 필요할 것이다.

토론 문제

1. 당신의 경험이나 대중 매체를 통해 알려진 이야기들 중 서로를 고갈시키는 사람들의 예를 하나 들어보자(201~202쪽 참조). 이제, 서로를 뒷받침해주는 특별한 친구들의 모임의 예를 하나 들어보자(204쪽 참조). 두 그룹에 대해 몇 가지 조사를 해보라.

2. 저자는 영적인 열정의 관리에서 없어서는 안될 부분을 맡고 있는 사람들이 있다고 한다(204~208쪽 참조). 그들은 어떤 사람들인가? 당신의 개인적인 경험을 토대로 보아 저자가 한 관찰의 정확성에 얼만큼의 타당성을 부여해 주겠는가?

3. 영적인 여행에서 후원자를 가지게 된다는 것에 대해 어떻게 생각하는가(209~210쪽 참조)?

4. 모르드개가 에스더이 후원자였다는 것에 동의하는가(210~211쪽 참조)? 동의한다면, 그 관계로 인해서 특별하게 달성된 것은 무엇인가?

5. 신약에 나타난 후원자 관계의 예를 들어보고(212쪽 참조) 그 결과를 자세히 설명해보라.

6. 저자가 말한 확언의 정의를 내려보라(213쪽 참조). 당신이 확언해주어야 할 그리스도인 한 사람을 골라라. 그 정의를 마음 깊이 간직하고, 그 형제 혹은 자매에게 관심과 격려를 보여주기 위해서 당신이 할 수 있는 일과 해줄 수 있는 말을 열거해보라.

7. 다음의 특별한 친구들 목록을 채워보자.

   a. 후원자

   b. 확언자

   c. 당신이 후원자가 되어 주어야 할 사람

   d. 당신이 확언해 주어야 할 사람

16

더욱 특별한 친구들

More Special Friends

야구를 할 때, 거의 모두가 싫어하는 자리가 있게 마련이다. 길모퉁이 부지에서, 선수들을 두 팀으로 나눌 때 그 누구도 포수를 하기 싫어한다는 것이 명백했다. "조이, 네가 포수를 해." 하고 주장은 보통, 필드에 서 있는 조그민 소년을 지목하며 이렇게 말하기 마련이다.

"아이구, 안 돼!" 필경 그 꼬마는 외칠 것이다. "난 지난 주에 했잖아요. 스미티를 시켜요. 그 앤 플라이 볼을 못 잡아요." 이 문제의 골자는 포수의 자리가 위험하기 때문이라는 사실에서 기인한다. 포수는 쭈그리고 앉아야 하기 때문에 무릎이 아프고, 배트가 던져질 때 타박상을 입기도 하고, 홈 플레이트로 미끄러져 들어오는 주자와 충돌하는데서 오는 아픔도 만만찮다. 포수가 된다는 것은, 단순히 말해서 절대 부러움을 받는 자리가 아니다.

특별한 친구들의 그룹에는 그리 즐겁지 못한 자리도 있다. 나는 이것을 질책자의 자리라고 부르겠다.

3. 질책자 (The Rebuker)

팀 안에 질책자를 포함시킨다는 것은 용기가 필요하다. 왜냐하면 그, 또는 그녀가 말하는 것은 종종 감정을 해치며, 영혼에 상처를 남기기 때문이다. 그러나 우리는 어쩌면 특별한 친구들 가운데 가장 중요한 멤버에 대해 말하고 있는 것일지도 모르는 것이다. 우리 모두에게는 - 정말로 원하지 않을지라도 - 진실을 말하는 사람들이 필요하다. 그들을 거절하거나 피하게 되면, 영적인 열정은 커다란 위험에 처할 수도 있다. 잠언의 저자들은 질책자의 자리에 있는 사람들에게 큰 사례를 하고 있는 것을 볼 수 있다. "면책(面責)은 숨은 사랑보다 나으니라 친구의 통책은 충성에서 말미암은 것이나 원수의 자주 입맞춤은 거짓에서 난 것이니라" (잠 27:5,6)

진실을 말하는 것이 우리 세계에는 부족하다. 우리 인간 관계는 종종 우리 뒤에서는 진실을 말하나 앞에 대놓고는 하지 못하는 사람들을 포함한다. 전자는 파괴적이고 후자는 건설적이다. 거꾸로, 지도자의 책임이 주어진 많은 사람들은 사실 진실을 두려워하는데, 왜냐하면 우리는 옳다는 느낌, 올바른 답을 가지고 있는 사람이라는 느낌에 익숙해져 있기 때문이다. 그래서 누군가가 와서 우리에게, '우리는 결국 관점이 너무 틀리군요'라고 말할 때 우리는 귀찮아지는 것이다. 이와 같이, 진실을 말하는 것의 문제는 표리(表裏)적인 문제가 있다. 많은 사람들이 진실이 아픔을 수반할 때는 말해주기를 꺼리고, 적지 않은 사람들이 진실이 고통스럽다면 듣고 싶지 않아 하는 것이다.

조셉 헬러의 소설 '일이 생겼어'로 다시 돌아가보자. 밥 슬로컴은 사람들이 서로에게 진실하지 않은 직장 세계를 묘사하고 있다.

회사 안의 사람들은 해고당하는 일이 거의 없다. 만약 그들이 스케줄상에서 부적당해지거나 쓸모 없어지면, 빨리 퇴직하도록 권고받거나 실속 없고 중요하지 않은, 권위는 없고 엉터리 기능만 하는 새로 만들어진 자리로 밀려나게 된다. 그 자리에 남아 있는 한 그들은 두렵고 불행한 나날을 보내야 한다. 거의 언제나, 그들은 작고 불편한 사무실을 차지하게 되고, 때때로 이미 거기 있었던 다른 사람과 있게 될 수도 있다. 그들이 아직 젊다면 자신감을 갖고 바로(그래도 공손하게) 다른 회사의 더 좋은 자리를 찾으려고 하고, 곧 사임할 것이다. 2년 전에 플로리다에서 회사 대표자 회의가 있었을 동안, 밝은 미래를 가지고 있었던 빈틈없는 젊은 지사 관리인이 어느 날 오후, 술취한 데다가 몸이 불편해서 호텔 수영장에다가 구토했을 때조차 해고당하지 않았다. 모든 사람들이 그가 머물러 있지 못할거라는 걸 알고 있었지만 말이다. 그도 알고 있었다. 아마 누구도 그에게 아무 말도 하지 않았을 테지만, 어쨌든 그는 알고 있었다. 그 회의가 끝난 후 4주 뒤에, 그는 다른 회사에서 더 좋은 자리를 구하고 사임해버렸다.[29]

그런 세계 안에서는 누구도 승리할 수 없다. 처음에는 사람들이 단지 서로를 보호해주고, 서로의 감정을 살피고 있다고 생각되어진다. **그러나 진실이 없는 곳에 성장이란 없는 것이다.** 아무도 최고가 되라거나, 최선을 다하라고 믿어주지 않는다. 여러분이 이 진실의 부족을 그리스도인의 관점으로 본다면, 이것은 사람들이 하나님께서 원하시는 사람이 되고자 하는 소망이 없고, 그 일을 이루기 위해 영적인 에너지나 열정을 모을 생각도 하지 않는 상황을 묘사해주고 있다고 할 수 있겠다.

최근에 나는 잊을 수 없을 만큼 충격을 받은 주(週)에 직면했었다. 나는 내 생활의 여러 모습들에 대단한 관심을 가지고 살피는 세 사람(또는 그룹)과 약속이 되어 있었다 - 매년 신체 검사한 결과를 알려준 의사, 나의 재정 상황을 주의깊게 조사한 징세리(徵稅吏), 그리고 회장으로서의 나의 1년

---

29) Heller, *Something Happened*, p.37

동안의 활동을 조사하고 싶어한, 평가와 보고를 맡았던 IVF임원회의 사람이 있었다.

그들의 일이란 무엇이었나? 내가 내 몸이나 재산, 아니면 내 직업을 악용, 혹은 오용했던 장소라면 어디든지 드러내고 다니는 일, 내가 문제를 피하고 일을 잘 해결했거나 훌륭히 일을 처리했던 것을 짚어내는 일. 여러분은 그들을 내가 가진 특별한 친구들의 더 큰 범위 안에 있는 잠재적인 질책자들이라 부를 수 있었을 것이다. 이 세 경우에 있어서, 나는 그들과 만나는 것을 피하거나, 그들이 내게 해주어야 했던 말들을 듣기 싫어할 만큼 어리석었다.

그러나 몇몇 사람들은 그렇게 한다. 내가 아는 몇몇 사람들은 항상 신체 검사를 피하고, 재정 거래에서 얼마를 감춰두고, 경험이 많은 조언자들이 일하는 것과 영적인 생활을 발전시키는 것의 방법에 대해 비평하는 말을 듣기 거절한다.

한 개인은 질책 없이는 거의 자랄 수 없다. 한 마디의 굳건하고 애정 있는 질책은 백 마디의 확언만한 가치가 있는 것이다. 질책은 영적인 열정을 깨끗하고 힘있게 지켜주는 정화제 같은 것이다.

디모데에게 보낸 바울의 편지 중의 한 중요한 부분은 사실 질책이라고 할 수 있다. 바울은 자신이 후원해 왔던 그 젊은이가 목회직에 있으면서 사람들과 대립하여 그의 열정을 잃어가고 있는 것을 보고 당황해했다. 교회에는 영적으로 게으른 나이든 장로들과 거짓 교사들이 난무하고 있었다. 디모데는 아마 적당히 행동하고만 있었을 것이다. 그러나 바울은 그런 적당주의를 보고만 있을 수 없었던 것이다. 가르치라! 권고하라! 사람들이 네게 등을 돌리게 하지 말라. 바울의 질책과 충고는 그렇게 도착하였고, 아마 자신의 후원자이자 질책자로부터 그런 강력한 훈계를 받았을 때 디모데는 행동으로 옮길 기운을 되찾았을 것이다.

예수께서 베드로에게 하신 질책도 참으로 강렬한 자극이었음에 틀림이 없다. 언젠가 그분은 이렇게 말씀하셨다. "네가 하나님의 일을 생각지 아니하고 도리어 사람의 일을 생각하는도다"(막 8:33). 그분은 베드로가 말만 잘하고 행동으로 옮기지는 못하는 것을 보시고 이렇게 말씀하셨다. "네가 세 번 나를 부인하리라"(막 14:30). "시몬아 자느냐 네가 한시 동안도 깨어 있을 수 없더냐"(막 14:37). 그분은 동산에서 이렇게도 말씀하셨다.

베드로가 정말 대제사장의 집 뜰에서 주님을 부인했을 때, "주께서 돌이켜 베드로를 보시니"(눅 22:61)라고 되어 있다. 이 경우에 있어 그 '보심'은 말씀과도 같은 것이었다. 후에 갈릴리 해변가에서 조반에 둘러앉아, 베드로는 다시 한번 예수님의 질책을 들었다. "네게 무슨 상관이냐" 예수께서는 그 충동적인 제자가 자기의 부름받음을 생각하지 않고 다른 동료에 대하여 질문하기 시작하려 할 때 그렇게 말씀하셨다(요 21:22 참조). 사실상 구주께서는 이렇게 말씀하신 것이다. "네 일에나 신경쓰고, 나를 따르라."

질책과 비평은 서로 다르다. 전자는 가치있는 선물이고, 후자는 다소 값이 싸다. 그러나 나는 비평 속에서도 진실을 건지는 방법을 배워 왔다. 그것이 나를 세우는데 도움이 될 수도 있기 때문이었다. "모든 비평 속에는 진실의 핵이 들어 있다." 나는 도슨 트로트먼(Dawson Trotman)이 친구들에게 하곤 했던 이 말을 보았다. "찾아 봐, 그걸 찾았을 때, 그것의 기치를 기뻐하면 되네."

나는 내 주위의 젊은 남녀들이 질책이나 비평의 기미가 조금이라도 보이면 금방 노기를 띠는 것을 알았다. 그들의 자아상(自我像)이 갑자기 죄다 보이게 되고, 그들의 본능은 마치 코너에 몰린 동물의 그것처럼 싸우려고 솟아오르는 것처럼 느껴진다. 그러나 우리가 부정적으로 들리는 말을 받아들이고 흡수할 때, 바로 커다란 목표가 달성되어 왔다. 우리 자신으로 하여금 '수용' 하는 일 - 우리가 듣는 진실을 잘 조사해보고, 맞받아 싸우지 않고 그래서 질책자의 위치에 있는 사람에게 상처를 주지 않는 것에 힘쓰도록 해야 하는 것이다.

돌아보면, 많은 질책들이 나의 가장 큰 배움의 순간들이었고, 또 여전히 그렇다는 것을 깨닫는다. 그것들은 나의 영적인 열정을 파괴시켰을지도 모르는 것들로부터 나를 자유롭게 해주었으며, 내게 몹시 상처를 주고 있었지만 내가 이해할 수 없었던 것들에 집중적으로 빛을 밝혀주었다. 그래서 나는 특별한 친구들의 그룹 내에서 질책자의 역할을 해주는 내 아내와 그 외의 특별한 친구들에게 감사하고 있다. 나는 잠언의 다음 구절을 잘 이해하고 있다. "사람을 경책(警責)하는 자는 혀로 아첨하는 자보다 나중에 더욱 사랑을 받느니라"(잠 28:23)

나는 내 특별한 친구, 알라스카에서 비행기 사고로 목숨을 잃은 선교단장이었던 **필립 암스트롱(Philip Armstrong)**의 얘기를 자주 해 왔다. 우리는 일본 거리를 걷고 있었고, 나는 공통으로 아는 사람 하나를 놓고 경멸하는 말을 했다. 암스트롱은 즉시 말했다. "고든, 하나님의 사람이라면 다른 사람에 대해서 그런 말은 하지 않을 걸세." 나는 탄로났고, 또 그걸 알았다. 그가 옳았다. 그 따끔한 질책으로 해서 나는 그 뒤로 며칠 동안 고통스러워하며 살아야 했다. 하지만 나는 그 질책에 대해, 고통스런 그대로 항상 고마워할 것이다. 왜냐하면 내가 다른 사람에 대한, 필요도 없는 말로 나 자신을 거북하게 할 때면 언제나 그 말이 떠오르기 때문이다. 그것은 나를 성장시키는 질책이었다.

만약 여러분이 질책자가 되려거든, 자신이 특별한 친구인지 아닌지에 대해 다시 한번 생각해야 한다. 바울은 고린도 사람들에게 자신이 눈물로서 그들을 질책하노라고 했으며, 그리스도께서는 그것을 위해 생명까지 희생하신 것이다. 예레미야는 질책으로 인해 너무 기진해서, 광야로 도망가 모든 것을 잊고 싶은 소망을 인정하고 있다.

질책자는 그, 또는 그녀의 자리를 큰 위험을 무릅써가면서 수행한다. 그리고 우리, 언제라도 질책당할 수 있는 우리들은 그들이 그런 값비싼 진실을 나누어준다는 것에 고마워하면서 열심히 주의해서 들어야 한다.

다른 책에서 나는 영국 교회사에서 내가 가장 좋아하는 인물, 찰스 시므온에 대해 말했었는데, 그는 종종 성급함과 조바심과 싸우곤 했다. 어느 날 밤, 그가 친구인 **에드워즈(Edwards)씨**의 집을 방문했을 때 그것이 드러나고 말았다. 에드워즈는 나중에, 시므온의 첫 자서전 작가였던 윌리엄 카루스(William Carus)에게 그와 하인 사이의 조우(遭遇)에 대해 편지를 써 보냈다.

우리가 저녁 식사를 하고 있을 때, 하인이 시므온의 뒤에서 불을 지피고 있었다. 그런데 방법이 너무도 비과학적이라서, 시므온은 돌아앉아서 하인의 등을 엄지손가락으로 치고는 일을 당장 그만두라고 했다. 그 후에 그가 떠나려고 말 등에 앉았을 때, 내 하인은 그의 말에다가 잘못된 굴레를 씌워놓았던 것이다. 그는 가려고 서두르고 있었고, 그래서 화가 너무도 격렬하게 터져나왔기 때문에 나는 그에게 조금 익살스런 징계를 내려보기로 했다.

그런 다음 에드워즈씨는 다음과 같은, 조금은 창조적인 질책을 가했다.

그의 망토 주머니가 마차 밖에 나와 있었다; 그래서 나는 내 하인의 이름으로 편지를 하나 꾸며 썼다. 부엌 안에서의 당신의 성품이 얼마나 고상했던지, 하지만 우리 하인들은 이해하지 못했습니다. 그렇게 설교도 잘하고 기도도 잘하는 신사분께서 아무것도 아닌 일에 대한 열정에 가득 차 있고, 자기 자신의 입에는 굴레를 씌우지 않고 계시다니요 · · ·
그리고 나는 "존 소프틀리 (John Softly)"라고 서명하고 그의 주머니에 넣었다. 그 가벼운 장난이 지금까지는 성공했다. 처음에 그는 알아채지 못하는 것 같았으니까 · ·

그러나 찰스 시므온은 바보가 아니었다. "존 소프틀리"로부터 온 그 편지가 실제로는 자신의 특별한 친구인 에드워즈 씨로부터 온 것이라는 것을 곧 깨닫고, 암시가 가득 담긴 글로 답장을 써서 "존 소프틀리"씨라고 주소를 적어 보냈다.

친애하는 친구여, 당신의 친절하고 시기적절한 질책에 진심으로 감사합니다. 두 가지 모두 옳고 필요하다고 느끼고 있습니다. 앞으로 하나님의 도우심으로 형편에 맞게 개선하도록 애쓰겠습니다. 만약 바람직한 효과가 나타나지 않는다면, 이 편지의 두 번째 개정판을 보내주시는 것에 대단히 감사할 것입니다. 나는 당신의 "귀중한 향유가 내 머리를 부수지 못할 것을" 믿습니다. 그러나 그것이 당신에게 많은 빚을 진 이 친구의 영혼을 부드럽게 해주기를 소망합니다.

[서명] 찰스, 조금 짜증스럽긴 하지만,
당신을 자랑스러워하는 친구가

나중에 시므온은 직접적으로 에드워즈 씨에게 그 사건에 대해 편지를 썼다.

나는 자네로 인하여 밤낮으로 하나님께 감사드리고, 자네의 머리에 축복하시기를 기도했네. 그리고 끊임없이 엄습하는 나의 죄들을 보고 기도드렸네. 나의 가장 친애하는 형제여, 나는 자네의 영혼이 하나님께 가까이 갈 때, 받을 수 있는 최대한의 도움을 간절히 필요로 하는 한 사람을 기억해주기를 소망하네 · · · 30)

이제, 특별한 친구들의 그룹 중에서 우리의 영적인 열정을 회복시켜주고 유지하는데 도움을 주는 또 다른 사람들로 넘어가도록 하자.

---

30) Carus, *Memories of the Life of Rev. Charles Simeon*, p.112

4. 중보자 (The Intercessor)

내가 만약 나의 특별한 친구들에게서 영적인 열정을 얻는 것이라면, 그들 중에는 이 중보자(仲保者)의 역할을 하는 사람들이 있을 것이다. 중보자들이란, 기도로서 나를 하나님에게로 들어올려 주는 책임을 맡은 사람들이다.

게일과 나는 생활 속에서 수많은 중보자들을 향유해 왔다. 여러분들도 찾아낼 수 있다. 그들은 여러분이 직면하고 있는 문제들, 곧 떠나게 되는 여행, 풀려고 애쓰고 있는 문제 등에 대하여 조심스레 질문한다. 여러분은 그들이 몇 주 후에 "난 ○○○ 에 대해서 매일 기도했는데요. 좀 변화가 있어요? 하나님께서 뭐라고 응답하셨나요?" 라고 말할 때면, 단순히 호기심에서 물어본 것이 아니라는 것을 알 수 있을 것이다.

중보자의 예에 대해 내가 지금까지 들어본 것 중 가장 매혹적인(하지만 놀라운) 것은 한 구세군 사관의 입에서 나온 기도이다. 그는 1860년, 구세군의 최초의 사관들 몇몇이 영국을 떠나 미국으로 갈 때 이렇게 기도했던 것이다.

주여, 이 여인들은 복음을 증거하기 위하여 미국으로 가려고 합니다. 이들이 완전히 당신께 바쳐진다면, 이들과 함께 하옵시고 축복하시고 성공하게 해주시옵소서. 그러나 이들이 만약 신실하고 충성되지 못하다면, 물에, 물에 빠뜨려 주시옵소서.

예수께서는 베드로의 부인하려는 경향을 보시고 안타까와하실 때 중보자의 역할을 맡으신다. "시몬아, 시몬아, 보라 사단이 밀 까부르듯 하려고 너희를 청구(請求)하였으나 그러나 내가 너를 위하여 네 믿음이 떨어지지 않기를 기도하였노니 너는 돌이킨 후에 네 형제를 굳게 하라"(눅 22:31,32).

요한복음 17장 전체는 중보 기도의 모델이다. "내가 저희를 위하여 비옵나니"(요 17:9)라고 그리스도는 하나님 아버지께 기도하신다. 그들이 악에 빠지지 않도록(15절), 그들이 다 하나가 되도록(21절), 주님 계신 곳에 그들도 함께 있도록(24절), 예수께서는 특별한 친구처럼 기도하셨다. 예수께서 천국으로 올라가셨을 때, 그는 그리스도인들을 위하여 중보자의 역할을 맡으셨고, 지금까지도 우리의 생활에서 그 역할을 맡고 계신 것이다.

"그리스도 공동체는 그 멤버들 사이의 중보에 의해서 살아나고 존재한다. 그렇지 못할 때 그것은 붕괴한다."라고 디트리히 본회퍼(Dietrich Bonhoeffer)는 썼다.

그가 내게 얼마나 큰 근심거리를 지우건간에, 나는 내가 위해서 기도하고 있는 형제에 대하여 더 이상 비난하거나 미워할 수 없다. 지금까지 낯설고 참을 수조차 없던 그 얼굴이 족보 안에서, 그리스도께서 위해서 죽으신 형제의 얼굴, 제사함을 받은 죄인의 얼굴로 바뀌었다. 이것은 다른 이들을 위해서 기도를 시작하는 그리스도인들에게 있어서는 행복한 발견이라고 할 수 있다. 우리쪽 경우가 관련되는 한, 족보에 의해서 정복되지 못하는 미움이나 개인적 긴장 상태, 반목은 없다. 중보 기도는 개인과 그 공동체가 매일매일 들어가야 하는 정화(淨化)의 목욕탕이라고 할 수 있다. 중보 가운데 우리의 형제와 함께 겪는 싸움은 어렵지만, 그 싸움은 목적을 달성하리라는 약속을 가지고 있다. 중보를 한다는 것은 우리 형제에게 우리가 이미 받은 권리, 즉, 그리스도 앞에 나아가 그의 자비를 나눌 수 있는 똑같은 권리를 부여해준다는 것을 의미한다.[31]

위대한 선교사였던 E.스탠리 존스(E.Stanley Jones)는 그의 기독교 체험의 초기 시절에 대하여 글을 썼다. "내가 개종한 후 몇 달 동안, 나는 구름

---

31) Bonhoeffer, *Life Together*, quoted in Benson and Benson, *Disciplines of the Inner Life*, p.71

한 점 없는 하늘 밑을 달리고 있었다. 그런데 갑자기 죄의 일보 직전에서 뒷걸음치다가 비틀거리고, 거의 넘어질 뻔 했다. 그러나 나는 그렇게까지 죄에 가까이 와 있었다는 것에 충격을 받고 또 창피했다. 나는 내가 해방되었다고 생각했으나 그렇지 못하다는 것을 발견한 것이다.

그런 후에 그는 중보자의 자리에 있는 특별한 친구들의 노력에 대한 글을 써나간다.

나는 모임에 나갔다. - 나는 그때 결석하지 않은 것을 감사드리고 있다 - 가긴 갔지만 나의(영혼의) 음악은 사라져버린 상태였다. 나는 내 하프를 늘어진 버드나무 가지에 걸었다. 다른 성도들이 기쁨과 한 주간의 승리를 말하고 있을 때, 나는 뺨에 눈물이 굴러떨어지도록 울며 앉아 있었다. 나는 비탄에 잠겨 있었던 것이다. 다른 이들의 간증이 끝나자, 모임의 리더였던 존 징크가 내게 말했다. "자, 스탠리. 무엇이 문제인지 말해주세요." 나는 내가 기도할 수 없으니 날 위해 기꺼이 기도해주겠느냐고 물었다. 한 사람이 된 것처럼 그들은 정연히 무릎을 꿇었고, 그들은 믿음과 사랑으로서 나를 다시 하나님의 품으로 돌려보내 주었던 것이다. 우리가 일어났을 때, 나는 조화될 수 있있다. 우주는 그 필을 열고 나를 빈아주었으며, 소외도 사라져버렸다. 나는 버드나무 가지에서 하프를 내려 다시 노래하기 시작했다 · · · 32)

누가 우리의 중보자들인가? 우리 기독 학생회(Inter Varsity)에서는 모든 멤버들이, 속한 팀에서 활동할 세 명의 중보자를 확보할 수 있도록 하는, 우리 스스로를 위한 목표를 세웠다. 이 중보자들은 끊임없는 찬양과 관심의 물결을 만들어내며, 잘 훈련된 협정을 잘 수행한다. 중보자들의 궁극적인 기도로 인하여 우리의 영적인 열정은 회복되고, 우리는 약해지지 않는 것이다.

---

32) Jones, *A Song of Ascents*, p 42.

5. 동업자 (The Partner)

특별한 친구들의 그룹에서 활동하는 또 다른 사람은 만능 선수, 괜찮다면 방랑하는 외야수라고 말할 수 있겠다. 그는 바로 동업자이다. 영적인 열정의 회복과 유지는 종종 짐을 같이 나누는 한 사람의(또는 더 많은) 동업자와의 협력 과정에 달려 있다. 사실, 다른 사람들과의 그런 협력 관계에 있지 않다면, 우리들 대부분이 에너지를 그렇게 꽉 차도록 공급받을 수 있을는지 나는 확신하지 못하겠다.

불행하게도, 요즘은 뛰어난 협력 관계의 예가 그렇게 많이 생기질 않는다. 그러나 다음과 같은 협력 관계는 보기에 아주 아름답다. 40년이 넘는 세월에 걸친 빌리 그레이엄(Billy Graham)팀의 관계는, 먼 곳에서 지켜보고 있는 우리 같은 이들에게 일종의 영감(靈感)을 주어 왔다. 그 그룹의 사람들은 초기 성년기에 하나님의 부르심을 받고, 세계 선교라는 빌리 그레이엄의 목표의 추구를 위해서 일치 단결하였다. 그리고 세계가 그레이엄의 놀라운 성공을 칭송하는 동안, 인간의 생각으로 말해서, 그 명성이 그래험에게 그 동안 조용히 용기와 통찰력과 힘을 주었던 그 동업자들에게 나누어졌다는 것은 알려지지 않았다. 자동차 배터리를 거의 다 썼을 경우에 필요한 밀어서 시동걸기처럼, 그들은 자신들의 에너지를 끌어모아서 그에게 부어주었던 것이다.

동업자들을 포함한 팀의 한 부분이었다면, 하나님께서 더욱 효율적으로 쓰셨을지도 모를 남녀들이 얼마나 많은지 나는 자주 궁금해하곤 한다. 마주쳤어야 할 목표 직전에서 쓰러진 재능 있는 남녀들에 대한 얘기가 자주 들린다. 무슨 일이 일어났는가? 아마도 그들은 동업자처럼 협력하며 일하기를 거절하고, 그들 자신의 개인적인 목적과 목표를 추구하려고 했기 때문이 아닐까?

가까운 친구 하나가 이런 얘기를 해주었다. 수레를 끄는 말 한 마리는 2

톤 무게의 짐을 옮길 수 있는데, 마구(馬具)에 매인 두 마리의 말이 함께 일하면 23톤의 무게를 옮길 수 있다는 것이다. 이 이야기는 사람들이 공통의 목표를 위해서 함께 일할 때 무슨 일이 일어나는가를 적절히 보여주는 예인 듯 하다.

많은 사람에게 있어서, 배우자는 가장 중요한 동업자이다. 내 아내 게일은, 우리가 결혼한 날 이래로 영적인 성장과 섬김의 삶에서 굳건한 동업자가 되어 왔다. 많은 경우에서 이 동업자가 된다는 것은, 우리 중 하나가 (보통 게일이) 다른 쪽과 같이 하나님의 부름과 지시에 응답하기 위한 필요한 것들을 제공하기 위해서, 어떤 특전이나 사적인 욕망을 버리는 것을 의미했다.

동업자들은 맡겨진 임무를 나누어지고, 그것에 대해 책임을 진다. 동업자들이 서로를 믿는다면, 자기가 밀린다는 의식이나 격분한 감정 같은 것이 있을 리가 없다.

그리스도인의 섬김에 있어 가장 위대한 부부로서의 동료 의식 중 하나로, **허드슨(Hudson)과 마리아 테일러(Maria Taylor)부부**의 관계가 있다. J.C.폴록(J.C.Pollock)은 테일러 부부 사이에 교통했던 힘을 묘사하면서 나음과 같이 썼다.

허드슨은 그녀에게 모질게 대하는 경향이 많았다. 그녀의 영적인 성숙함, 고요함과 신앙, 확고한 애정으로부터 활력을 끄집어냈다. 그녀는 그에게, 그리고 그들의 하는 일에 그녀에게 있는 힘을 모조리, 그녀의 총명한 머릿속을 스쳐가는 생각을 모조리, 그녀가 가진 사랑의 힘도 모조리 쏟아 부은 것이다. 그녀는 허드슨으로 하여금 자신을 고갈시키도록 허락해주었고, 때때로 그의 요구가 무의식적으로 이기적으로 흐를 때면, 그녀는 남편만큼이나 그것을 의식하지 않았다.[33]

---

33) Pollock, *Hudson Taylor and Maria*, p.172

테일러 부부에게 깊은 인상을 받은 딕슨 호스트(Dixon Hoste)는 유명한 케임브리지 세븐 - 그 그룹은 해외 선교를 하기 위해 자신들의 활동을 포기하기로 결정하여 18세기 후반 영국을 깜짝 놀라게 했던 젊은 대학생 집단이었다 - 의 한 사람이었다.

젊은 선교사들 중 한 명이었던 **스탠리 스미스는 호스트**에게 같이 사역하자고 요청했으나, 자신이 지도자가 되어야 할 것이라고 주장했다. 호스트보다 경험자라는 면에서 조금 더 자격이 있었기 때문이었다.

여하튼 경쟁자였던 호스트는, 자신이 차석에 앉아야 하는 협력 관계가 될 이 요청이 조금 받아들이기 어렵다는 것을 알았다.

나는 마음속으로부터 신경질이 났다. 왜 내가 그 사람 밑에서 일해야 하는가? 우리는 나이도 같고, 중국에도 같이 갔었다. 그가 중국어를 잘 구사했기 때문에 쉽게 사람들과 접촉할 수 있었지만, 다른 면에 있어서는 내가 나았으므로, 그건 내게 있어 충분한 이유로 보이지 않았다. 그래서 나는 그가 젊은이들을 위해서 상하이에 있는 선교단에 편지를 써야 할 것이라고 제안했다.

그러나 호스트는 내면을 향한 질책까지도 받아들일 수 있는 신실한 사람이었고, 곧 생각에 잠겼다.

그 상황을 나중에 잘 생각해보니, 하나님의 성령이 나를 정밀히 조사하고 계셨고, 나는 내가 친구의 밑에 서게 된다는 생각을 좋아하지 않았다는 것을 인정할 수밖에 없었다. 나는 친구들이 보통 짐작하고 있는 내 '체면'에 대해서 생각했던 것이다. 어려움은 나 자신의 마음에 있었다. 기꺼이 낮아질 수 있는 가난한 사람들과 함께 계셨던 주 예수 그리스도의 사업에서 역할을 맡고 있는 내가 계속 마지못해 일한다는 생각을 가지고 있어야 하는가 하는 생각이 들었다. 그래서 나는 친구의 제안을 받아들였

고, 몇 달 동안을 함께 즐겁게 일했다 · · ·34)

물론 성경에도 위대한 협력 관계가 나타나 있으며, 그것들은 영적인 열정을 유지하거나 회복하는 관계의 모델을 우리에게 보여주고 있다. **바울과 바나바의 동료 의식이야말로 아마도 가장 아름다운 관계가 될 수 있을 듯 하다.**

그것은 예루살렘에서 바울이 교회에의 소개를 필요로 하고 있을 때, 바나바가 그를 후원하고자 하는 소원에서 시작되었다. 후에 바나바가 바울의 고향인 다소로, 목회가 필요했던 안디옥 교회로 바울을 초대하기 위해 찾으러 갔을 때 그것은 협력 관계가 되었다. 그 관계는, 그들이 선교의 사명에 서서 교회를 세우러 세계를 여행할 때에 본 궤도에 오르게 되었다.

바울은 자신이 동업자들 없이는 결코 사역을 잘 해내지 못할 것임을 깨달을 수 있을 만큼 현명했다. 그의 목회의 거의 모든 점에 있어서, 그는 "전사들", "형제들", "동역자들"이라고 불리우는 사람들과 연결되어 있었다. 그가 디모데에게 편지를 썼을 때(딤후 4:9), 그는 다른 동업자들의 활동에 대한 것을 나누었다. 그 동업자들은 그가 보낸 사람들, 그를 버리고 간 사람들, 여전히 사역하고 있는 사람들 등등이었다. 이것으로 보아 바울은 그의 생활이나 일에 있어서 동업자가 없다는 것을 좋아하지 않았다는 것이 매우 분명하다.

해리 홉킨스와 프랭클린 D.루즈벨트 대통령 사이의 동료 협력 관계를 다룬 로버트 셔우드(Robert Sherwood)의 주목할 만한 이야기 안에는, 루즈벨트와 1941년 선거에서 막 그에게 패배한 웬델 윌키(Wendell Willkie)사이의 대화가 묘사되고 있다. 윌키는 이제 전쟁으로 다 파괴된 런던으로 떠나려던 참이었고, 떠나기 전에 대통령과 잠깐 만나기 위해 백

---

34) Hoste, *If I Am to Lead*, p. 53

악관으로 초대되어 왔다. 루즈벨트는 그에게 해리 홉킨스와 함께 방문해 주었더라면 좋았을 것이라는 말을 했다. 홉킨스는 윌키가 런던의 다른 담당 부서에서 발견하게 될 인물이었다.

웬델 윌키 자신과 많은 미국인들이 홉킨스를 격렬하게 싫어했기 때문에, 그의 즉각적인 반응은 부정적이었다. 그 시점에서, 셔우드는 윌키가 대통령에게 '정곡을 찌르는 질문'을 했다고 쓰고 있다.

왜 당신은 계속 홉킨스를 가까이하는 겁니까? 당신은 분명히 깨달아야 만 합니다. 사람들은 그를 믿지 않고, 그의 영향력에 대해 괘씸하게 생각 한단 말이오.

윌키는 루즈벨트의 대답을 인용하고 있다 : "왜 내가 그 불충분한 인물을 필요로 하는지 궁금해 한다는 걸 이해할 수 있소.('불충분한 인물'이란 홉킨스의 심한 신체적 결함을 암시하는 말이었다) 그러나 - 내가 지금 이 미국의 대통령인 것처럼, 당신도 언젠가 여기 앉게 될 것 아니겠소? 그 때가 되면, 당신이 저 문 밖을 내다보게 되면, 사실 저 문을 통해 들어오는 모든 사람들이 당신에게서 무언가를 얻어내고 싶어한다는 것을 알게 될 것이오. 이 자리가 얼마나 외로운 자리인가 하는 것도 배우게 될 것이고, 당신에게 봉사하는 것 외에는 아무것도 바라지 않는, 해리 홉킨스 같은 사람을 당신이 필요로 하게 될 것이라는 것도 알게 될 거요."[35]

6. 목자 (The Pastor)

특별한 친구들의 그룹에는 또 한 사람, 목자의 역할을 하는 사람이 있다. 이는 극도의 피로의 순간에 곁에 있어주는 온화한 사람이다. 목자 - 나는 성직에 임명된 목회자만을 말하고 있는 것은 아니다 - 는 모든 것이 혼

---

[35] Sherwood, *Roosevelt and Hopkins*, p.2

란해질 때, 삶의 뜻을 알도록 도와주는 사람이다.

소아과학과 미생물학의 전문가였던 C.헨리 켐프(C.Henry Kempe)박사는 심장 발작에서 회복되고 있을 당시에, 뉴욕에 있는 벨브 병원의 철저한 간호 조직에 대한 경험을 썼다. 그때는 고통과 정신적인 혼란으로 가득찬 매우 어려운 시기였다. "나는 병원에 들어오고 난 후의 최초 두 주는 아예 기억이 없지만, 그 뒤의 주는 아주 분명하게 기억이 난다. 회상 중에 가장 두드러진 것은, 바로 내가 받은 훌륭한 간호였다." 그는 계속한다.

내가 처음 고통으로 인한 몽롱한 상태와 혼란에서 깨어났을 때를 기억하고 있다. 그 때 그 병실의 열 두 개의 큰 침대를 왔다갔다하는 모든 간호사마다, 모두 이름(first name)을 대며 자신을 소개하고, 날짜와 시간을 가르쳐주고, 거의 반드시, 나의 눈을 똑바로 바라보면서 내 한쪽 손을 그녀들의 두 손으로 쥐어주었다. 나는 내가 상당한 지적인 능력을 잃어버렸을 뿐만 아니라, 무서운 환각 증상에 시달리고 있다는 것을 알고 있었기 때문에 간호사들의 그런 행동에 매우 위안을 느꼈다. 그 개인적인 접촉으로 인해 그 무서운 것들은 즉시 씻겨져나갔다. 간호사들은 자신들이 "무서운 꿈들"이라고 부르는 것들을 설명해주이시, 그것으로 종종 일어나는 환각 증상에 대해 나를 안심시켜주었다. 그들은 REM(수면 중의 급속 안구 운동 : 역주) 수면이 많은 사람들은 거의가 환각을 일으키기 쉽다고 말해주고, 환자들에게는 일상적인 경험이며 반드시 없어지는 영상들이라고 말해주었다. 그래서 나는 바보가 되거나 미치지 않을 수 있었다. 거기 있는 동안, 지식과 온전한 정신을 다시 얻으리라는 확신을 반복시켜준 것이 아마도 매일의 간호사들과의 만남에서의 가장 중요한 일이 아니었나 싶다.36)

의학적인 은유로서 켐프는 영적인 열정을 회복시켜주고 유지하는데 도

---

36) Kempe, *Pharos*

움을 주기 위해 목자가 우리 팀 안에서 무슨 역할을 하는가를 그려놓은 것이다. 목자(pastor)란 단어는 양치기(shepherd)라는 의미이며, 그것은 이끌고, 먹이를 주고, 보호하는 사람의 기능을 설명하고 있는 것이다.

영적인 열정이나 에너지는 보통 공포와 혼란의 한가운데서 소실된다. 그것이 왜 우리가 특별한 친구들의 원 안에, 우리의 고집을 알아채고 말과 행동으로써 가르쳐주는 사람을 필요로 하는가의 이유이다.

많은 사람들에게 영적인 목자 역할을 해 오는 동안, 나 또한 그런 목자를 필요로 하고 있다는 것을 알았다. 나는 내가 잠시 심각한 개인적 동요의 시기를 겪고 있을 때를 회상해본다. 한 목사가 곁으로 와서 친절하게 물었다. "요즘 자네 생활에 어려운 문제라도 있나, 고든?" 그리고 그는 하나님께서 시키시는 일에 대한 전망을 얻을 수 있는 곳으로 이끄는 대화의 문을 열어주었다. 그런 후에 내 친구는 내게 손을 얹고 능력과 안내를 비는 기도를 함으로써 그 대화를 결론지었다.

게일과 나는 어린 딸아이가 죽어간다고 생각하고 있을 때 우리를 방문한 다른 목회자 친구를 항상 기억할 것이다. 우리와 함께 앉았을 때 그는 그 병원의 대기실로 고요함을 가져왔다. 말로써가 아니라, 우리의 힘이 되어주고, 우리가 겪는 고통의 본질을 이해함으로써 말이다.

우리의 특별한 친구들 팀은 위험의 순간에 의지할 수 있는 그런 사람을 필요로 한다. 그러나 기독교의 영적 지도자들을 죽 둘러보고 내가 묻는다. "당신의 목자는 누구죠?" 많은 사람들의 대답이 "내게는 정말 목자가 없습니다. 내가 편안히 의지할 수 있는 사람이 없어요."라는 것에 나는 통탄한다.

지중해 한가운데서 폭풍을 만나 겁에 질린 군사와 뱃사람들에게, 바울은 특별한 친구들 팀의 목자 역할을 했다. 그는 그들의 공포 한가운데 개입하여 이렇게 말했던 것이다.

> 내가 너희를 권하노니 이제는 안심하라 너희 중 생명에는 아무 손상이 없
> 겠고 오직 배뿐이리라 나의 속한 바 곧 나의 섬기는 하나님의 사자가 어젯밤
> 에 내 곁에 서서 말하되 바울아 두려워 말라 … 그러므로 여러분이여 안심하
> 라 나는 내게 말씀하신 그대로 되리라고 하나님을 믿노라(행 27:22-25)

후원자, 확언자, 질책자, 중보자, 동업자, 목자에 의해 이루어지는 이런 행위의 묘사는, 조셉 헬러의 '일이 생겼어' 안의 밥 슬로컴이 말하는 종류의 사람들과는 멀리 떨어져 있다. 그의 세계는 극도의 고갈의 세계였다. 그러나 특별한 친구들과 함께하는 사람의 세계는 에너지와 능력으로 가득 차 있다. 그 사람의 영적인 열정은 넘치도록 회복될 것이다!

토론 문제

1. '진실이 없는 곳에 성장이란 없는 것이다'는 질책과 비평에 마음을 열 것을 호소하며 저자가 내놓은 근거가 된다(221쪽 참조). 당신은 질책과 비평에 어떻게 반응해야 한다고 생각하는가(223쪽 참조)?

2. 질책을 받았을 때를 기억해보자. 그 결과는 어떠했는가? 당신의 반응은 1번의 대답에 들어맞았는가?

3. 현재 당신의 질책을 필요로 하고 있는 진실한 친구들을 적어보라. 저자에 대해 암스트롱이 한 질책(224쪽 참조)과 시므온에 대해 에드워즈가 한 질책(225쪽 참조)을 읽고, 친구들에게 쓸 수 있는 부드러운 접근 방법을 생각해서 써보자.

4. 본문의 여러 일화들은(227~229쪽 참조) 중보 기도의 중요성을 설명하기 위해 제시된 것이다. 당신의 삶에서 중보 기도의 중요함을 느꼈던 사례를 써보자. 당신의 중보자는 누구인가?

5. 동업자 관계를 놓고 볼 때, 생기 있는 파트너쉽을 특징짓는 다양한 속성이나 행위를 구성하는 것은 무엇인가? 허드슨과 마리아 테일러(231쪽 참조) ; 호스트와 스미스(232쪽 참조) ; 바울과 바나바 (233쪽 참조) ; 홉킨스와 루스벨트(233~234쪽 참조)의 관계에서 찾아보자.

6. 당신이 중보 기도나 파트너쉽을 고려할 때 꼭 개선해야 한다고 느끼는 당신의 자질은 무엇인가?

7. 당신이 인생을 알고 이해하는데 많은 도움이 되어 주었던 온화한 사람의 이야기를 써보라(234~237쪽 참조).

17

영적인 열정을 회복하라

Renewing Your Spiritual Passion

캘빈 밀러(Calvin Miller)는 '내면의 식탁(The Table of Inwardness)'
이라는 멋진 책에서, 그의 집에 있는 **오래된 나무로 만든 다이너마이트 상자**
에 대해서 썼다. 밀러에 의하면, 그 상자는 19세기에 만들어졌으며, 안에
든 폭발성의 내용물이 운송될 때 생기는 충격을 잘 견디도록 조심스럽게 제
작되었다고 되어 있다.

뚜껑에는 빨강과 검정의 큰 글자로 위험, 다이너마이트! 라고 씌어 있
었다. "그러나 가장 최근에 그것을 보았을 때, 그 상자에는 어느 곳에서나
볼 수 있는 그런 신변 집기물들로 꽉 차 있었다."라고 밀러는 적고 있다.

나는 그 상자에 대한 캘빈 밀러의 설명이 보여주는 아이러니에 끌렸다.
다이너마이트가 들어 있다는 것을 경고하기 위해 디자인된 상자가, 이제
는 고작 "신변 집기물"들만 저장하고 있다니!

이것이 어쩌면 마음속에 영적인 열정을 잃어버린, 지친 그리스도인들을
잘 보여주고 있는 그림일지도 모른다. 그 상자처럼, 인간이란 하나님의 놀
라운 에너지인 영적인 다이너마이트를 저장하기 위해 창조된 것이고(여기

서 그 유사점이 드러나기 시작한다), 그는 그 다이너마이트를 방출해야 하는 것이다. 게다가, 그 사람은 종종 그 하늘에서 온 다이너마이트의 능력이 말로써 확언되고 역사적으로 상술되는 상황에 놓이게 된다.

우리는 교회나 종교적인 조직에 깊이 관련되어 있는, 사업하는 것과 이웃과 기분좋게 어울려 살기 위해 노력하는, 하나님께 기쁨이 되는 삶을 살려고 노력하는 사람이라고 받아들여지곤 하는 사람에 대하여 말하고 있다. 그러나 뭔가가 잘못되었다. 다이너마이트가 젖었거나, 아예 처음부터 없는 경우가 있다. 그것은 내면을 신변 집기물로 가득히 채운 것과 마찬가지이다.

내가 이 책을 쓰기 시작했을 때, 흥미를 가진 사람들에게 내가 무엇에 대해 쓰고 있는가에 대해 설명하는데 굉장히 어려움을 겪었다. **"피로에 대해서지요."** 주제에 관련된 질문에 나는 그렇게 대답하곤 했다. "그래요, 그런데 어떤 의미에서의 피로를 말하는 건가요?"하고 또 질문이 온다.

"나는 사람들이 더 많이 일하고, 알고, 도전하려고 노력하지만 많은 경우에 있어 정말은 조금도 멀리나 빨리 나아가지 못한다는 사실에 대해 관심이 있는 겁니다. 이런 환경 아래서의 가장 최악의 경우는, 떨어져 나감으로써 끝을 내는 사람들의 문제이지요. 그들은 옳은 것들을 하고 말하려고 노력하는데 영적으로 지치게 되지요. 하지만 그들은 조용한 좌절을 느끼고, 이젠 아무데도 갈 곳이 없다고 느끼는 겁니다. 웬일인지 우리들은 그들을 돕지 못했고, 오히려 더 많은 죄의식이나 할 일만 안겨주곤 했지요. 그래서 그들은 가버린 겁니다!"

"아, 당신은 **스트레스와 탈진**에 대해 말하고 있는 것이군요." 이런 응답이 돌아온다. "우리는 그것에 대해 좀더 들을 필요가 있죠."

"하지만 나는 정확히 그것들에 대해서 말하고 있지는 않아요." 하고 나는 말해본다. "나는 그것들보다 좀더 심오한 문제를 말하고 있는 겁니다. '피로'라는 단어와 떨어뜨려 묘사할 수 없는 영혼의 상태를 말하려는 거지요." 순례의 길로서 시작한 인생이 쥐 경주(rat race)같은 격심하고 무의미한 경쟁으로 퇴보해버렸다. 그리고 그 쥐들이 이기고 있다.

"왕과 그 함께 있는 백성들이 다 곤비하여 한 곳에 이르러 거기서 쉬니라" 우리는 이 말씀을 앞장에서 숙고해보았다. 다윗은 자신이 최선을 다했으며, 모든 것을 다 주고, 가장 힘들게 일했다는 것을 알았을 때 기분이 어땠을 것인가? 강가에 앉아서 서두른 피신으로 인한 몸의 더러움을 씻어내면서 그가 느꼈을 만한 영적인 피로는 무엇이었겠는가? 앞으로 어디로 갈까? 앞으로 무엇을 할 수 있을까?

다윗의 이야기가 비록 오래됐을지라도, 결코 쓸모 없는 것은 아니다. 나는 이 세상의 문자 그대로 수백만의 열렬한 그리스도인들이, 지치거나 피곤하기 때문에 하나님의 사역에서 떨어져 나간다고 강하게 생각하고 있다.

그들과 말해보고, 어떻게 느끼고 있는지 알아내보라. 그들이 말하고 있는 것은 씁쓸함이 아니며, 환멸감도 아니다. 그들은 그저 어깨를 으쓱하고는 말하는 것이다. "나를 위해서가 아닌 것 같아요. 난 예수님을 포기한 건 아닌데, 사람들이 예수 이름으로 행해져야 한다고 하는 모든 활동들에 지쳐버린 거예요."

갤빈 밀러의 이야기와 이 상황들의 공통점을 볼 때, 이느 날 표면에 위험, 다이너마이트!라고 쓰인 행위를 하기로 작정한 사람들이, 내면에는 종교적인 신변 집기물로밖에 채우지 못하는 것은 너무도 잘못 살고 있는 게 아니겠는가? 이것은 일종의 위선이며, 성실성 안의 갈라진 틈이다. "나는 내게 뭘 말하려 하거나 시키려고 하는 그런 노래를 부르는 것을 좋아하지 않아요. 내가 그런 것에 마음이 있지 않고 - 만약 그렇다면 - 앞으로도 그렇지 않을 것을 알고 있으니까요." 영적으로 용기를 잃은 한 남자가 언젠가 내게 한 말이다.

나는 이런 사람들이 필요로 하는 것(아직 찾지 못했거나 그럴 시간이 없었던 것)이 안전한 장소들, 평온의 시간들, 특별한 친구들 같은 것이라는 것을 제안하고자 한다. 안전한 장소들은 그들에게 하나님이 어떤 분인지 알게 해줄 것이고, 평온의 시간은 하나님이 말씀하시는 것을 들을 수 있는 기회를 줄 것이며, 특별한 친구들은 하나님께서 요구하시는 일에 복종할 수 있게 격려해주고 올바른 길을 갈 수 있도록 해줄 것이다.

그러나 종종, 우리의 안전한 장소들은 너무 시끄럽다. 우리의 평온의 시간은 분주함으로 방해받으며, 우리의 특별한 친구들은 그저 아는 사람들에 지나지 않는다. 그들은 이 생활의 범주 안에서 우리를 어떻게 다룰 것인지 모르거나 상관하지 않고, 또한 우리도 그들에 대해서 그런 실정이다. 결과는? 피로, 다시 말해 영적인 열정의 상실, 그리스도께서 풍요한 생활이라 부르신 그런 생활을 생산할 에너지의 상실뿐이다.

어떤 사람은 영적인 열정의 비밀은 다른 어떤 이들보다 그리스도인들이 개최할 수 있는 크고 자주 있는 모임과 회합을 많이 산출하는 큰 열의에 있다고 말할지 모른다. 독주자와 특별한 강연자와, 천 번 정도의 세미나로 가득 찬 그런 것 말이다. 사람들의 수, 가르치는 사람들의 유머 있고 흥미를 끄는 얘기들, 기민한 생각들이 만들어내는 믿음에 대한 새로운 접근 방법들에 의해서 우리의 열정을 끌어내는 방법이라고 할까.

"아뇨, 그게 아닙니다." 다른 사람이 주장한다. "영적인 열정의 비밀은 성령이예요. 당신이 이 책의 처음부터 그것을 거의 언급하지 않았다는 것에 난 놀랐습니다. 긴장을 풀고 성령께서 당신을 통하여 하시고 싶은 그대로 놔두세요. 내게는 효과가 있고, 당신에게도 효과가 있을 거라고 생각합니다."

"다 잊어버려요, 이걸 빠뜨렸군요." 세 번째 사람이 제안한다. "영적인 열정은 세상에 그대로 노출되어 도움이 필요한 사람들을 보는 것에서 생겨납니다. 해외 선교를 가보세요. 빈민가에 가보고, 정신 병원을 방문해보라구. 당장 열정을 얻게 될 테니까!"

이 모든, 추론에 입각한 대답 안에 무언가 쓸모 있는 것이 있을지도 모른다. 각각이 성경의 구절에 의지하여, 제공된 논의를 강하게 떠받치고 있는 듯 보인다. 그러나 각각의 그 이유들을 추구하고 있는 많은 그리스도인들이, 약속된 결과에 미처 가까이 가고 있지 못한 것이 사실이다. 어떤 이성적인 설명도 우리에게 왜 그런가의 이해를 돕지 못하는 것 같다.

영적인 열정에 대해서 이야기할 때, 아마도 우리는 우리가 찾고 있는 것을 알맞게 시각화하지 못하는 것 같다. 우리는 하나님과의 친밀감을 찾으려고 할 때도, 사실은 그분을 기쁘시게 하는 일에는 긍정적이지 못하다. 그걸 넘어서, 우리는 하나님께서 우리가 이 부서진 세상 안에서 그의 자녀답게 행동하기를 얼마나 바라시는지 알고 있는가조차 전적으로 확신하지 못하는 것이다.

영적으로 열정적인 사람은 어떤 사람인가를 또 완전히 다시 묻는 것은 너무 어리석은 것이 될까? 우리 모두가 잘 알려진 영웅이나 연설자, 작가, 해방자, 조직의 수장이 될 수는 없는 것이다. 바로 그런 사람들이 영적으로 열정적인 사람들인가? 어떤 사람은 그렇다고 생각할 이유가 있다. 왜냐하면, 그런 역할들은 서로에게 경쟁할 가치가 있는 것으로 우리가 치켜줄 만한 모델로 인식되기 때문이다.

그러나 평범한, 보통 사람들, 판에 박힌 생활을 하고 있는 남자 여자들이 수백만이 있는 것이다. 가족을 위해 집을 장만하고, 혼자 살겠다고 작정하고, 일자리를 구하거나 지키려고 애쓰고, 갈아치울 만한 돈이 없는 말썽많은 자동차를 잘 돌보고, 은퇴할 때를 걱정하고, 어떤 일에서 가치 있게 쓰이게 되지 않을까를 궁금해하면서 사는 수많은 사람들 말이다.

구약 성경 안의 한 이야기가 귀중한 통찰력을 제공해줄 수 있을 것 같다. 그 이야기는 역대상 11장에 등장하며, 다윗의 생애에서, 보통 그렇듯이, 적에게 둘러싸인 상황, 살아남기 위해서 사막이나 광야로 도망가야 하는 생활 방식을 떠올리게 하고 있다.

그 때의 적은 이스라엘 남쪽 변경에 있던, 전쟁을 좋아하는 종족인 블레셋이었다. 그들은 강했고, 그래서 잠시 다윗의 군사에 대해 승리하고 있었다. 지금 언급하려고 하는 이야기가 일어났을 때, 그들은 다윗의 고향인 베들레헴을 둘러싸고 포진 중이었다.

몇몇의 이스라엘 사람들이 다윗과 합세하려고 떠돌고 있었다. 오늘날 게릴라라고 부를 수 있을 만한 용사들의 간부들로, 내가 특별한 친구들이라고 부르고자 하는 사람들이 왔다. 그들은 충성심과 용맹함으로 잘 알려진 사람들이었다. 그 사람들을 묘사할 때 쓰이는 히브리말로 'hesed'가 있는데 그 의미는 다른 어떤 것보다 우선하여, '헌신'의 의미를 가지고 있었다.

다윗이 도망하는데, 동굴에서 사는데, 일반적으로 전쟁 상태에 있다는 사실에 대해 지쳤을 것이라는 것을 여러분은 추측해볼 수 있을 것이다. 조용한 시간에, 다윗은 고향을 그리면서 이렇게 말했다. "베들레헴 성문(城門)곁 우물물을 누가 나로 마시게 할꼬"(대상 11:17).

그것은 확실히 다윗이 내린 명령은 아니었다. 자원자를 구하는 요청조차 아니었다. 단지 소원일 뿐이었던 것이다! 뒤이어 어떤 일이 일어났던가를 기억하는 것이 중요한 것이다. 다윗의 입술에서 나온 한 마디 소원이었으나, 다윗의 그 용감한 세 용사들이 듣기에는 소원으로 족하여, 베들레헴으로부터의 선물로서 가능한 한 빨리 물을 운반해 오자고 즉시 결정을 내렸던 것이다.(대상 11:18 참조)

아이들은 그 세 명의 이름 없는 사람들의 이야기에 전율을 느낄 것이다. 그들은 출발하기 위하여 블레셋 진영을 뚫고 싸우면서 나아갔으며, 다윗이 생각했던 바로 그 물을 들고서, 갈 때와 마찬가지로 돌아올 때도 싸우면서 돌아와서는, 강렬한 애정의 행동으로서 그 물을 그에게 바친 것이다.

이 행동에 다윗은 너무도 감동하여 그것을 마시지 않고, 현명하게도 하나님께 드리는 제물로서 땅바닥에 부었다. 그는 그 행동을 보았을 때 헌신이란 것을 알았고, 어떤 인간도 그 세 사람이 자신에게 준 것만한 강렬한 헌신을 받을 가치가 없을 것이라는 사실에 감사드렸다. 그래서 그 물은 기능이 바뀌어 다윗의 하나님에게 바쳐졌다. 훌륭한 결정이었다.

내가 공동 연설자로 참여했던 기독 학생회(Inter Varsity)세미나에서 이 구절을 지적해준 친구 에드윈 클로니 박사에게 나는 큰 은혜를 입었다. 나는 그가 그 구절에 대해 상세하게 설명하며 그려주는 헌신의 장면을 떠올리고 깊은 감동을 받았다. 그 순간에 나는 다윗의 그 세 용사가 바로 영적인 열정이 맑고 강력한 사람이 할 수 있는 행위의 패턴을 세웠다는 것을 알 수 있었다.

기독교인의 삶에 소망을 주는 세 가지의 진실

나는 그 용사들의 행동에서, 그리스도인들의 생활에 적절한 소망을 주는 간단하지만 강력한 진실의 모음을 보았다. 그들의 행동은 살아 있는 영적인 열정을 가진 사람들의 방법을 상징화하고 있다.

이 이야기를 쓸모 있게 만드는 진실들을 지적해보두록 하자.

1. 친밀함은 하나님이 우리에게 원하시는 바를 들을 수 있게 해준다.

다윗의 소원은 가장 조용하고 비공식적으로 말해진 것이라는 사실이다. 여러분은 명령을 듣기 위하여 지휘자의 면전에 서야 하는 것이다.

상상력을 동원해서, 이 소원이 알려졌을 때 다른 사람들은 어디 있었던가 질문해보라. 유용한 일들, 아마도 - 텐트를 치거나, 신을 닦거나, 무기를 갈거나, 빨래를 하거나, 음식을 만들고 있었을 것이다. 유용하고도 필요한 일들이었다. 그러나 그 순간에 할 수 있는 가장 훌륭한 행동은 최고

사령관의 면전에 가 있는 게 아니었을까. 그곳에서는 명령뿐만 아니라, 몇 개의 소원도 들을 수가 있었다.

지휘자의 면전에 선다는 것은 안전한 장소에 있는 것이나 마찬가지이다. 그리고 그의 소원을 듣는 것은, - 그 소원이 매우 중요한 것이라면 - 평온의 시간을 말하는 것이다. 그것이 바로 친밀감(intimacy)이다. 그것은 열정을, 듣고 기꺼이 하려는 욕망을 생성해낸다. 듣지 않으면 친밀감이 생길 수 없고, 결국 열정은 생기지 않는다.

상상을 계속해보면, 그 세 명의 용사들은 지휘자 가까이 앉아 어떻게 하면 그들이 기쁘게 해드릴 수 있을까 알고 싶어하며 모든 말해지는 것에 귀를 기울이고 있는 것을 볼 수 있다. 그들은 순종하여, 자신들이 헌신하기로 작정한 사람의 소원을 알아내려고 하면서 귀를 기울였던 것이다.

그들은 내 아내 게일의 유별난 특징들 중 하나를 떠올리게 해준다. 그녀는 남편과 아이들의 소원에 주의깊게 귀를 기울이는 습관을 가지고 있다. 대부분의 우리들과는 다르게, 그녀는 자기가 들은 것을 적어두도록 자신을 훈련시켰다. 아버지날이나 생일(또한 그녀가 만들어낼 수 있는 특별한 날이라면 언제나)에 주는 조그만(가끔씩 큰) 선물들이, 몇 주 전에 갖고 싶다고 말했었던 그런 것들이라는 것을 알게 되면 정말 놀라울 뿐이다. 그 선물들은, 그녀가 내 마음속에서 우연히 해낸 생각들에 주의깊게 귀를 기울이고 있었다는 것을 말해준다.

그런 면에서 안전한 장소 안에서와 평온의 시간 동안만이 하나님의 원하시는 바 - 또한 다른 사람들의 소원도 - 를 들을 수 있다. 하나님의 원하시는 바는 큰 고함이 아니며, 종종 명령 뒤에 숨을 수도 있다. 누구든지, 단지 그가 들으려고 하지 않을 때를 제외하고는, 하나님의 명령을 들을 수 있다. 그러나 그분의 소망을 듣기 위해서는 민감한 귀가 필요한데, 그것은 이미 말했듯이 안전한 장소와 평온의 시간에만 가능한 것이다.

지휘자와 친교를 유지하는 사람들은 비교적 적은 것 같다. 쉽게 달성되는 경험들만 제공하는 세상, 결국 친밀함은 가치가 떨어져서, 하나님의 존재하심을 얻기 위해 요구되는 대가를 기꺼이 치르려고 하는 사람들이 적은 것이다.

"인간의 부(富)를 향한 끊임없고 쉼 없는 추구는, 우리가 하나님께 입은 은혜에 대한 감사를 잊어버리게 만든다." 프랜시스 베이컨 경은 야망에 길들여진 일을 해 온 생활에의 균형을 찾고, 한 걸음 물러서서 지금까지 해 온 일의 의미와 그것들이 모두 어디로 가고 있는지 질문해볼 필요를 느끼는 가운데, 투쟁하며 이런 글을 썼다.

나는 그의 백성들과 그가 지으신 세상을 향해 소망을 가지고 계신 하나님을 생각해봄에 따라, 나의 영적인 생활의 발달에 있어 커다란 도움을 얻을 수 있었다. 그분의 명령은 모든 이들이 읽고 볼 수 있도록 되어 있지만, 그분의 소망은 오직 매일 매일 열심히, 주의하여 귀를 기울이는 사람들만을 위한 것이다.

나는 그 소망들이 어쩌면 그렇게, 하나님과 친밀감을 느끼는 시간, 조용한 순간들과 평온의 시간들 안에서, 고통과 절망뿐인 비극적인 순간 속에서, 잠재적인 섬김의 행위가 드러나는 시기저절한 순간 안에서만 나타나는 것인지 정말 놀라워하고 있다.

우리의 수첩이나 개인적인 길의 지도가 안전한 장소나 평온한 시간을 지키라는 규율을 가리키고 있지 못할 때, 우리는 하나님의 소망하시는 것을 탐지할 기회를 상실하게 되는 것이다. 우리는 다른 사람들이 말해주는 것들에 의존해야만 하게 될 것이며, 그러나 그들의 해석이 틀릴 수도 있다. 무시는 심각한 상실이다.

그것이 바로 내가 왜, 안전한 장소와 평온한 시간의 순간을 위해 시간을 할당하는 것을 내 매일매일의 생활에서 개인적인 가장 중요한 사건으로 쳐야 하는가를 배웠는가의 이유이다. 이 필요를 무시하는 것은 피로로 향하는 지름길이다.

2. 행동의 선택은 종종 커다란 위험을 무릅쓴다.

이 흥분되는 이야기 안에서는 그 세 용사의 논의에 대해서는 어떤 기록도 포함하고 있지 않다. 여러분은 그들 중 하나가 말하는 소리를 들을 수 있을 것이다. "자네들 미쳤나? 그 우물이 어디 있는지, 그 지역이 얼마나 엄격히 방비되고 있을지, 거기까지 가는데 얼마나 많은 적들을 쓰러뜨려야 할지 알고 있나? 물 때문에 말인가? 단 한 사람을 위해서?"

어쩌면 이런 시나리오를 담고 있는 기록이 없다는 것이 중요할지도 모른다. 아마도 이런 일은 일어나지 않았기 때문일 것이다. 그 이야기의 의미는, 헌신적인, 열정적인 사람들이 정말 생각하고 행동하는 바를 지적하기 위한 의도인 것이다. 사령관의 소원은 그 헌신적인 사람들에게 명령처럼 다가왔다. 생성된 열정은 귀기울여 듣는 것에서 행동하는 것으로 그들을 움직였던 것이다.

살아 계신 하나님과의 진실한 만남에서 생성되는 확신은 행동하려는 열정과 그 행동을 수행하는 능력을 창조해낸다. 너무나 많이 일어나고 있는 두려워할 만한 일은, 현대의 그리스도인들은 다른 사람들의 열정, 조직의 지도자의 열정을 이용한다는 것이다. 그래서 마케팅과 공공의 관계를 다루는 기술을 알고 있는 그룹에 의해 만들어진 약은 "판매물"을 제시해주는 것이다. 우리는 진짜 흥분된 마음을 가지고 반응하지만, 그것은 다음에 올 강력한 메시지에 의해 쉽사리 소실되거나 재빨리 대체되어버리는 얄팍한 열정인 것이다.

다윗의 사람들은 그들의 지휘자의 입술에서 나오는 소원을 들었다. 하나님께서 말씀하시는 바를 들을 시간을 가지는 사람들은 똑같은 반응 - 즉각적인 행동으로 들어가기 마련이다.

모세는 떨기나무 불꽃 가운데서 하나님의 원하시는 바를 들었다. "내가 애굽에 있는 내 백성의 고통을 정녕히 보고 · · · 그들의 부르짖음을 듣고

··· 내가 내려와서 그들의 애굽인의 손에서 건져내고 ··· 애굽 사람이 그들을 괴롭게 하는 학대도 내가 보았으니 이제 내가 너를 바로에게 보내어 너로 내 백성 이스라엘 자손을 애굽에서 인도하여 내게 하리라"(출 3:7-10). 틀림없이, 처음에 모세는 그런 소원하심에 순종하기를 꺼려하였다. 그는 애굽인을 죽였을 때 보였던 영웅적인 행위가 받아들여지지 않자 열정을 잃어버렸었던 것이다.(그는 아마 그 후에 해방의 지도자가 될 의도였을지도 모르나, 히브리인들이 영웅을 받아들일 준비가 되어 있지 않음을 뒤늦게 깨달았다.)

그러나 결국 모세는 순종했다. 아주 적은 몇몇의 경우를 제외하고는 그는 영적인 열정의 힘을 유지하며, 그 백성 전체를 약속의 땅 가나안의 어귀까지 이끌어냈다(출애굽기 3, 4장 참조). 그런데 그는 그 모든 것을 어떻게 해낼 수 있었는가? 하나님의 목소리, 하나님의 영광, 하나님의 소망하심을 추구하는 안전한 장소 안의 평온의 시간을 유지함으로서 가능했던 것이다. 그는 바빴으나, 결코 산에 올라갈 시간을 부족해하지는 않았다(출애굽기 19, 20장 참조).

세례 요한 역시 광야에서 하나님의 소망하심을 들었다. 베드로는 지붕 위에서, 사도 바울은 한적한 길에서 들었다. 그리고 그들은 실행에 옮겼다. 주의 모친 마리아는 천사가 전한 하나님의 소망하심을 들었다. 그녀는 확실히 놀랐겠지만, 실행하기로 작정했다.

평범한 사람들이, 단순히 그들이 기꺼이 귀기울이려 하는 것과 행동에 옮기려는 선택 때문에 위험도 무릅쓰고 실행에 옮기는 행동의 양을 생각해 보는 것은 흥미 있는 일이다.

구세군의 창설자인 윌리엄 부스(William Booth)장군의 자서전에는, 그의 아들 브람웰이 그의 아버지에게(그때 83세였다) 눈의 질병으로 인하여 장님이 될 것이라는 사실을 말할 때의 가슴 아픈 순간이 묘사되어 있다.

"내가 장님이 된다는 뜻이냐?"

"저, 아버지, 그걸 생각해야 한다는 게 두렵습니다."

조금 침묵이 이어지고 노인은 말했다.

"다시는 네 얼굴을 볼 수 없겠구나?"

"네, 아마 이 세상에서는 그렇게 되겠지요."

몇 분이 지나는 동안 그 노병의 손이 아들의 손을 잡으려고 침대 덮개 위를 천천히 움직였다. 아들의 손을 잡고 그는 아주 조용히 말했다. "하나님께선 최선의 길을 아시겠지!" 또 침묵이 흐른 후, 그는 말했다. "얘야, 나는 하나님과 사람들을 위하여 내 눈을 가지고 할 수 있는 일은 다 끝냈다. 이제 하나님과 그들을 위해 눈 없이 할 수 있는 일을 해야겠구나." 37)

3. 하나님의 능력은 최상의 열정을 창조해낸다.

성경 전체를 통하여, 하나님의 신비한 능력이 크게 진동하고 있으며, 그것이 사람들 안에 심어져 강력한 성취의 순간을 만들어내는 것을 볼 수 있다. 우리는 그 능력이 신성의 세 번째 위격(位格)인 성령에 의해서 생긴다는 것을 알고 있다.

성경의 역사 초기에는, 그 능력은 특별한 기회를 가진 몇몇 사람들만이 받는 것처럼 보였다. 그리고 그것이 전달되었을 때, 그들의 열정은 자라고 행위도 비범해졌다. 요셉은 애굽 왕의 고문으로서 현명하게 섬겼으며(창 41장 참조), 다윗은 골리앗을 물리쳤다(삼상 17:50 참조). 기드온은 압도적인 숫자의 적에 대항한 급습을 단행할 수 있었으며(삿 7, 8장 참조), 예레미야는 대단히 사악한 왕과 싸웠고(렘 37장 참조), 엘리사벳은 임신하고 있는 마리아에게 기운을 돋구어주었다(눅 1:42-45 참조).

그러나 하나님을 찾은 사람들의 희망과 기대는 모든 사람에게 유효한

---

37) Begbie, *The Life of General Wm Booth*, p.422

필요한 열정과 에너지였으며, 그것은 일상적인 때뿐만 아니라 예외적인 때도 그들과 함께 남아 있었다.

나는 그들이 찾은 이 열정은 인간성의 몰락 전의 최고의 창조 상태에서 살았던 **최초의 남녀에게는 일상 생활의 경험이었다는 것을 언제나 확신해 왔다. 그들의 것은 영적인 열정이 있는 삶의 모델이었다고 할 수 있다.** 창조주와의 매일의 친밀한 접촉, 창조된 것들에 담긴 영광을 발견하는 일, 그 결과로 오는 황홀한 경험들. 이것이 인류 전체의 경험을 사로잡은 열정의 순환이었던 것이다. 바로 듣기와 일하기, 즐기기였다.

그것들의 거의 모두가, 최초의 남녀가 하나님의 명령과 소망하심에 벗어난 낯설고 무서운 선택을 했을 때, 그런 불복종의 행위로 인해 상실되었다. 열정이 상실된 것이다!

기독교 역사는 그 상실된 열정의 회복의 역사이다. 하나님의 소망하심에 순종하려는 우리의 선택을 새롭게 함으로써 오는 그분과의 친밀감의 회복, 열정의 회복을 말하는 것이다.

우리의 다소 눈먼 상태 속에서, 인간으로서 우리는 하나님께서 그 백성들에게 주시고자 하는 것들로 향하고자 하는 의도를 항상 가지고 있었던 것은 아니다. 예를 들어, 예수께서 제자들에게 그 보통이 아닌 열정과 능력을 약속하셨다는 사실에도 불구하고, 그들은 그 의미하는 바를 모르고 있었던 것 같다는 것이다. 아이들 잘 되라고 종종 올바른 일들을 강요하는 어머니처럼, 하나님께서도 사도들에게 열정을 '강요'하신 것처럼 보인다. 그러나 그들이 한번 열정을 회복하고 나서는, 그들은 예루살렘 거리로 들어가 예전엔 아무도 상상조차 못했던 용감함과 대담함의 정신으로 행동하기 시작했다. 난쟁이들이 거인이 된 것이다!

역사를 훑어 내려오다 보면, 평범하고 미숙한 사람들의 속에, 하나님의 열정이 그들 안에 충만할 때, 그들은 그들의 세상 안에서 놀라운 일들을 일으켰다. 그들은 위험을 무릅쓰고, 장애물들을 이기며, 우리를 숨차게 만드는 기준들을 세워나갔다.

이것이 바로 피곤에 지친 사람에게 다가오는 하나님의 영이 하시는 일인 것이다. 우리에게 생기가 넘치도록 해주시고, 장래의 비전을 갖게 하시고, 능력을 불어넣으시는 것이다. 하나님이 그렇게 하실 때, 우선 그 목적이 우리를 즐겁게, 안전하게, 또는 좀더 성공적으로 느끼도록 하는 것은 아닐지라도, 때때로는 어떤 4영역을 암시하고 있는 것이다. 그것들 중 몇몇이 실제로 일어난다 해도, 가장 중요한 목적은, 바로 하나님 왕국의 과업에 동참할 수 있는 우리의 능력을 넓히는데 있다. 생애와 말씀을 전함으로서, 살아 계신 그리스도의 웅대함과, 죄인들을 부르시어 더 고귀한 인생을 살게 하시는 그의 놀라운 능력을 증거하는 일을 하도록 하는데 있는 것이다. 그리스도께서는 말씀하셨다. "오직 성령이 너희에게 임하시면 너희가 권능을 받고 · · · 땅 끝까지 이르러 내 증인이 되리라"(행 1:8).

나는 간단한 한 가지, 많은 종교적인 절차와 과정 밑에 묻혀져 왔다고 생각하는 어떤 것을 말하려고 많은 지면을 할애했다. 우리는 우리에게 명령하시는 하나님과 그분의 방법에 과도하게 뒤얽혀 있다. 우리는 하나님을 조직화하고, 면밀하게 계획하고, 분류를 해 왔다. 우리는 하나님의 일을 하는데 있어 명령하신 방법을 조그만 교리로 축소해버리고, 우리 쪽의 모퉁이에 떨어져 서서 우리 기질과 다른 방법으로, 다른 인식 방법으로 하나님을 찾으려는 사람들을 비평해 왔다. 그러나 하나님께서 우리 내면의 영적인 열정을 회복하기를 간절히 바라신다는 것만은 분명한 것이다.

이 회복으로 이끄는 규칙은 아주 조금이며, 그것들은 너무도 단순한 것들이다. 나는 다른 것들을 주장하는 사람들에게 지쳐버렸다.

다윗 왕이 몸을 쉬었던 요단강가에 있는 사람들, 너무도 많은 선택 사항과 의무로 인한 짐으로 해서 지친 그들을 위해서, 간단한 원칙이 있다 : 안전한 장소, 평온의 시간, 그리고 특별한 친구들, 이 세 가지이다.

그 셋의 결합은 신실하신 예수 그리스도의 하나님께서 우리에게 말씀하시기 시작하는 충분한 여지를 제공해준다. 그런 환경 아래에서, 우리는 그분의 말씀을 듣기 시작한다. 처음에는 방해되는 소음들을 침묵시키는 것이 힘들지만, 하나님께서는 결코 그런 것을 문제삼아 우리의 접근을 힘들게 하지는 않으신다. 그분은 우리가 찾아낼 때까지 여기저기 숨으시는, 숨바꼭질 같은 놀이를 하고 계시지는 않은 것이다. 그보다는 이 모든 것에 대해 솔직하시다. 하나님께서는 우리가 듣기를 원하신다. 왜 우리 스스로가 그것을 받아들이지를 못하는 것인가?

나는 많은 열정적인 사람들을 만났다. 그들은 나이도 배경도 상관하지 않으며, 모든 종류의 개인적인 능력을 가지고 있다. 어느 누구도 똑같지 않다. 그러나 그들을 볼 때면 알게 되리라. 그들은 서두르지 않고, 그렇게 강렬하지 않으며, 과장된 감명을 주지 않는다.

여러분이 그들의 존재를 느낄 때, 그들은 그리스도를 떠올리게 해주기 때문에 그들을 알 수가 있다. 어쨌든 여러분은 예수 그리스도 앞에 서게 되는 기분이 어떨까의 기분에 대해 조금은 더 이해한 듯한 기분이 들 것이다.

그들을 밀고 나아가도록 하는 에너지는 제트기의 천둥치는 듯한 소음도, 나이애가라 폭포의 수압도 아니다. 그것은 여러분이 보시는 못할지라도 충분히 느낄 수 있는 조용한 에너지이다.

내가 말하려고 하는 바를 가장 잘 보여주는 것은, 우리의 뉴 햄프셔 기도원인 피스 레지에 있는 상징물이라고 생각된다. 숲 속에 거대한 바위가 있다. 하긴 두 개라고 해야 하겠지만, 전에는 하나였으나 지금은 두 개로 쪼개진 것이다. 왜 쪼개졌는가는 분명하다.

오래 전에(얼마나 오래 전인지 누가 알랴?) 물이 바위의 갈라진 틈으로 고여들어가 얼어서 더 깊게 쪼개졌다. 그런 다음에 씨 하나가 그 사이로 들어가 싹을 내었다. 그 조그만 씨에서 나무가 자라기 시작하고, 무럭무럭 자라서 그 바위를 두 조각 내버린 것이다. 지금 그곳에는 두 개의 바위와 그 한가운데 나무가 서 있다. 그것이 바로 **조용하고도, 지칠 줄 모르는, 강력한 열정인 것이다.**

그런 종류의 열정이 미움과 욕심과 방종의 견고함을 조용하게 두 조각으로 쪼개버린다. 그것은 가정과, 교회와, 사회의 갈라진 틈에 박힌다. 그것은 예전에 있던 것을 깨고 새로운 것을 시작하게 만든다. 그것이 바로 우리의 이 열정 없는 세상에서 우리가 필요로 하는 종류의 열정이다. 그것은 평온의 시간을 만들고, 안전한 장소로 가서, 하나님의 말씀하시는 바를 듣는 것을 도와주는 사람들 사이에서 자신을 확립시켜가는 사람들에게서 나오는 것이다.

나는 어린 시절의, 나의 가족이 오래 전에 여행했던 캄캄한 캐나다의 시골길에 대한 기억 하나를 회상하면서 이 책을 시작했다. 그 순간들을 생각하면서, 나는 우리가 그때 얼마나 지치고 좌절하고 있었던가를 다시 한번 떠올린다. 돌아가기에는 너무나도 멀리 와버린 여행, 어디서 충분한 연료와 계속 앞으로 갈 만한 에너지를 얻을 수 있을지 알지 못했던 순간들.

마음속에서 그 밤의 여행을 다시 떠올려보면서, 나는 갑자기 지평선에 한 줄기 빛을 본다. 우리가 나아감에 따라, 그 빛은 점점 밝아진다. 우리는 곧 그곳에 도착하는데, 그 빛은 이런 표지판에 켜져 있는 빛인 것이다. 피곤한 여행자들 환영, 방 있음.

곧 우리 가족은 조그마한 방안에 들어온다. 우리의 짜증은 일소(一掃)되고, 우리는 쉬기 위해서 누워, 곧 잠이 든다. 우리의 휴가 여행에 대한 열의를 꺾어버렸던 그 날의 피로는 그 밤 동안에 모두 배출되었다. 다음날 아침, 어른들과 아이들은 다시 일어날 것이고, 앞으로 계속될 여행에 대한 전망과 열정은 그 어느 때보다 밝을 것이다. 그 밤은 잊혀졌다.

거룩하신 하나님

집에서, 사업장에서, 교회에서의 요즘의 광란의 삶 속에서, 우리 앞에 당신의 친밀함으로의 초대가 있게 하옵소서.

우리로 하여금 안전한 장소를 세우도록 하시고, 그 곳에서 우리의 영혼이 당신의 말씀을 들을 수 있는 평온의 시간을 갖게 하시고, 그 말씀을 우리의 특별한 친구들을 통한 당신의 성령으로서 내리게 하여 주시옵소서. 우리가 그것으로 당신의 원하시는 바를 추구하는 삶을 배울 수 있기를 바라옵나이다.

피곤에 지친 자, 영혼이 고갈된 자, 방향 없고 마비된 자들을 위하여, 나는 그들의 영적인 열정의 회복을 위해 기도하오니, 그들이 당신께 기쁨이 되고, 세상에 빛이 될 수 있기를 원하옵나이다.

아　　멘

토론 문제

1. 이 17장의 제목을 주의해서 보자. '-하라'라는 것은 행동과 진행을 나타낸다. 1점에서 10점까지의 점수를 매긴다고 할 때, 당신의 영적인 열정의 현 단계는 몇 점쯤 되는가? 점수를 매기는데 도움이 되게끔 다이너마이트 상자 이야기(239쪽 참조)를 읽어보자.

2. 저자는 '피로'를 '스트레스'나 '탈진'과 어떻게 구별하고 있는가(240쪽 참조)?

3. 피곤에 지치고 약해진 성도를 한 명 가상으로 묘사해보자. 그 형제(자매)를 위해 특별히 안전한 장소, 고요한 시간으로 들어가는 특별한 방법, 특별히 특별한 친구들의 범주를 만들어 처방해주라(241~242쪽 참조).

4. 저자는 영적으로 열정적인 생활은 어떤 모습인가를 묻고 있다(243쪽 참조). 그 질문에 대해 한 문단 정도로 대답을 적어보자.

5. 역대상 11장의 다윗에 관한 이야기를 읽어보자. 이 이야기에 나타난 그리스도인의 생활에 소망을 주는 세 가지 진실은 무엇인가?(17장의 부제)

6. 하나님께서 원하시는 바를 숙고해보고 간단한 문장을 몇 개 만들어 적어보자(245~247쪽 참조). "하나님께서 원하시는 바는...."으로 시작하라. 저자의 말에 도움되는 것이 있다면 포함시켜도 좋겠다.

7. 세례 요한, 베드로, 바울, 마리아, 부스 장군이 선택한 행동은 무엇이었는가(249쪽 참조)? 현재 양자택일의 상태에 놓여 있는가? 당신은 이제 안전한 장소와 고요한 시간을 알고 있으므로 그것에 의거하여 선택을 하라.

8. 저자는 최초의 남녀의 평범한 생활을 어떻게 영적인 열정으로 가득한 생활의 모델과 연결시키고 있는가(249쪽 참조)?

9. 오늘날 우리에게 어떠한 열정이 필요한지 설명해보자(254쪽 참조). 이 열정을 얻기 위하여 당신의 생활에 가해야 할 변화로는 어떤 것이 있겠는가?

■

참고 서적

SOURCES

Begbie, Harold. The Life of General Wm Booth. New York : MacMillan, 1920.

Benson, Bob, and Michael Benson. *Disciplines of the Inner Life*. Waco, Tex.: Word Books, 1985.

Bonhoeffer, Dietrich. *Life Together.* New York: Harper & Row, 1976.

Bowen, Catherine Drinker. *Francis Bacon:* The Temper of a Man. Boston: Little Brown and Co., 1963.

Bruce, A.B. *The Training of the Twelve.* Grand Rapids: Kregel Publishers, 1979.

Carus, William. *Memories of the Life of Rev.* Charles Simeon. American Edition. New York: Robert Cartier, 1848.

Cowman, Lettie. *Springs in the Valley.* Grand Rapids : Zondervan, 1939.

Eisenhower, D.D. At Ease: *Stories I Tell My Friends.* New York Doubleday, 1967, quoted in Harvard Business Review.

Fenelon, Francois. *Spiritual Letters to Women.* Grand Rapids : Zondervan, 1984.

Gilkey, Langdon. *Shantung Compound.* New York: Harper & Row, 1966.

Guinness, Howard. *Journey Among Students.* Sydney, Australia Anglican Information Office, 1978.

Hefley, James, and Marti Hefley. *By Their Blood: Christian Martyrs of the 20th Century.* Milford, Mich.:Mott Media, 1979.

Heller, J. *Something Happened.* New York: Ballantine Books, 1979.

Hoste, D.E. *If I Am to Lead.* Robesonia, Penn.: OMF Books, 1968.

Jensen, Margaret. *Lena.* San Bernardino, Calif.: Heres Life, 1985.

Jones, E. Stanley. *A Song of Ascents: A Spiritual Autobiography.* Nashville: Abingdon Press, 1979.

Kempe, C. Henry. *Pharos.* Winter 1979.

Kramer, Jerry, ed. *Lombardi:Winning Is the Only Thing.* New York: Pocket Books, 1970.

Laubach, Frank. *Frank Laubach: Letters by a Modern Mystic* Syracuse, N.Y. : New Readers Press, 1979.

Lean, Garth. *God's Politician.* London: Darton, Longman & Todd, 1980.

Lenski, R.C.H. *The Interpretation of St. Paul's First and Second Epistles to the Corinthians. Minneapolis:* Augsburg

Publishing House, 1937.

Miller, Calvin. *The Table of Inwardness*. Downers Grove, Ill.: InterVarsity Press, 1984.

Nouwen, Henri. *Clowning in Rome*. New York: Doubleday and Co., 1979.

Nouwen, Henri. *Reaching Out*. New York: Doubleday, 1975.

Palmer, Earl. *Alive from the Center*. Waco, Tex.: Word Books, 1982.

Pearson, Hesketh. *Oscar Wilde: His Life and Wit*. New York: Harper & Brothers, 1946.

Pennington, M. Basil. *Centering Prayer: Renewing an Ancient Christian Prayer Form*. New York: Image Books, 1982.

Phillips, J.B. *Your God Is Too Small*. New York: MacMillan, 1961.

Pollock, J.C. *Hudson Taylor and Maria*. New York: McGraw Hill, 1962.

Quoist, Michael. *With Open Heart*. New York: Crossroads, 1983.

Sangster, Paul. *Doctor Sangster*. London: Epworth Press, 1962.

Sherwood, Robert. *Roosevelt and Hopkins*. New York : Universal Library, rev. 1950.

Sproul, R.C. *Stronger Than Steel:The Wayne Alderson Story*. San Francisco: Harper & Row, 1980.

Turnbull, Ralph G. *A Minister's Obstacles*. Westwood, N.J.: Fleming H.Revell Co., 1964.

비전북 출판사는 오직 믿음으로만 살았던 개혁 신앙을 계승 발전시키고
다시 오실 주님의 길을 예비하는 마음으로 21세기에도 역동적인 신앙을 세우는데
꿈과 비전을 품고 예배와 삶의 일치를 이루는 출판 공동체입니다.

영적인 열정을 회복하라

저자 : 고든 맥도날드 / 역자 : 박가영
발행처 : **비전북출판사**
전화 : (031)955-4421 / 팩스 : (031)955-4432
공급처 : **미스바출판유통**
전화 : (031)955-4433 / 팩스 : (080)300-9191

값 9,000원